西方哲学经典十五讲

赵敦华 著

江苏人民出版社

图书在版编目（CIP）数据

西方哲学经典十五讲 / 赵敦华著. -- 南京：江苏
人民出版社，2023.9
ISBN 978 - 7 - 214 - 28246 - 0

Ⅰ．①西… Ⅱ．①赵… Ⅲ．①西方哲学 Ⅳ．①B5

中国版本图书馆 CIP 数据核字（2023）第 130523 号

书　　　　名	西方哲学经典十五讲	
著　　　　者	赵敦华	
责 任 编 辑	汪意云	
特 约 编 辑	王暮涵	
装 帧 设 计	刘葶葶	
责 任 监 制	王　娟	
出 版 发 行	江苏人民出版社	
地　　　　址	南京市湖南路 1 号 A 楼，邮编：210009	
照　　　　排	江苏凤凰制版有限公司	
印　　　　刷	苏州市越洋印刷有限公司	
开　　　　本	718 毫米×1 000 毫米　1/16	
印　　　　张	19.25　插页 4	
字　　　　数	293 千字	
版　　　　次	2023 年 9 月第 1 版	
印　　　　次	2023 年 9 月第 1 次印刷	
标 准 书 号	ISBN 978 - 7 - 214 - 28246 - 0	
定　　　　价	78.00 元（精装）	

（江苏人民出版社图书凡印装错误可向承印厂调换）

总　序

　　我是学哲学的,只能写一点哲学方面的东西。在人们眼里,我属于西方哲学专业,如果写西方哲学方面的书,可能有一些阅读的价值。但我也写其他方面的书,谈马克思,谈中国哲学,谈宗教学、谈进化论,等等,那些都不是我专攻的领域。我为什么要冒着"外行"评说"内行"的风险,涉足西方哲学以外的那些领域呢? 我曾经沿着自己所从事的专业方向,鸟瞰二千多年的西方哲学的历史,并对其中的几个胜境做了透视。但是,写得越多,我越感到自己的无知。庄子说:"吾生也有涯,而知也无涯。以有涯随无涯,殆已!"孔子也说:"学而不思则罔,思而不学则殆。"我今年已有七十四岁,却既不殆也不罔,因为我相信,人的有限生命是融入无限的过程,人类知识由世世代代的人的思想积累而成。每个人在有限生命中能吸吮到思想海洋中的一滴,那是何等甘美! 人们所写的文字能为知识的"通天塔"增添一砖一瓦,那是何等幸福!

　　这套文集的每一本书,即使有些篇章涉及哲学以外领域,都缘于我对哲学的研究。一种哲学言谈不管多么纯粹,不管看起来与现实多么遥远,都有它的"文化母体"(cultural matrix)。在广阔的历史视野里,不同历史时期的哲学有不同的文化母体。比如,古希腊哲学所依附的文化母体是希腊人的世界观,它最早表现于希腊神话和宗教，但那仅仅是一幅拟人化的世界图画，当人们进一步用思想去理解它，找出构成它的要素，分析这些要素的关系，又从这些要素构造世界的等级结构和统摄它的最高原则，这时哲学就诞生了。希腊哲学的文化母体不但是神话世界观，还包括与它同时生成的戏剧、艺术、几何学、经验性的科学、医学和历史学体现出来的观察世界的"视域"（horizon）和"焦点"（focus）。这样的文化母体中孕育出来的哲学是理性化的世界观，它当然也关心人。至少从苏格拉底开始，"人"成为哲学的中心，但希腊哲学家并不认为人是世界的中心，他们把"人"定位在世界的一个合适位置，人的本质（不管是灵魂还是理智）和目的（不管是德性还是幸福）都是由人在世界中的地位所规定的。世界观对于希腊哲学的重要性一直保留在以后的哲学里，以至于现在人们常把"哲学"定义为世界观（Weltanschauung）。当我们听到这样的定义时，要注意它的定义域。希腊哲学以后的哲学虽然与世界观有密切关系，但不能像希腊哲学那样被简单地等同为理性化的世界观，因为它们的文化母体不是世界观。比如，继希腊哲学之后出现的中世纪的各种哲学就不是世界观。在中世纪，哲学的文化母体是基督教，中世纪哲学是基督教哲学。基督教义的中心是人和上帝的关系，世界观出现在人神关系的视域，而不是相反。据基督教义，上帝是世界的创造者，他超越世界；上帝把世界交托给人管理，人因对上帝负有义务而与世界打交道。基督教这一文化母体孕育出的哲学、神学、文学和科学有很大程度的相似性，中世纪文化是神学的一统天下。基督教哲学是神学的婢女，作为自然哲学的科学也属于神学，文学艺术则是神学观念的感性形式。

现代哲学摆脱了基督教和神学，但没有因此回归希腊的世界观哲学，因为它的文化母体不是希腊人的世界观，而是近代自然科学。但是从自然科学这一文化母体中产生出来的近代哲学并不囿于对自然界的研究，从培根、霍布斯、洛克到休谟，从笛卡尔、斯宾诺莎到莱布尼茨，从卢梭到康德等德国唯心论者，人的内心世界比外部世界更加重要，内在的自我意识和天上的星辰同样奥秘和神圣。但是从他们的著作中我们可以理解，他们对人的意识和社会行为的观点离不开自然科学设定的"参照系"，这就是自然科学的理性标准和方法论。

哲学家也做实验，他们的大脑是实验室，思想实验是哲学的重要方法。所谓思想实验，就是利用自然科学技术提供的材料，想象出另一个自然。比如，对于人的理解,向来有"天性还是教养"(nature or nurture)的争论。早期基督教教父阿诺毕乌斯设计了一个"隔离的人"的实验,设想把一个刚出生的婴儿放在与世隔绝的房间里,由一个沉默的、无感情的人抚养成人,那么这个人将没有思维和语言,以及作为一个人所具备的一切;结论:人是后天教养的结果。中世纪阿拉伯哲学家伊本·西纳设计了一个"空中人"的实验,设想一个突然被创造出来的人悬浮在空中,眼睛被蒙蔽,身体被分离,此时他将没有任何知识,甚至连感觉也没有,但他不可能对他的存在没有意识;结论:人的存在是先天的自然本性。科幻小说和后现代的艺术也是这类思想实验或自由的游戏。

我的梦想是把哲学和现代知识、道德和艺术尽可能广泛与完满地结合在一起,不管这个学术梦会产生什么影响,对于我来说,它是在一个思想世界的漂泊。法国知名科学家联合写作的《最动人的人类史》一书中有一段令人印象深刻的描写:

> 我们直立的祖先带上他的小行囊,出发去征服世界了……
>
> 他们开始了征服地球的漫长历程,最早的移民为数不多,但却大无畏,踏上了冒险的旅程……
>
> 虽然有地理上的障碍,但他们毫不犹豫,越过沙漠,通过地峡,渡过海峡……
>
> 大约公元前五十万年前,在非洲、中国、印度尼西亚、欧洲,都有了直立人,旧大陆被征服了。[1]

最后,请允许我借用"小行囊"这个比喻:我所具有的知识储备与人类知识发展水平相比,好像是直立人的"小行囊"之于现代知识;即便如此,我仍愿意带上我的小行囊,出发到思想世界去漂泊。这本书记载的是我的漂泊经历。

赵敦华 Zhao Dunhua

2003 年 8 月 18 日 于北京大学外国哲学研究所

---

1 安德烈·朗加内等:《最动人的人类史》,蒋梓骅、王岩译,太白文艺出版社 1998 年版,第 27—29 页。

目 录

前　言

　　本书的大部分内容来源于我每年给北京大学哲学系研究生上的"西方哲学原著概论"这门专业基础课。学生使用的教材是由中国人民大学出版社于 2003 年出版的《西方哲学经典名著选读》(*Selections from Classics of Western Philosophy*)英文版,包括西方哲学史上最伟大的哲学家的最伟大著作的最重要部分(我用这三个"最"来表示西方哲学的精华)。通过对这些内容的讲解,我希望同学们能够快速学会阅读、欣赏西方哲学经典的方法。本书中引用了此教材中的一些句子,直接在句后括注"教材,页码"。

　　我相信苏格拉底式的教育理念:没有对话,就没有交流;没有交流,也就没有真正的教育。对话在哲学教育中尤其重要。在研究生阶段,我要求同学们更加主动、积极地参与课堂教学。这门课虽以我的讲授为主,但我设计了一种介于讲授课和讨论课之间的教学形式,我把学生分成若干学习小组,每个小组课前重点阅读几本经典,写出读书报告和准备与我在课堂上交流的问题。我在课堂上主要根据同学们提出的问题进行讲解。每年我都会根据同学们的反映,修改教学计划和讲授的内容。

　　通过与同学们的对话和交流,我感到成功的教学是一个教学相长的过程,不但学生学到了知识和学习方法,我本人也从同学们的批评中学到很多东西,更因同学们的问题而深受启发。本书收录了一些同学的观点,借本书出版之际,我要对积极参与这门课教学的所有同学表示衷心感谢。孟子尝言,君子有三乐,其中一乐是"得天下英才而教育之"(《孟子·尽心上》,第二十章)。信哉,斯言!

第一讲

西方哲学经典的文献学简介

"西方哲学原著概论"这门课的导言应该向大家简要地讲这样两个问题:西方哲学有哪些经典? 如何读这些经典? 我先讲第一个问题。

西方哲学有哪些经典? 这是一个文献学的问题。中国哲学有一门课,叫"中国哲学史史料学",我们系的前辈,如冯友兰、张岱年、朱伯崑等先生,都开过这门课。张岱年先生的讲稿已经正式出版了。但西方哲学没有开这门课,如果有这门课,可以用一个学期的时间,向你们比较详细地介绍,每一时期,每一位哲学家,有哪些著作,这些著作是用什么文字写成的,有哪些版本或译本,其中哪一些比较可靠、权威,在哪里可以找到这些著作,等等。但现在我只能用半天的时间,简要地讲讲这些问题了。大家知道,西方哲学有不同的历史时期,分古代、中世纪、近代和现代。各个时期的文献情况不同,首先是书写的文字不同。

一、

书写西方哲学经典的文字

古代的西方哲学文献,是先用希腊文后用拉丁文写成的。古希腊文和现代希腊文很不一样。我去过希腊,开始时,我还希望能够受到一点希腊哲学先贤生活氛围的感染。但老实说,除了在作为古遗迹的石头面前尚可"发幽古之思情",在语言文字上已经感受不到古希腊的氛围了。现代希腊文只是在一些词根上还保留了一点古希腊文的痕迹,能看懂古希腊哲学典籍的人在雅典街上连路牌都不认识。我问过希腊人,古希腊文和现代希腊文差别究竟有多大。我得到的结论是,两者的差别比古汉语和现代汉语的差别大得多。我们现在的日常语言保留了不少古汉语的因素,如成语等,中学语文课本还有古汉语的名篇,一般人也或多或少懂一些古汉语;但现在的希腊人基本上与古希腊文绝缘了,即使是学哲学的希腊人,也不见得比外国人懂得更多的古希腊文。近代以来,研究古希腊经典的最好专家是德国人、英国人和法国人。另外还要说明一点,不同时期的古希腊文差别也很大,荷马史诗的希腊文和哲学经典的希腊文不同,哲学希腊文和圣经希腊文也不同。神学院讲授的希腊文是圣经希腊文,那是希腊化时代的语言,与柏拉图、亚里士多德使用的语言差别很大。你们如果要学希腊文,最好先向老师打听清楚,他讲授的是经典的希腊文(哲学、文学或史学),还是圣经希腊文,然后再根据自己的专业需要作选择。

拉丁文的情况与希腊文很不一样,拉丁文已经是死语言了,也就是说,不存在现代拉丁文。20 世纪 80 年代,国内一个研究中世纪的专家出国访问,和外国同行讲拉丁文,外国人很奇怪,觉得这个人是不是生活在另一个时代的冬烘先生;这个中国学者也很奇怪,外国同行既然精通拉丁文,为什么不说呢? 他不了解,拉丁文作为一种死语言,现在只是 reading language,而不是 speaking language 了。拉丁文在西方世界流行了近 2000 年,当然有时代的差别。但与希腊文不同,不同时期的拉丁文都有一个典范,那就是罗马共和国后期到罗马帝国时期的拉丁文,这一时期的西塞罗、塞涅卡等人的著作是拉丁文的典范,不管什么人讲拉丁文,都要用这些范本。经过了蛮族的破坏,中世纪早期识字的人不多,修道院承担了教育的功能,但那时僧侣的文化程度不高,他们讲的、写的拉丁文是俚语、方言、俗话,很多地方不合文法,但约定俗成,从而成为通用语。文艺复兴时期,当西方人重新看到罗马时期的著作,他们把古典拉丁文称为"优雅"的语言,而认为在中世纪流行的是"野蛮"的拉丁文。这倒不完全是出自人文主义反宗教神学的立场,即使从文学的角度看,他们也觉得有必要恢复古典著作的榜样,而不要以中世纪著作(大多数是神学著作)为权威。

文艺复兴时期以及之后的很长一段时间,拉丁文仍然是教育和学术的主要语言。近代的大哲学家,如笛卡尔、斯宾诺莎、莱布尼茨等,其著作还是用拉丁文写的,康德的前批判时期的著作,一部分也是用拉丁文写的。

拉丁文的衰落主要与宗教改革以及民族国家的兴起有关。欧洲中世纪是封建制,没有统一的中央集权国家,罗马教廷是精神统治的中心,哲罗姆(Jerome)翻译的通俗拉丁文本圣经作为教会指定的权威教材,不但统一了思想,而且起到了统一语言的作用。宗教改革期间,《圣经》被翻译为各民族语言,比如,威克里夫把《圣经》翻译为英文,路德把《圣经》翻译为德文,荷兰的埃拉斯谟用希腊文和拉丁文对照的《圣经》新文本纠正了通俗拉丁文本的错误。《圣经》的翻译和修订,首先在文字上打破了罗马教廷所垄断的《圣经》解释权,随之而来的是唯一的精神统治中心的瓦解,是王权主义的民族国家的兴起,英国、法国、西班牙、葡萄牙、德国、意大利,一个接一个地成为民族国家。民族语言成为民族国家的官方的和通用的语言。英语在 16 世纪至 17 世纪首先成为英国哲学的语言,法语到 18 世纪成为法国哲学的语言,德语在 18 世纪至 19 世纪成为德国哲学的语言。从此之后,拉丁文成为死语言,西方哲学不再有统一的语言,它的主要语言是英语、法语、德语,因此,近代以来的西方哲学主要是国别哲学,即主要是英国、法国和德国哲学。虽然意大利、西班牙和俄国也有哲学,但这些国家的哲学与英、法、德的哲学相比,如同罗马哲学之于希腊哲学一样。近代以来,西方各国的哲学无不来自英、法、德这三国哲学的某一派哲学。可以说,近现代西方哲学史是"三国演义"。

二、

西方哲学经典的整理、编辑、翻译和出版

(一)古代的经典文献

我们现在看到的西方哲学经典,大都经过了一个整理、编辑和翻译的过程。古代经典的整理、编辑和翻译的过程尤其漫长。希腊和罗马的经典在 6 世纪之后,因为蛮族入侵的破坏丧失殆尽,直到文艺复兴时期才逐渐被搜集起来,并编辑出版;又经过几百年的整理、校订,直到 19 世纪后期,人们才开始对古希腊文、拉丁文的经典进行大规模的翻译。

亚里士多德的著作大部分是课堂讲稿,生前并未成书。直到他死后 200 年,

这些讲稿才由他的传人安德罗尼科（Andronicus）编辑成书。但是这些书的大部分在中世纪的欧洲也失传了，在阿拉伯人控制的中东地区被翻译为叙利亚文和阿拉伯文。从 12 世纪起，亚里士多德的著作才又从阿拉伯世界返回欧洲，一开始是从阿拉伯文翻译为拉丁文，几经辗转，译本的意思很不准确。1203 年，十字军攻陷了东罗马帝国的首都君士坦丁堡，带回了保存在那里的比较完整的希腊文和拉丁文的古籍，少数饱学之士才根据希腊文原典，翻译或校订亚里士多德的著作。到 14 世纪，所有的亚里士多德著作都被翻译为拉丁文。柏拉图的对话，除了两三篇外，在中世纪基本消失，直到文艺复兴时期才逐步被翻译为拉丁文。15 世纪时，费奇诺（M. Ficino）成立柏拉图学园，主持了柏拉图著作的编辑和翻译，于 1469 年完成了拉丁文的柏拉图全集。经过了几个世纪的考证、校订和研究，柏拉图全集和亚里士多德全集才有了现代西文的译本。英文本的《亚里士多德全集》以罗斯（W. D. Ross）等人的译本（*The Works of Aristotle*，ed. W. D. Ross and J. A. Smith，Oxford University Press，1908 - 1954，12 vols.）比较流行。最新的英译本是普林斯顿大学出版社出版的译本（*The Complete Works of Aristotle*，ed. J. Barnes，Princeton University Press，1984，2 vols.）。柏拉图全集有好几个英文本，最近的一本由库克（John Cooker）主编，1997 年出版。

古代经典的英译本有"洛布古典文库"（*Loeb Classical Library*），共 300 多本，有两个系列，绿皮的是希腊文和英文的对照本，红皮的是拉丁文和英文的对照本，使用起来很方便。19 世纪末开始出版的"波宏古典文库"（*Bohn's Classical Library*）规模更大，有 700 多本，但只有英文翻译，没有希腊文和拉丁文的对照。德文版的《图平根希腊罗马文库》（*Bibliotheca scriptorium grecs et romanorum Teubneriana*）有 500 多本书。古代哲学家的著作（包括柏拉图和亚里士多德的全集），基本上包括在这些文库里。

现在仍有一部分古代哲学的残篇被编辑成册，但还没有被翻译成现代西文。比如，阿尼么（J. von Arnim）编的《斯多亚派残篇》（*Stoicorum veterum fragmenta*）4 册、穆拉楚斯（G. A. Mullachius）编的《希腊哲学残篇》（*Fragmenta philosophorum graecorum*）3 册等。但《前苏格拉底残篇》有迪尔斯（H. Diels）编译的德文本和弗里曼（K. Freeman）编译的英文本。

（二）中世纪的哲学文献

中世纪典籍的整理和翻译也有很多成绩。米恩（Migne）神父编辑的《希腊教父集》（*Patrologiae cursus Completus*）共 161 卷，收集了到 1445 年为止的基督教的希腊文献；《拉丁教士集》共 229 卷，收集了到 1216 年为止的基督教的拉丁文献。但它们没有现代西文的翻译。英文翻译的中世纪文献的系列丛书有：《古代基督教作家》30 卷、《教会的神父》、《前尼西亚的基督教文库》（*The Ante Nicene Fathers*）24 卷、《尼西亚和后尼西亚教父文库》（*A Select Library of the Nicene and Post Nicene Fathers*）28 卷。这些文集卷帙浩繁，哲学、神学和教会文稿混合在一起，要仔细筛选，才能找出自己需要的哲学思想。中世纪思想家的全集一般也是哲学和神学著作的混合，只有少数重要的著作被译成现代西文，如托马斯·阿奎那的《神学大全》有 22 卷本和 5 卷的密集本，还有 65 卷的拉丁文和英文的对照本。

对于一般的西方哲学研究者来说，不需要读这些巨著，可选择一些选读本。英文的选读本有：《中世纪哲学》（A. Hyman ＆ J. Walsh, *Philosophy in the Middle Ages*, Indianapolis, 1974）、《中世纪科学资料辑》（E. Grant, *A Source Book in Medieval Science*, Cambridge Mass., 1974）、《中世纪原著剑桥译本》（N. Kretzmann ＆ E. Stump, *The Cambridge Translation of Medieval Texts*, 1989ff）、《中世纪政治哲学》（R. Lerner ＆ M. Mahdi, *Medieval Political Philosophy*, New York, 1963）、《中世纪哲学家文选》（R. Mckeon, *Selection from Medieval Philosophers*, 2 vol., New York, 1929）、《中世纪哲学》（H. Shapiro, *Medieval Philosophy*, New York, 1964）、《中世纪哲学》（J. F. Wippel ＆ A. D. Wolter, *Medieval Philosophy*, New York, 1969）等。

（三）近现代的哲学家的全集

近代以后的哲学家在去世之后不久，一般都会有人编辑、出版他们的全集。近代早期的一些哲学家仍用拉丁文写作，所以他们的著作需要翻译、编辑成现代西文的全集；此后的哲学家的全集的编辑，基本上都没有翻译的任务了。一个有意思的现象是，英、法、德这三个哲学大国并不热衷于翻译其他国家的哲学家的全集。"非不能也，是不为也。"现代西文的哲学词汇很接近，互译并不太费事。我问过西方人,为什么不做近现代哲学家全集的翻译工作。他们的答案很简单:只有少数专家才需要读全集,既然已经是研究某个哲学家的专家了,当然通晓这个哲学家使用的语言;对于一般读者,翻译重要的、有代表性的著作,完全可以满足他们了解外国哲学家的需要。与西方人相比,中国人的劲头大多了。现在出版界有一股翻译"全集"的热潮,亚里士多德、柏拉图、维特根斯坦、康德、黑格尔、尼采等人的全集的中译本已经出版了。日本人翻译西方哲学全集的劲头更大,早就把西方的主要哲学家的全集都翻译成日文了。

近现代主要哲学家的全集和主要著作的英译本主要有以下这些:

《弗兰西斯·培根著作》14 卷(*The Works of Francis Bacon*, ed. J. Spedding, R. L. Ellis and D. D. Heath, London:Longman, 14 vols.)。

《笛卡尔全集》11 卷(*Oeuvres de Descartes*, ed. C. Adam and P. Tannery, Paris:CNRS/Vrin, new edn, 11 vols.,1897 – 1913);主要著作的英译本有《笛卡尔哲学著作》3 卷(*The Philosophical Writings of Descartes*, ed. and trans. J. Cottingham, R. Stoothoff, D. Murdoch and A. Kenny, Cambridge University Press,3 vols.)。

《斯宾诺莎全集》4 卷(*Spinoza Opera*, ed. C. Gebhardt, 4 vols.,Heidelberg:Carl Winter);主要著作的英译本有《斯宾诺莎主要著作》2 卷。

《莱布尼茨全集》6 卷(*Leibniz Opera*, ed. L. Dutens, Geneva, 6 vols., Hildesheim:Olms, 1989)。

《霍布斯拉丁文全集》5 卷(*Opera Latina*, London:John Bohn, 5 vols., 1845);《霍布斯英文著作》11 卷(*The English Works of Thomas Hobbes*, ed. W. Molesworth, London:John Bohn, 11 vols.)。

《洛克著作》10 卷(*The Works of John Locke*, London:T. Tegg et al., 11th ed, 10 vols.,Aalen:Scientia, 1963)。

《贝克莱著作》9 卷(*The Works of George Berkeley*, ed. A. A. Luce and T. E. Jessop, Edinburgh:Thomas Nelson, 9 vols.)。

《休谟哲学著作》4 卷(*The Philosophical Works of David Hume*, ed. T. H. Green and T. H. Grose, London:Longman, Green, 4 vols.)。

《伏尔泰全集》(*Oeuvres complètes de Voltaire*，ed. R. Pomeau，Oxford：The Voltaire Foundation)。

《卢梭全集》5 卷(*Jean-Jacques Rousseau：Oeuvres Complètes*，Paris：Gallimard，5 vols.)；英译本《卢梭著作集》(*The Collected Writings of Rousseau*，ed. R. D. Masters and C. Kelly，Hanover，NH and London：University Press of New England，1989ff，5 vols.)。

《费希特全集》11 卷(*Johann Gottlieb Fichtes nachgelassene Werke*，ed. Fichte，I. H. Bonn：Adolph-Marcus，1834 - 1835，3 vols.；*Johann Gottlieb Fichtes sämtliche Werke*，ed. I. H. Fichte，Berlin：Veit，1845 - 1846，8 vols.)。

《谢林全集》14 卷(*Friedrich Wilhelm Joseph Schelling's sāmtliche Werke*，ed. K. F. A. Schelling，Division 1：10 vols.，Division 2：4 vols.，Stuttgart：Cotta，1856 - 1861)。

《康德全集》(普鲁士科学院版)29 卷(*Kants gesammelte Schriften*)；《康德著作六卷本》(*Immanuel Kant：Werke in sechs Bänden*，ed. W. Weischedel，Wiesbaden)；《康德著作集》(卡西尔版)(*Kants Werke*，ed. E. Cassier，11 vols.，Berlin，1912ff)；《康德著作剑桥版》英译本(*The Cambridge Edition of the Works of Immanuel Kant*，ed. P. Guyer and A. W. Wood，1992ff)。

《黑格尔全集》(德意志研究会版)15 卷(*Gesammelte Werke*，ed. von der Rheinisch-westfälischen Akademie der Wissenschaften，Hamburg：Meiner)；《黑格尔著作集》18 卷(*Hegel Werke*，18 vols.，1832 - 1845，Berlin：Duncker & Humblot)；《黑格尔著作》(理论版)20 卷(*Werke in 20 Bänden*，ed. E. Moldenhauer and K. M. Michel，Frankfurt：Suhrkamp，1970)。

《叔本华全集》7 卷(*Schopenhauers sämtliche Werke*，ed. A. Hübscher，7 vols.，Wiesbaden：Brockhaus，1946 - 1950)。

《尼采全集校勘版》(*Nietzsches Werke：Kritische Gesamtausgabe*，ed. G. Colli and M. Montinari，Berlin：de Gruyter，1967 - 1984)。

《克尔凯郭尔全集》20 卷(*Samlede Vaerker*，ed. A. B. Drachmann，J. L. Heiberg and H. O. Lange，Copenhagen：Gyldendalske Boghandel，1962 -

1964，20 vols.）。

《舍勒全集》6卷（*Gesammelte Werke*，Bern：Francke Verlag，1963）。

《胡塞尔文集》（*Husserliana*，ed. H. L. Van Breda，The Hague：Nijhoff；Dordrecht：Kluwer）。

《海德格尔全集》（*Gesamtausgabe*，Frankfurt：Vittorio Klostermann），计划出80卷，已完成40多卷。

《罗素论文集》30卷（*The Collected Papers of Bertrand Russell*，The Mc-Master University Edition，Routledge，1983ff）。

《杜威早中晚期著作》37卷（*The Early Works of John Dewey*，1882-1898；*The Middle Works of John Dewey*，1899-1924；*The Later Works of John Dewey*，ed. J. A. Boydston，Carbondale，IL：Southern Illinois University Press，1925-1953，37 vols.）。

三、

读懂外文著作是基本功

我的老师陈修斋先生告诉我，要学好西方哲学，必须掌握五种语言：希腊文、拉丁文、英文、法文和德文。陈先生精通法文和英文，也知晓德文、希腊文和拉丁文，但他仍然谦虚地说，他没有做到这一点，把希望寄托在我们身上。不料我这个学生不争气，还不如老师。就我所知，现在的西方哲学研究者还赶不上老一辈的外语水平。在北京大学，王太庆先生真正做到了精通希腊文、拉丁文、英文、法文和德文，外加俄文，但我们却做不到。这不是因为我们懒惰，而是心有余而力不足。由于"文革"十年的耽搁，我们快到30岁才上大学，再学一门外语已经很吃力了。即使像我这样有幸到国外长期留学的人，也不得不把主要精力用在学习基础知识上，没有更多的时间学几门外语。学外语，越年轻越好。所以，我把老师对我说的话转交给你们，希望你们趁现在年轻多学几门外语。中国的西方哲学研究的希望，寄托在你们身上。

以上的要求是对将来要从事西方哲学专业研究和教学的学生说的。哲学其他专业的学生,也至少要掌握一门外语,能够直接读外文的哲学著作,不能光靠中译本来了解外国哲学。有些同学可能不同意我的说法。我开这门课时,指定用我编写的英文版的《西方哲学经典名著选读》做教材,有个同学向我发电子邮件,提出抗议。很奇怪,这个学生来自香港,英语比普通话还要好,他的抗议信是用英文写的,最后一句话是"English is ugly language"。真不知道他为什么还要讲英语、写英语。当时香港中文大学正在为是否要用英语讲课的问题而争议,在此之前,教育部和北京大学提倡用英语授课,准备提出一些刚性措施,如规定教授要能够用外语开课,也遭到强烈的反对。有人说:"我是中国人,不学外国语。"这是极端的说法,走极端就不好了。在这个问题上,我们要有理性,要冷静思考,不要走极端。

我当然不赞成不加区别地要求所有专业都用外语开课。用外语讲"国字号"的课,肯定不如用汉语讲得好。即使是"外字号"的课,也无须全部都用外语讲,因为我们在中国讲授、研究外国文化的一个重要目的,是为了在中国传播、普及外国文化,不用中文表达外国的思想,如何能达到这一目标呢? 在哲学领域,我们学习和研究西方哲学,是为了建设中国当代的哲学,不只是为了在外国发表文章,中文当然是必要的。但是,为了能比较准确地理解西方哲学,必须读外文的著作,西方哲学的研究者要读原文原著,哲学其他专业的研究者至少也要能读一种外文的原著或译著。

有人要问,既然现代西文译本和中译本都是对古代经典的翻译,既然英译本和中译本都是对德国或法国哲学著作的翻译,那为什么要相信外文译本而不相信我们自己的中译本呢? 理由很简单:西文的译本比中译本可靠一些。那五种西文属于同一语系——印欧语系,有很多相同之处,它们之间的互译没有多少障碍。它们与汉语之间的差别就比较大了,有些意思很难翻译出来。

我举一个例子。最近中国哲学界讨论的 Being 的意义这个问题,就不只是一个翻译的问题,还涉及对西方哲学的最重要、最核心的概念的理解问题。这个概念就是系动词的名词形式,印欧语系都有这样的词,它在希腊文中用"是"动词 einai 及其动名词 on 表示;在拉丁文中先用动词 esse 表示,中世纪后期亦用动名词 ens 表示;在英文中一般用动名词 being 表示;德文的"是"及其动名词为同一词,区别只在第一个字母的大小写,一般用动名词 Sein 表示这一概念;法文中长期用动词 être 表示它,现在也可用动名词 étant。这一概念在这五种语言中是相通的,没有翻译的问题。但中文的系动词不发达,没有名词形式,如何理解和翻译这个概念,这对中国人来说是一个"老大难"问题,因此存在各种主张。有的把 Being 翻译成"存在",有的翻译成"有",最近的主张是翻译为"是"。我的主张和他们都不同。我以为,"有""存在""是"三种译法各有其合理性,应该根据具体情况选择合理的译法。在不同的哲学家的著作中,甚至在同一哲学家的不同著作中,在有的语境中,Being(以英文为例)的意思是"存在",但在另一些哲学家的著作或语境里,它的意思是"有"或"是",或者同时兼有两三种意思,不可一概而论。这就要求我们看外文著作,哪怕是外文译著。因为它们都保留了系动词及其名词形式,我们可以在上下文中看它的意思是存在、存有、具有,还是表示一般意义的"是一个东西"或"是什么东西",等等。而如果只读中译本,看到人家译成"存在"就认为那里是在讲"存在",看到翻译成"有"就以为那是在讲老子所说的"有无"的问题,看到翻译成"是"就以为那里是在讲与逻辑有关的问题,这样如何能把握西方哲学的基本精神?

我不是说不能看中译本,而是说不能只看中译本。最重要的是要选一个比较好的中译本,现在的翻译有很多问题。有的出版社认为只要是懂英文的,都能翻译哲学著作,他们出版的译著错误百出,闹出了不少笑话。听说有人把哲学家Whitehead 翻成"白头",我亲眼看到有人把基督教的僧侣(monk)翻译成"和尚";至于把天主教的 priest 翻译"牧师",把新教的 pastor 翻译成"神父",那就更多了。这还是名词翻译的错误,把一句话、一段话的意思翻译错了,甚至把意思变得完全相反,这样的错误就更严重了。有很多这类错误的译本,还不如不读,不读最多只是无知,读了则会产生偏见,偏见比无知更可怕。所以一定要慎重选择中译本。即使是比较好的中译本,也不能无条件地相信,再好的译本都有不确切甚至错误之处。不论在什么情况下,如果看到有难以理解的地方,觉得思想不通畅,甚至有矛盾的地方,一定要核对外文著作。另外,如果从中译本中引用的材料是你的观点的核心证据,也一定要核对外文著作,这样,你的观点才能建立在可靠的基础之上。西方哲学专业的学生,必须核对原文原著;其他专业的学生,核对自己熟悉的外文著作或译著,一般也就可以了。

我刚才说,外文译著比中译本更可靠一些,但这只是相对而言,不是说外文译著就绝对可靠,即使是比较权威的外文译本,也可能有错。我对大家讲一个亲身经历。我的硕士论文是写康德的,看《实践理性批判》用的是贝克(Lewis Beck)的英译本。贝克是研究康德的权威,他的译本在英语世界是权威译本。但我看了前言就发现了问题。康德批判了为休谟的主观主义所作的一种辩护,英译本把这一辩护翻译为:

As to attempting to remedy this lack of objective and consequently universal validity by arguing that there is no reason not to attribute to other reasonable being a different type of ideation . . . 1

我觉得这里翻译把意思弄反了。我核对的德文原文是:

Diesem Mangel der objektiven und daraus folgenden allgemeinen Gültigkeit dadurch abhelfen Wollen, dass man doch keinen Grund sähe, andern Vernünftigen Wesen eine andere Vorstellungsart beizulegen . . . 2

一眼就可以看出,贝克在译文中多加了一个 not,把德文原文的否定句式("没有理由赋予另外一种理性存在者以另外一种表象方式")变成了双重否定句("没有理由不赋予另外一种理性存在者以另外一种表象方式")。这就把康德要批判的观点变成了康德自己的观点。鼎鼎大名的贝克当然不会犯一个连初学德文者也不会犯的错误,合理的解释只能是:这个 not 是他有意加上的,他的理由是为了纠正康德的"笔误"。贝克以为,康德不会承认人以外的理性存在者可能具有不同的表象方式。实际上,在《纯粹理性批判》和《实践理性批判》中的很多地方,康德都谈到"理性存在者"可能与我们人类有不同的表象和思想有关。斯特劳森(P. F. Strawson)在《感觉的界限》(The Bounds of Sense)一书中批评说,康德的这些想象是没有道理的。贝克可能认为,康德不会犯这样的"错

---

1 *Critique of Practical Reason*, Trans. L. Beck, Bobbs-Merrill, Indianapolis, 1956, p. 13.

2 *Kants gesammelte Schriften*, von Preussischen Akadanie der Wissenchaften, V, 1922, s. 12; *Kants Werke*, von B. Cassirer, V, Berlin, 1922, s. 13.

误",康德要批判的观点不是说与人类不同的表象形式是可能存在的,而是说与人类不同的表象形式是不可能存在的。贝克根据他自己的理解所做的翻译是故意的误译,如果相信他的权威,就会不知不觉地接受他对康德的误解。我在《莫把康德当休谟》(载《哲学门》第一期)一文中有详细的论证,有兴趣的同学可自己阅读。

如何读西方哲学经典

第一讲我讲了西方哲学有哪些经典等问题,现在讲第二个问题:如何读西方哲学经典? 对于这个问题,各人有各人的读法,没有一个统一的方式。我只是谈谈我自己的读书体会,不一定适合所有同学。我希望我的体会对大家有启发,你们可以根据自己的情况,找出最适合自己的有效的读书方法。

阅读并真正理解西方哲学经典,不但要有比较好的外语基础,而且需要一定的哲学训练。我不主张没有一定哲学基础的人直接读西方的经典。有人把西方哲学经典当作普及读物来读,这样做的后果可能有两种:一是一头雾水,不知所云,久而久之,失去了继续学习西方哲学的兴趣;二是一知半解,有些心得,但这些收获却是建立在误解的基础上的,以后要纠正就难了。

我主张读西方哲学经典要遵循两点:一是循序渐进,从易到难,逐渐提高自己的理解力;二是互参式阅读,融会贯通。不能只读一本经典,而是要参考别人的研究成果,这些成果称"第二手研究"(secondary research)。"第二手"是相对于"第一手"经典文本而言的,但第二手的资料不一定第二等重要。在很多情况下,不借助第二手研究的参考和帮助,光读第一手的资料,是读不懂的。第一手和第二手的资料要相互参照,第一手的文本之间要相互参照,第二手的研究资料之间也可相互参照,这样的阅读才能达到融会贯通的效果。先是融通一小片,然后融通的范围越来越大,理解力和研究水平也就逐步提高了,用古人的话说,就是境界提高了。

王国维在《人间词话》里引用了三句古词来形容读书人的三种境界:第一种境界是"昨夜西风凋碧树,独上高楼,望尽天涯路";第二种境界是"衣带渐宽终不悔,为伊消得人憔悴";第三种境界是"众里寻他千百度,蓦然回首,那人却在灯火阑珊处"。第一种境界是扩大自己的视野;第二种境界是坚忍不拔地追求自己的理念;第三种境界是功到自然成,于不经意中达到了自己的目标。关于王国维的"三境界"说,谈的人很多。我在这里借用此说,把读西方哲学经典的循序渐进地提高水平的过程,总结为"四境界"说。但我没有王国维那样的文采,还是用大白话,结合自己读书的体会,谈谈我的读书"四境界"说。这四个境界是:初学境界、入门境界、批判境界、创造境界。

一、

初学境界

学习西方哲学的起点是理解基本观点,"千里之行,始于足下",不要急于读大部头的经典,而是要打下牢固的基础。最好先读几本哲学史的书。现在出版的西方哲学史的中译本,如罗素的、悌利的,都很不错。中国人写的西方哲学史,最近也有很大进步。哲学史里讲的观点,都是要点、核心和精华。不同的哲学史可能有不同的侧重点,可多读几本,取长补短,使自己对西方哲学家的基本观点、他们之间的继承和批判关系、哲学史的发展线索等有比较全面的了解,这些都是基础知识,要反复地读,谙熟于心。即使以后水平提高了,也需要看比较高级的哲学史的著作,即外文的、多卷本的哲学史。英文最有名的多卷本是卡布斯顿写的 9 卷本(Copleston, Frederick, C, *A History of Philosophy*, 9 vols., Image Books, 1985),德文最有名的是乌伯维格的 8 卷本(Uberweg, Fridrich, *Grundriss der Geschichte der Philosophie*, 12th ed., 8 Bd., Berlin, 1923),法文最有名的是伯来海尔的 2 卷本(Emile Brehiér, *History de la philosophie*, presse universitaires de France, 2 vols., 英译本: *The History of Philosophy*, 3 vols., University of Chicago Press, 1963 - 1965)。

初学阶段当然也要读哲学经典。光读西方哲学史而不读西方哲学经典,就好像是看了菜谱而不尝尝菜的味道一样。但初学者不要好高骛远,读经典的目的是为了加深对哲学史基本观点的理解,因此要和哲学史著作相互参照,多读与一个个基本观点相对照的那些选段。外国的一些西方哲学教科书分两部分，先是讲基本观点，然后从经典中选出相应的段落。北京大学哲学系也有这种做法的传统。以前我们的老师编一本教材，就要编出与之配套的资料集，中国哲学、伦理学、美学、东方哲学，各学科都是这样做的，西方哲学也是如此。与西方哲学史配套的教学资料是 2 卷本的《西方哲学原著选读》，研究资料是 4 卷本的《西方哲学原著选辑》：《古希腊罗马哲学》《十六—十八世纪西欧各国哲学》《十八世纪法国哲学》《德国古典哲学》，后来又加了一本《十八—十九世纪俄国哲学》。这些经典选集滋养了好几代中国的哲学学人，即使到现在都还有很高的价值。初学者可以从这些书开始读经典。

我在上大学的时候，西方哲学史的教材还没有摆脱"唯物论和唯心论两军对阵"的模式，观点陈旧，内容不全面，但我靠熟读 4 卷《西方哲学原著选辑》打下了厚实的基础。大学毕业后，我到比利时卢汶大学读书，那里最注重哲学史的训练，但我听课、学习一点都不吃力，哲学史课程，从古代的、中世纪的到近现代的，从概论课到文本课，从本科生的课到硕士生的课，再到博士生的讨论课，门门都是优秀。而和我一起学习的美国学生，在大学阶段片面强调读原著，只是一知半解地读过几本书，如柏拉图的早期对话，笛卡尔、洛克和康德的几本书，没有西方哲学史的系统知识，学习很吃力。他们的英文当然比我好得多，但学习用英文讲授的哲学史课程，成绩却不如我。同班有三十多个来自英语国家的学生，我是最先进入博士阶段、最早拿到博士学位，并且取得了最高的成绩（summa cum laude）。现在回想这一切，我觉得这些成绩要归功于正确的读书方法。

二、

入门境界

基础知识之所以是基础，是因为这些知识是公认的，是哲学的常识，要照着讲，不能轻易地改变。正因为如此，基础知识是别人的，不是自己的。入门之后，要把别人的知识化为自己的知识，提出一些自己的独特理解，有自己的知识产权。

这时候,你就可以说"我认为如此如此",而不是说"某某说如此如此"。这个"我认为"是不能轻易说的,要有根据。这个根据在哲学经典之中,也在成熟的第二手研究材料之中。这时可以读整本的经典了,看看哲学家的观点是在什么背景和上下文中出现的,是针对什么问题提出的,是如何论证的,等等。与完整的经典阅读相参照的第二手材料,是比哲学史著作更专门的一些研究性著作,这些著作多是全面研究某一个哲学家的专著。剑桥大学出版社的"剑桥导读"(Cambridge Companion)系列是适合在入门阶段使用的参考书。此系列包含对很多哲学家的导读,对一个哲学家生平,对他的主要著作和各个方面(如本体论、知识论、道德政治学说、方法论等),对一些重要的研究成果、研究者之间的重要争论、主要研究文献,都有比较全面的介绍。另外,Blackwell 出版社还有一套"哲学家词典"(Philosopher Dictionaries)系列,按照一个哲学家著作的关键术语排列,在一个词条下列出这个哲学家在不同著作中对这个术语的论述,使用起来很方便。美中不足的是,现在只出版了笛卡尔、黑格尔、海德格尔、霍布斯、康德、卢梭和维特根斯坦等少数几个哲学家的词典,很不全面。把这些书与哲学经典配合起来读,有利于把哲学经典的思想转化为自己的思想。这一阶段仍然是学习阶段,你还是在"照着讲",照着哲学家的文本讲。但是你学习的方式、讲的方式与众不同,你对哲学经典的解释能够比经典的作者讲得更清楚,比其他研究者讲得更好。这样,你的学习就进入了一个新的境界,进入了一个新的知识殿堂。这个殿堂可能还不够大,但有你的自由空间,你可以按照你自己的独特方式解释哲学经典,而不像是在初学阶段,只能讲公认的知识。我再强调一次,这种解释的自由不是随心所欲,而是在掌握了大量材料之后,经深思熟虑后说出的话。在学术界和在社会中一样,自由不是做自己想做的任何事情,而是做对自己的选择负责任的事。

我写的《西方哲学简史》和《现代西方哲学新编》两本书,里面就包含着自己的独特解释。举一个例子,对亚里士多德的实体学说的解释,众说纷纭。有人说,亚里士多德提出了两种自相矛盾的第一实体的学说,国外甚至有人说,《范畴篇》是伪托之作,因为那里的实体学说和《形而上学》的相互矛盾。我对这个问题提出了自己的解释。亚里士多德比前人的高明之处在于,他以"是"动词为基本的逻辑功能,建立了一个逻辑体系。他用"是"动词逻辑功能与"实体"意义之间的对应性,系统地阐述了实体学说。

在亚里士多德的逻辑体系中，"是"动词的逻辑功能有三个。第一是系词的连接功能，直称判断是最简单、最基本的判断，它的形式是"S是P"。S是主词，P是谓词，需要系词"是"的连接才能成为判断。第二，"是"有表述主词自身的功能，"S是"在希腊文中是一个完整的句子，表示主词S是自身。现代西文也有这样的用法，如莎士比亚的名句"to be or not to be"，表示"存在，还是不存在"。第三，"是"还可以表示被定义的概念与定义的等同。定义的形式是"S是Df"。定义与判断不同，判断的谓词表述主词，被表述的词与表述词的位置不能互换，如判断"苏格拉底是人"不能反过来说"人是苏格拉底"。但是，被定义的词与定义的位置却可以互换而意义不变，如"人是有理性的动物"与"有理性的动物是人"的意义是等值的。这是因为，"是"在这里表示的是等同关系。

"实体"也有三种意义，每一种都与"是"的一种逻辑功能相对应。第一，"实体"和"属性"的区分表示的是判断中"主词"和"谓词"的区分，实体是独立存在的，而属性必须依附于实体才能存在，因此，"是者"的中心意义是实体，而属性则是派生的、次要的。第二，有些主词只能作为主词来使用，有些主词也可以用作谓词。试比较"人是会死的"和"苏格拉底是人"，"人"是第一个判断的主词和第二个判断的谓词；而"苏格拉底"却只能作为主词。这两类主词实际上是通名和专名的区别：通名指示种和属，专名指示个别事物。个体事物是第一实体，而种和属是第二实体。专名的意义都是"这一个"。希腊文中并没有"存在"这个概念，亚里士多德就用"这一个"表示个别事物的存在，《范畴篇》和《形而上学》里都说，"这一个"是第一实体。第三，被定义的词与定义之间的等同，意味着定义表达的本质就是实体本身。希腊文中没有"本质"这一概念，亚里士多德用"定义"规定的"是什么"来表示本质，他在《形而上学》中说，关于不是一个事物是什么的定义或"本质"才是第一实体。

亚里士多德先说第一实体是个别事物，后说第一实体是本质，因此，人们普遍认为，亚里士多德提出了两种关于第一实体的学说，两者是矛盾的。按照我的分析，这两种说法有不同的逻辑根据，作为个体的实体的逻辑根据为"S是自身"，而作为本质的实体的逻辑根据是"S是定义"。这两种逻辑形式并不是矛盾的，而是并行不悖的。因此,我们也不能说,那两种关于第一实体的学说必定在逻辑上是矛盾的。当然,这里确实有问题。一个问题是:本质是普遍的,而个体是特殊的,那么,第一实体到底是"共相"还是"殊相"? 另外一个问题是:"这一个"所指称的不是任何属性,而是事物的存在,而关于一个东西"是什么"的定义表示的,不是这个东西的存在,而是它的本质属性,那么,第一实体到底是"存在"还是"本质"? 但是,这两个问题是对亚里士多德的实体学说进行深入思考而提出来的,并不是亚里士多德思想本身的矛盾。任何一个伟大的哲学家都会提出一些值得人们反复思考的问题,正是因为有问题,一个思想、一本书才有生命力、吸引力。中西哲学经典提出了永恒的问题,因此才有永恒的价值。《论语》《道德经》不也是如此吗?它们包含着至今对人类还有启示意义的问题。在我写的教科书里,亚里士多德的实体论遗留的这两个问题,是一条历史线索,一个与唯名论和实在论的争论相关,另一个与本质主义和存在主义的分歧有关。这可以说是我自己的独特见解和概括。虽然大家都知道亚里士多德的形而上学与他的逻辑学密切联系,但用"是"动词的三种逻辑功能概括"实体"的三种意义,这是我自己的研究成果。不过,这还是在跟着亚里士多德讲,只是讲得比较简明、清楚而已,但还不是在哲学上的创造。要提出自己的新的理论,还要经过以下两个阶段。

三、

批判境界

读书先要"钻进去",深入理解书的意思,但最终还是要"跳出来",用批判的眼光审视书的内容。"钻进去"不易,"跳出来"更难。有的人读了一辈子的书,也跳不出来。皓首穷经,对经典的内容滚瓜烂熟,但没有自己的想法。这是对经典、对权威的教条主义。这种教条主义在中国古代读书人身上表现得很明显。西方哲学的特点也容易让研究它的人产生教条主义。为什么呢? 西方哲学系统性强,论辩性强,需要多年的研究才能理解、欣赏它。这种特点使得它对研究者,特别是长期投入的研究者,有一种说服力和吸引力,结果造成了这样一种倾向:研究者在不知不觉中成了崇拜者。有人把这些崇拜者戏称为"二世",研究康德的人好像是"康德二世",研究黑格尔或海德格尔的人成了"黑格尔二世"或"海德格尔二世",他们言必称"一世",以"一世"之言定是非。这样一来,哲学完全被等同于哲学史,哲学史又被归结为注解、诠释,哲学的批判精神、创造精神和实践能力都不见了。

"跳出来"不是抛开经典,自说自话。"跳出来"仍然是读经典的一个阶段,是带着批判的眼光读,带着质疑的态度读,带着自己的问题读。在前两个阶段不能这样读,因为你还不了解人家。在还没有理解过去的哲学家说了些什么的时候,就要向他们提出挑战,说得不好听是狂妄、不自量力。哲学经典之所以是经典,是经过历史考验的,是不能被轻易地质疑、驳倒的。一些哲学家已经想到了别人会如何反驳他,他们已经对可能提出的责难作了回答。很多研究者已经对经典作了长期的批判性考察,提出了很多问题,展开过热烈的讨论。如果你读书不多,一开始就轻易地提出批评意见,那么你的批评可能早已经被经典的作者作了答复,或者其他人也提出过这样的批评,但在争论中已经被解决了,或者虽然没有解决,但你的批评已被转移为其他问题正在讨论之中。这样,你的批评就缺乏专业水准,在学术界不会被重视。只有在熟读经典和全面掌握第二手资料的前提下,才能提出有专业水准的、能够引起争议的批评。

在批判阶段,要全面读经典。如果说初学阶段只是读经典的选辑,入门阶段读整本的经典,那么在批判阶段,要读一位哲学家的所有重要著作、各时期的著作。有些问题可能他早期没有认识到,但后期他解决了,你可以审视一下,他提出和解决问题的方式是否合理。这时,还要把不同哲学家的经典结合在一起读。因为你提出的问题,很可能后来的哲学家已经提出过,并且给出了经典的解答。比如,对安瑟尔谟(Anselmus)的本体论证明,与他同时代的高尼罗(Gaunilo)已经提出了批评,而安瑟尔谟在他的著作中附有高尼罗的批评,并作了比较充分的答复。后来,托马斯·阿奎那和邓·司各脱又对安瑟尔谟的本体论提出了新的批评。近代的笛卡尔重提本体论证明,可以避免托马斯·阿奎那和邓·司各脱的批评,但康德指出,本体论证明混淆了"是"的系词用法和存在的意义,这是致命的一击。很多人认为本体论证明已经完全破产了,其实不然。当代的瑞士神学家卡尔·巴特(Karl Barth)重新解释了安瑟尔谟的论证,他说,安瑟尔谟根本不是要为上帝的存在提出什么"本体论证明",而只是要揭示出否定上帝存在的"愚顽人"是如何的自相矛盾。美国的基督教哲学家普兰丁格（A. C. Plantinga）用模态逻辑的证明，又给了本体论证明以新的生机。如果你不读这些书，你对本体论证明的批评可能还没有超出高尼罗的水平。据我所知，没有经过专业训练的人，都只能像高尼罗那样，依据常识批判本体论证明。

在这一阶段，要注意批判性的第二手资料。西方哲学界充满着批判和争论的气氛，对一个人、一本书的重视，主要不是表现为对他的赞扬和肯定，而是对他的批评和围绕他而展开的讨论。这与中国学术界很不一样。比如，罗尔斯之所以在美国那样出名，主要是因为大家都批评他，不同意他，提出各种问题和他讨论。不仅在哲学界，在政治学、经济学、社会学等领域都是如此。而在中国，罗尔斯出名是因为介绍他的人多，肯定他的贡献的人多，《正义论》的中译本就出了三个版本。外国学者对中国学术界中充满着大量肯定和溢美之词的评论很不理解：既然别人已经说得那么好了，你重复他的意思，有必要吗？确实，学术研究不是重复别人说过的话，更不是跟风，赶时髦。在这一方面，我们要学习西方学术界的批判精神和认真讨论问题的态度。

西方研究经典的专著，或多或少都会提出一些批判性的问题和观点，但有的专著侧重于解释和介绍，适合在第二阶段读。第三阶段要多读那些侧重于批判、引起了热烈争议的专著。批判性的观点一般都集中发表在期刊和论文集里。做专业研究的人要多读期刊和论文集。劳特利奇出版社出的"Critical Assessments"的系列丛书，把过去期刊、论文集和专著中对某一哲学家的批判、讨论集中成辑，一个哲学家一辑，一辑少则三册，多则五六册，比较方便研究者阅读和检索。如果要带着批判的态度读一位哲学家的书，必须认真地读一读对他的批判性评价专辑。现在网络资源、电子资源很多，要查中文期刊，中国期刊网、人民大学报刊复印资料，都是比较方便的电子资源。看外国期刊，可以查 JSTOR（Journal Storage）。在这些电子期刊上，可以检索到我们所需要的批判性观点。

在充分掌握资料的基础上，可以提出自己的问题。这些问题可以针对哲学经典的作家提出，你认为他忽视了什么问题，或者对某一问题的论证不够充分；但必须确定，你的问题是新问题，以前的研究者没有注意到，或者只是以不明确的方式涉及过。这些问题也可以针对以前的第二手研究的成果提出批评、质疑,但必须确定,你的批判是新的,你的批判可以解决理解哲学经典的某一难题,或者可以解决过去讨论中悬而未决的问题。注意,"批判"的意思不只是否定,还是理性的审查。如果经过你的审查,肯定了过去被否定的意见,或者确立了遭质疑的意见,那么你的批判就是肯定性的;反之,如果你否定了过去被肯定的意见,或质疑普遍流行的观点,那么你的批判就是否定性的。

我用自己的研究为例说明批判的两个方面。过去,人们普遍认为,普罗泰戈拉提出的"人是万物的尺度"的命题是一个赤裸裸的唯心主义的,或者至少也是"人类中心主义"的命题,他似乎是在说,人决定着万物的存在或不存在。这句话是在柏拉图的《泰阿泰德篇》中(152a)由苏格拉底转述的。我发现,这样的理解是基于不正确翻译的一个误解。这句话和后面一句话"是存在者存在的尺度,也是不存在者不存在的尺度"中被翻译为"存在"的词,是希腊文的"是"。正确的翻译应该是:"人是万物的尺度,是所是的东西是什么的尺度,是不是的东西不是什么的尺度。"普罗泰戈拉在这里不是在宣扬"人是万物的中心",而是在说人是认识的主体,只有人才能知道事物为什么是这样而不是那样的道理。再从上下文来看,苏格拉底与普罗泰戈拉辩论,苏格拉底并不反对"人是尺度"说,他只是否认普罗泰戈拉把感觉当作尺度。苏格拉底反驳说,每个人有不同的感觉,不同的人用不同的尺度认识事物,就不会有共同的人类知识。我对学术界的这一误解的批评,肯定了希腊哲学的认识主体性原则。过去,人们认为主体性原则只是在近代哲学中才被提出。我要说明的是,早在柏拉图的对话中,我们可以看到,不管是感觉主义者还是理性主义者(苏格拉底),都赞成这一原则。

再举一个否定性批判的例子。人们普遍认为,休谟克服了洛克和贝克莱的经验论中的矛盾,是彻底的经验论。我经过自己的思考,认为休谟的经验论中有一个根本的矛盾:他怀疑因果关系有两个前提,他区分两种知觉——印象和观念。前一个前提是,将来发生的事件不一定和过去发生的事件相似;后一个前提是,将来发生的事件必定和过去发生的事件相似。这两个前提是相互矛盾的。我参阅了过去的研究成果,人们质疑休谟怀疑因果关系的前提,对他关于印象和观念的区分也有一些批评,但没有从这两个方面的关联上批评休谟。休谟这两方面的思想,即使它们的每一个单独来看可以站得住脚,但合在一起就有矛盾了。而这两方面的思想都是休谟哲学的核心,缺一不可。我的批判在休谟哲学的核心处揭示出了矛盾,自认为还是有力量的。我的这个批判写成《休谟的经验论真的避免了矛盾吗?》一文,发表在《河北学刊》上。我向系里的老师讲这篇论文时,一些老师不赞成我的意见,他们不相信休谟会犯这么大的错误,认为一定是我搞错了。我说,我也很奇怪,为什么那么多的研究者连那么大的错误都没有发现?但休谟确实犯了这样的错误。我们不要有教条主义思想,只相信休谟的权威而不相信自己的理性批判。我上课时,要学生讨论这个问题,一些同学也为休谟辩护,反驳我的观点。只要言之成理,我都鼓励。有个同学把反驳我的文章投给《河北学刊》,总编问我有何意见,我说当然可以发表。这篇文章登出来了,但不等于我认可她的观点。2007 年 1 月,我到香港中文大学开一个国际学术会议,我把我的论文扩展了一些,用英文发表,到会的外国专家没有对我的批评提出反对意见。到我们讲休谟的时候,还可以继续争论这个问题。

四、

创造境界

冯友兰区分了"照着讲"和"接着讲":照着经典讲的是哲学史家;接着经典讲的是哲学家。这两种讲法不是割断的,哲学史家和哲学家是相通的。如何联系,如何贯通呢?在我的读书"四境界"说中,第一、二阶段是哲学史家的"照着讲",第三阶段是向哲学家的"接着讲"的过渡,而第四阶段达到了读经典的最高境界,可以创造出新的哲学理论。哲学家不是凭空提出新理论的,而是站在前辈的肩膀之上。柏拉图和亚里士多德对前苏格拉底的哲学家,对与他们同时代的智者们的思想,是非常熟悉的,是在批判性总结别人思想的基础上才提出了自己的思想的。此后的哲学家也是如此。尤其是 18 世纪中叶,哲学史作为一门学科诞生之后,哲学家的创造更离不开哲学史的研究了。康德总结了唯理论和经验论,取长补短,才提出了他的批判哲学。黑格尔对哲学史作了系统的总结,把过去的哲学家当作一个个辩证发展的环节,这些环节最后都包含在他的哲学体系之中。现代哲学的创造也没有离开哲学史研究,这在欧陆哲学中表现得尤为明显,现代的欧陆哲学家没有不同时是哲学史的。越是著名的哲学理论,它所涵盖的哲学史知识越多。海德格尔为什么有那么大的成果?因为他如同黑格尔一样,对哲学史有一整套的说法,从前苏格拉底到柏拉图、亚里士多德,到奥古斯丁和中世纪,再到笛卡尔、莱布尼茨和康德、黑格尔、尼采等,他都有独到的研究,把他们的观点都纳入自己的存在论之中。福柯、德里达也是借哲学史的材料讲自己的话。福柯最欣赏的德勒兹做得更为系统。德勒兹在成为公认的哲学家之前,对卢克莱修、休谟、斯宾诺莎、尼采、康德、柏格森、弗兰西斯·培根等人作过系统研究,以哲学史家闻名。正是在对这些哲学家所作的非理性主义解释的基础上,他后来才发展出后结构主义的独特思想。

英美分析哲学一开始不注意哲学史,但罗素可能是一个例外。罗素的哲学生涯是从对莱布尼茨的研究开始的。据他的思想自传,1889 年,因为讲莱布尼茨的教授休假,刚留校的罗素接替了这门课。在讲课时,他用批判的眼光看出了莱布尼茨的两种不同的逻辑思想:一是继承了亚里士多德的主谓逻辑,一是他的单子论和普遍文字思想所需要的"外在关系"的逻辑。罗素认为,前一种逻辑是落后的,后一种代表了逻辑的发展方向。但莱布尼茨屈服于传统,没有把新逻辑的萌芽发展开来。他的讲课稿以《关于莱布尼茨哲学的批判性阐明》为书名,是他的第一部著作。在此之后,他按照"外在关系"的思路,把命题之间、词项之间的关系看作是独立存在的,可以用符号把这些外在关系形式化,这才为数理逻辑提供了哲学基础,也成为他后来一系列创造的起点。

总的来说,早期分析哲学家不重视哲学史研究,只想通过逻辑分析,一劳永逸地消解传统哲学及其问题。历史证明这条路是走不通的。最近的英美哲学家开始跳出分析哲学的非历史性的模式。这种转变首先发生在政治哲学、道德哲学和科学哲学等分支领域,最后蔓延到分析哲学的核心领域——语言哲学。波普尔的《开放社会及其敌人》是 20 世纪中期最重要的一部西方政治哲学著作,以哲学史形式写成。上卷主要谈柏拉图,下卷谈黑格尔和马克思,其中穿插介绍赫拉克利特、亚里士多德、中世纪哲学家以及近代哲学家费希特等人。波普尔反历史决定论的政治哲学以哲学史立论,影响很大。美国道德哲学家麦金太尔的第一部著作《德性之后》所仿效的是亚里士多德的伦理学,不仅是仿效而已,实际上他还提出了自己的德性伦理学。另一部著作《谁之正义?何种合理性?》,按照思想史的顺序说明西方伦理传统的三个模式:亚里士多德的德性传统、奥古斯丁的神学传统和近代以来的自由主义传统。他的历史叙事方法得到了学术界的普遍认可。在科学哲学领域,现在的任何科学哲学理论都要有科学史的案例分析,史和论的结合是最起码的要求。

我在这里举这么多例子,是为了说明做哲学的方法是"论从史出",这也是读经典、学哲学史的最高境界。哲学史家的工作是"就史论史",这没有什么不好,任何时候都需要对历史文本作严谨、细致的考证、整理和解释。但不能所有从事哲学的人都做这样的工作,否则,哲学就会成为博物馆古董的鉴赏学了,哲学就没有新的生命力和创造力了。李泽厚说,20 世纪 90 年代以来,中国学术的时尚是"思想家淡出,学问家凸显"。这可以看作对"就史论史"的学术时尚的批评。其实,真正的学问家何尝不是思想家,哲学史研究到广博精深的程度,自然会出新哲学。中国的政治家和读书人都喜欢以史为鉴,从过去认识现在,预知将来。在哲学研究中,我们现在要大力提倡"史论结合,论从史出"。我希望,在座的各位同学沿着这条道路走下去,在你们当中出现一批思想家、哲学家。

五、

课程要求

一般说来,读书的四个境界与不同的学习阶段有关。初学在本科生阶段,入门在硕士生阶段,批判在博士生阶段,创造是哲学家的境界。但也不可一概而论,有些本科生对经典文本已经有了独特的解释和批判性的见解,而有的博士生还只是在重复教科书和一般性的知识。我们在博士论文答辩时提得最多的一个问题是:你自己的看法是什么? 有的论文资料比较丰富,也有自己的独特的解释和概括,现在能做到这些就算不错的了。提出自己的批判性的问题,这本来是博士生应该做到的,但现在已经成为很高的要求了,很多人都达不到了。

我们现在要严格要求,严格训练。这门读经典的课要求你们能够达到比硕士生更高一点的境界,不但能够提出自己独到的解释,而且能够提出挑战性、批判性的问题,"取法乎上,得乎其中"嘛。如果按照硕士生的入门境界来要求你们,也许结果就是"得乎其下",下降到本科生的初学水平了。因此,这门课将不再重复哲学史教科书上讲的基础知识,而是要讲研究者们的独到解释和批评意见,引出你们自己的独到见解和批评或反批评。

这门课使用的教材是我编的《西方哲学经典名著选读》,是从 10 部哲学经典中精选出的篇章,都是英文文本,每篇前面有中文的导读,文中有中文的注释。这些哲学经典都有中译本,学生可以把英文本和中文本参照着读。英文本看不明白的地方,就读中文本;中文本读不通的地方,看看英文本怎么说。这对提高学生的理解能力和翻译能力会有很大帮助。

我希望在课堂上有更多的对话和讨论。一位教育家说过,没有师生间的对话,也就没有真正的教育。我希望每一位同学都能发言,提出自己的看法。我不需要学生概括课文的内容,因为我在"导言"里已经这样做了。学生需要做的是提出自己的看法,提出自己对课文的解释和批评。我说过,不能凭空想自己的观点,要多读书,课前认真读课文,有了自己的想法,再去读课文以外的经典。还要查查其他研究者是不是也有相似的或相反的想法,以便让自己的看法更全面、更深入一些。学生在课堂上提出见解,我会对学生的想法作出我的回应,学生相互之间也可以展开讨论。

生问:老师希望我们提出什么样的问题? 什么样的解释和批评算是自己独特的,什么样的不算? 如果我们自己也不知道,那怎么办?

我认为你们提出问题,不应该受限制,但需要引导。刚才提出的要求,只是引导性意见,判别什么算是你们自己独特的问题、解释或批评,什么不算是,其实没有一个固定的标准。只要在你们知道的范围内,别人没有说过的,就是你们自己的。就是说,不要受"独特"的约束,只要你们自己觉得是自己的想法,就算是独特的。你说出来,我可以补充,其他同学也可以补充嘛。比如,我们可以告诉你说,其他人也有类似的想法或提过相似的问题。你既然能够独立地提出这些问题,就说明你的水平不低。还有,独特的想法不一定是很大、很重要的思想,更多的时候是从小处入手找问题。比如,对课文一段话,甚至对一句话、一个词的理解,对英文翻译或中译本的翻译有不同意见,都可以是你们自己的独到见解。再比如,如果你发现别人有和自己类似的想法,你可以用更充足的理由支持他,或指出他考虑不足之处,这也算是你的独特思想。

柏拉图《理想国》的政治哲学

　　怀特海有一句名言:全部西方哲学史不过是柏拉图著作的注脚。有人可能会问,这样的论断是不是有些绝对化,是不是把柏拉图抬得太高了? 怀特海的原话是这样说的:"欧洲哲学传统的最可信赖的一般特征是,它是由柏拉图的一系列注脚所构成的。我这样说并不是指学者们充满疑虑地从他的著作中所抽引出来的那种系统的思想图式,我是指那些散见于这些著作中的、由一般观念所构成的思想财富。他的个人天赋,他在那个伟大的文明时期广泛体验的各种机会,他的那些尚未由过分的系统化所僵化的理智传统的遗产,使得他的著作成为永不枯竭的思想源泉。"[1]我们看到,怀特海不是无条件地肯定柏拉图的影响的。在他看来,影响了全部西方哲学传统的,是散见于柏拉图著作中的思想,而不是过分系统化了的抽象图式;是这些著作所表现的柏拉图的天赋;是他对那个时代的丰富文明和生活经验的深刻体悟和理论解释。我们现在学习柏拉图留下的精神遗产,不能满足于教科书中概括的几个观点,如理念论、模仿说、辩证法诸如此类的东西。离开了柏拉图对话的生动场景和辩论、论证,这些观点是苍白无力的,有时甚至给人留下幼稚可笑的印象。

一、

柏拉图哲学和政治的关系

　　如果说柏拉图的35篇对话都是经典,那么《理想国》可谓经典中的经典,是柏

1　怀特海:《过程与实在》,杨富斌译,中国城市出版社2003年版,第70页。

拉图最有代表性的著作。《理想国》可以从不同角度来读,可以把它作为政治学、文艺学和美学、教育学等的经典,当然更是哲学经典。教材节选的内容从第五卷后半部分开始,到第七卷的前半部分,是《理想国》中哲学成分最集中、最精彩的部分。古代著作都抄写在羊皮上,几张羊皮裹成一卷,卷与卷的区分是任意的,一卷可以有几个主题,一个主题也可以分布在几卷里。现代学者在整理古代抄本时,加注了标准页码,引用其中的内容要使用标准页码,柏拉图和亚里士多德的书都是如此。我们读的这几卷,有一个完整的主题,这就是"哲学家王"。第五卷从473d开始提出了"哲学家王"的论断,然后讨论哲学家应该不应该当王,能不能当王,一直讨论到第七卷的521d,此后转向如何培养哲学家的问题。

"哲学家王"是《理想国》的一个核心观念,这实际上是一个"理想国"何以可能的问题。康德说,他的哲学要回答的是知识何以可能、道德何以可能的问题。这些问题是先验的问题,先验问题解决了,经验才成为可能。柏拉图也是按照"经验"和"先验"的区分来讨论合理的政治制度何以可能的问题,这就是所谓的"两个世界"的区分。我说"所谓",是因为柏拉图本人并没有把可感事物和理念分别归属于两个世界。只是在一个地方,他谈到"理念的世界"。"世界"是一个时间和空间的概念,而理念是超时空的,不能说理念存在于一个与可感的世界相分离的另外一个世界之中,最好用两个"领域"来代替两个"世界"的流行说法。

柏拉图谈到理念的存在和本质时,大多用比喻、神话和想象,所以我们不要从字面意义上来理解他的故事。在讨论"哲学家王"时,柏拉图用了三个著名的比喻——"四线段""太阳"和"洞穴"——来说明两个领域的区分。这三个比喻非常生动,非常精彩,确实是关于"哲学家王"的讨论中最有思辨性的部分。很多人因此把这一部分当作形而上学的学说。但是柏拉图不是抽象地谈形而上学,不是把形而上学当作一个独立的思想体系,如同后来的亚里士多德那样。在《理想国》中,他用两个领域的区分来回答"哲学家何以能够当王"的先验问题,"正义""善"等理念是他心目中的理想国能够实现的"可能性条件"(用康德的术语说)。在其他对话中,他也提出两个领域的区分,那是在为解决其他问题,比如,在《美诺篇》和《泰阿泰德篇》中回答"知识何以可能"的问题,在《会饮篇》中回答"审美何以可能"的问题,等等。但在《理想国》中,中心问题是"公正的国家何以可能",那三个比喻所说明的形而上学的道理是围绕这个问题提出的,是合理的政治学说和实践的哲学基础。

　　生问:《理想国》包罗万象,内容恢宏庞大,几乎包含了人类思想的各个方面,哲学(形而上学)、政治学、伦理学、教育学、艺术都包含其中。长久以来,对《理想国》的解释大都以柏拉图的"理念论"为中心,然而,单纯以"理念论"为中心的解读方式,很难完整地解释柏拉图的整体意图。在我看来,贯穿整部《理想国》的主旨只有一个,就是 Paideia——教育。一本《理想国》可以说就是一本哲学家如何培养集权力与智慧于一身的统治者的教育指南,哲学王是柏拉图教育的终极目标。《理想国》中屡次谈到护卫者的培养,在第二卷,谈到音乐教育和体育教育。音乐,照顾的是人的灵魂;而体育,照顾的是人的肉体。不像斯巴达只重身体的训练而忽略灵魂;也不像后来基督教只关注灵魂的提升,而将肉体贬斥,最终导致禁欲主义。音乐与体育相结合,突出地体现了希腊人整全的特点。在第七卷,苏格拉底(柏拉图)又从内容上详细叙述了如何对合适的统治者进行培养:他们要经过算术、几何学、立体几何、天文学和音韵学,最终达到最接近理念的学问——辩证法。此外,柏拉图的教育不仅仅是书本上的教育,还包括实践。将他们带到战场上,培养他们勇敢的德性;将他们放入贫苦忧患之中,培养他们坚韧的品格;将他们投入锦衣玉食之中,培养他们抵御诱惑的能力。像柏拉图这样的哲人,自己无心称王,他们不可能放弃最为善好的沉思生活,然而对民众的怜悯,使得走出洞穴的他们最终又回归洞穴之中,解救那些无知的人们,他们的方式就是教育。柏拉图的教育不是一般的教育,它是让人能够最终灵魂转向的教育,是真正善好的教育,是培养哲学王的教育。

　　我认为,争论《理想国》这部著作到底是侧重形而上学还是侧重政治学、教育学等,没有太大意义,因为不管哪一方都可以在书中找到支持自己的证据。柏拉图的思维是整全的,而现代学者往往习惯从自己所属学科的角度看问题,我们现在似乎只能抓住其中一端。不过,这并不是说这本书没有一个贯穿于各个学科的主题,我认为这个主题是政治问题。这本书的副标题是"论正义"。正义开始是当作个人品质问题来讨论的,但从第二卷368d开始,柏拉图转入了对城邦公正的讨论,书中大部分篇幅都在讨论这个问题。柏拉图非常关注如何教育国家的护卫者和治国者的问题,着眼点仍然是政治。卢梭看到了这一点,他认为《理想国》的主题不是政治,而是教育。他说:"如果你想知道公众的教育是怎么一回事,就请你读一下柏拉图的《理想国》,这本著作并不像那些仅凭书名判断的人所想象的是一本讲政治的书籍;它是一篇最好的教育论文,像这样的教育论文,还从来没有人写过!"[1]卢梭所说的公众教育是一个关乎政治自由的问题,他在另一本书里明确地说:"没有自由就不会有爱国思想;没有道德,何来自由;没有公民,就无所谓道德;培养公民,你就有你所需要的一切东西;没有公民,则自国家的统治者以下,除了一些下贱的奴隶之外,你一无所有。培养公民并非一日之功,打算培养公民,就一定要从儿童时代教育开始。"[2]柏拉图的教育计划也从儿童教育开始,是为了培养国家所需要的护卫者,古代城邦的护卫者和现代社会的公民都是政治教育的产物。亚里士多德早就认识到,教育是一个重要的政治学主题。他说:"谁也不会有异议,立法者最应关心的事情是青少年的教育。"这也是柏拉图的一个结论。所以,即使我们承认《理想国》的主题是教育学,这也不妨碍我们从政治哲学的角度来读它;反过来说,把《理想国》当作政治哲学的书,也不能忽视其中的教育学的内容。

生问:老师说《理想国》的主题是政治问题,又说是政治哲学,是不是说政治学和政治哲学在柏拉图那里没有区分呢?

我认为是的,那样的区分是现代学术把政治学和哲学分开的产物,政治学的学者强调柏拉图的政治主张,哲学家强调这些政治主张的形而上学基础。柏拉图思想中没有把政治学和哲学分开。他可以说是政治哲学之父,不但第一次提出了系统的政治学理论,而且为他的政治理论和实践提供了哲学上的证明,以及形而上学的基础。把《理想国》作为政治哲学的著作来读,可以避免只看部分不识全体的片面读法。柏拉图的政治著作有三种:《法篇》《政治家篇》《理想国》。《法篇》侧

---

1 卢梭:《爱弥尔》上册,李平沤译,商务印书馆1991年版,第11页。
2 卢梭:《论政治经济学》,王运成译,商务印书馆1962年版,第21页。

重政治学,《政治家篇》用哲学方法分析"政治家"概念的意义,只有《理想国》才是现在意义上的政治哲学的典范,其中对政治制度的哲学论证和形而上学基础的表达最集中、最全面。现在,政治学中有一种与哲学相分离的倾向,认为政治学不需要政治哲学,更不用说形而上学基础了。罗尔斯的《正义论》是政治哲学著作,但他在晚期的《政治自由主义》中,说民主政治的理论不需要形而上学或宗教的基础。《外国哲学》有一篇文章《自由民主需要一个形而上学的基础吗?》[1]引用了最近的一些观点,论证政治不需要形而上学的基础。但不管现在的观点如何,我们要尊重并理解柏拉图开创的政治哲学的传统,这个传统直到现在仍然有很大的影响。

二、

对柏拉图的政治哲学的现代诠释

有意思的是,柏拉图的对话,除了四篇之外,都是以人名命名的。这四篇不是以人名命名的对话中,《法篇》《政治家篇》《理想国》集中讨论了政治哲学问题,《智者篇》虽然没有集中讨论政治哲学问题,但"智者"也有政治的意义。柏拉图说:"智者是民主制的民众。"他是把智者和民主制放在一起加以批评的。柏拉图给其著作的起名方法有没有什么深意呢? 是不是因为在这些对话中,他要突出政治的主题,而在其他对话中他不愿意突出一个单一的主题呢? 不管如何,生活在政治动荡的时代,政治始终是柏拉图关注的焦点,他本人也有三下西西里的政治经历,只是认识到自己的政治主张不能实现,他才退隐到学园。现在的一个解释学的问题是,能不能说政治哲学是柏拉图哲学的中心?

如果对这个问题作出肯定性的回答,可能会对柏拉图哲学的评价带来负面的后果。为什么呢? 一个表面上的事实是,柏拉图是反对民主制的。如果说柏拉图哲学在整体上是为这个目的服务的,那么这种反民主的哲学是没有多大的现实意

---

1 白彤东:《自由民主需要一个形而上学的基础吗?》,载《外国哲学》第 18 辑,商务印书馆 2005 年版。

义的,在现代更没有什么价值。波普尔把柏拉图看成开放社会的敌人,说他开创了极权主义的政治哲学传统。波普尔的观点在"二战"期间和之后相当流行。德国在纳粹时期出版了一些书,以赞赏的态度肯定第三帝国和柏拉图的"理想国"之间的联系,如《希特勒的奋斗和柏拉图的国家》《柏拉图:精神和强力(Macht)的奋斗》《Seele 和国家》等。当时,柏林大学的一个著名教授宣称,柏拉图的理想国就要在人类历史上第一次实现了。美国的自由主义学者用批判的态度看待柏拉图和法西斯主义的关系。《哲学评论》的一篇论文说,《理想国》是"法西斯主义的最初的哲学宪章",是"西方世界教育中一个最危险的科目"。[1] 在此之前,罗素把柏拉图的理想国和布尔什维克政权等量齐观。他说:"在柏拉图的理想国与布尔什维克尽力创造的好政权之间,存在着非常相近的路线。"[2] 这说明,对柏拉图的学术研究从来都是和时代的政治密切联系的。

对柏拉图的政治哲学的批评,有不同的辩护策略。

比如,赖文森(R. Levinson)在《保卫柏拉图》一书中,考因弗斯(M. Corn-forth)在《开放的哲学和开放的社会》一书中,说柏拉图哲学不能被归结为政治哲学,他的政治哲学也不能被简单化为波普尔所称的历史决定论。波普尔用现代的观点看待古希腊社会政体,他笔下的柏拉图是一个现代柏拉图,一个作为现代民主社会的敌人的柏拉图,而不是生活在古希腊社会里的那一个柏拉图。柏拉图很多有正面意义和历史价值的观点,被这样简单化的立场忽视了、否定了。

再比如,伽达默尔区别了主观意图和客观效果。他说,在这一点上,柏拉图和海德格尔有相似之处。虽然他们在主观上一个反对民主制度,一个为纳粹服务,但"哲学在政治上是无能的",他们没有能力改变政治现状,没有在现实中产生有害的作用。他们的哲学的价值和现实作用不是由他们的主观意图决定的,而是通过后来的解释,从他们的著作中不断挖掘出新的思想,也就是说,意义在"效果历史"之中。

还比如列奥·斯特劳斯对《理想国》的全新解释。他说,政治哲学确是柏拉图

---

1 转引自 G. R. Morrow, "Plato and the rule of law", in *Philosophical Review*, 1, March, 1941, pp. 105 - 106。

2 B. Russell, *The Practice and Theory of Bolshevism*, 1920, p. 30.

哲学的核心，但柏拉图的政治哲学并不是论证了理想国家的可能性，反倒是论证了它的不可能性；不是反对民主制，而是用曲折的方式论证了民主制是最适合哲学家生活的政体。列奥·斯特劳斯(为了与法国哲学家列维-斯特劳斯相区别，我们以后简称他为列奥)的研究没有回避政治，但他使柏拉图研究摆脱了"反民主"的梦魇。他和波普尔是研究柏拉图政治哲学的两个典范。

列奥和波普尔两人的政治立场刚好相反：一个是自由主义者，对柏拉图持否定态度；一个对自由主义持批评态度，肯定柏拉图的政治哲学。两人对《理想国》都有全面的解读。撇开政治立场的分歧不论，从学理上看，两人解读的方法不同，可以说是代表了两个不同的学派的方法。对于柏拉图的对话，现在存在着英美分析学派和欧陆戏剧学派的分歧。分析学派专注于对话若干段落的逻辑结构，重建论证的步骤；他们感兴趣的不是柏拉图说了些什么，而是他是怎么说的。戏剧学派重视整体结构，认为一篇对话就是一出戏剧，对话的结构是关键，论证只是插曲，最重要的是要像理解剧情那样去品味对话的意义。1988 年，C. Griswold 编辑《柏拉图的写作与柏拉图的释读》一书，以戏剧学派为正方、分析学派为反方展开了辩论。1992 年牛津出版的《解释柏拉图及其对话方法》，则以分析学派为正方、戏剧学派为反方进行了辩论。我们就以波普尔和列奥的解读为例，说明分析学派和戏剧学派的不同风格。

三、

波普尔的分析性建构

波普尔从柏拉图的著作中分析出了他所要批判的因素——封闭社会、历史决定论、独裁制度、乌托邦工程。这些东西在柏拉图的著作中都可以找得到。他说，柏拉图虽然生活在雅典的民主社会里，但他代表了反对民主的落后的部落社会。部落社会是封闭的，反对一切变化，把传统势力定格为永恒的模型，不许越雷池半步。柏拉图的形而上学把变化说成是不真实的，是表面现象；永恒的理念才是真实的，是本质和原型。在社会中，不变的本质是历史规律，传统的等级秩序是原型,恪守、保持和效仿贵族制才是社会的正道。

柏拉图设想的理想国以实行军事贵族制的斯巴达国家为雏形,但他又把这个现实的制度理想化为乌托邦。他要求统治者不允许拥有私有财产,也不准用金银宝器。他们不从事生产活动,没有家庭,配偶由国家指定,而且不固定,实行严格的计划生育和优生制度,子女由国家抚养。这些完全是乌托邦式的幻想。柏拉图对理想国的描述是对尽善尽美的理念的追求,它的实施也需要一种以激情和迷狂为特征的极端态度。

波普尔集中批判了"哲学家王"的观点。他说,柏拉图诱使后人相信,政治的中心问题是:谁应当统治? 后来的政治哲学家没有采用柏拉图的"哲学家应当做王"的结论,却使用不同的语言回答了柏拉图的问题。中世纪流行的"君权神授说"认为只有获得上帝恩准的人才有资格统治;近代的社会契约论认为只有代表国民愿意和利益的人才能统治;法西斯主义认为只有高贵的种族才是主人。在波普尔看来,这些说法的本质都是极权主义。它们所要解决的中心问题——谁应当统治,本身就是一个极权主义的问题。这个问题已经预先设定,国家的前途是受历史规律支配的。解决"谁应当统治"这一问题的核心,就是回答"谁掌握了这一规律"。由此可见,历史决定论早就和极权主义结下了不解之缘。

波普尔还说,柏拉图的教育观是"哲学家王"的一部分。柏拉图认为,教育是"国家大事中最大的事"。教育的目的是培养统治者的接班人,保证理想国永世长存。他制定了一套完整的教育程序,对统治阶级的儿童和青少年进行智育和体育双重训练,并从中挑选出优胜者作为接班人,保证贵族制度千秋万代永不变色。柏拉图虽然不乏合理思想,但他的基本思想是将教育当作贵族们的特权,当作政治的工具。

波普尔的解读法是,从不同的文本和语境中抽取出一个个观点,然后按照一个完整的思路把这些观点贯串在一起。这代表了分析学派的合理建构的做法,比如,部落社会→反对变化→理念统摄现实→乌托邦的设计;规律决定历史→掌握规律的哲学家的统治→权威主义。用这样的一以贯之的思路来对待柏拉图著作中的一些材料,可以作出符合逻辑的解释。

但是,戏剧学派反驳说,这样的解读有任意性。不同立场的人可以利用不同的材料或利用对材料的不同解释,得出不同的结论。从局部看,不同的甚至相反的结论都能满足"言之成理"(符合逻辑)、"持之有故"(有文本材料支持),但从全局看,可能他们都不正确,如同盲人摸象。他们要求注意对话的全部内容,甚至一两句不起眼的话,虽然这些话不表明什么观点,但可以表明对话者的态度,态度和语气有时对理解很重要,如正话反说的语气。因此要仔细地读全文,注意对话者的性格和反应,注意对话的步骤。

四、

列奥·斯特劳斯的叙事性解读

列奥在柏拉图对话中区别了两类对话:"表演性对话"(performed dialogue)和"叙事性对话"(narrated dialogue)。他认为,在柏拉图的 35 篇对话中,26 篇是表演性的,9 篇是叙事性的。表演性的对话好像是完全靠演员表达的戏剧;叙事性对话的戏剧除了表演之外,还有一个解说者的旁白。《理想国》属于叙事性对话,苏格拉底既是主角,也是解说者,因此有很多"我说""他说""××同意""××反对"等主句。苏格拉底的旁白是重要的提示,告诉人们对话的背景和对话以外的信息,表明他在对话中的处境。人们可以根据这些旁白判断,苏格拉底为什么要说这些话,哪些是真心话,哪些是正话反说;但不管如何,对话没有一个完整的答案。列奥说,每一个对话都是一个大问号,柏拉图共给出了 35 个大问号。

列奥在《城邦和人》(*City and Man*)的第二章,对《理想国》的叙事作出戏剧学派的全景解读,在很多被人忽视的地方读出了新意。他一开始提出了一个关键的问题:《理想国》中的苏格拉底是不是在表明柏拉图自己的主张?当然,大家都知道,苏格拉底是柏拉图的代言人,但是列奥提醒读者,苏格拉底的方法是反讽。反讽就是"装糊涂"(dissimulation),但这种伪装没有恶意,用中国人的话说,是"难得糊涂",它是智慧的表现,是高贵的举止。对什么人装糊涂,在什么情况下装糊涂,需要极高的判断力和智慧,因此,与苏格拉底对话的人的身份、性格、观点以及对话的场合非常重要。也就是说,从《理想国》中抽取出来的苏格拉底的观点,很多可能只是"装糊涂"的话，是把对手的观点加以极端化而得出的荒谬的观点，而不是代表柏拉图的正面观点。只是了解苏格拉底的观点是不够的，还要了解和他对话的人的观点。

除了苏格拉底外，还有五个对话者，可分为三组：第一组是法洛斯（Cephalos）和他的儿子玻勒马库斯（Polemarchos）；第二组是色拉叙马库斯（Thrasymachos）；第三组是格劳孔（Glaucon）和阿德曼图斯（Adeimantos）。《理想国》的主题是讨论正义的定义。第一组代表了商人对正义的看法，第二组代表了智者的意见。苏格拉底在第一卷逐一讨论了他们提出的定义，得出了正义在人的灵魂之中的结论。以后追问正义本质的对话，主要在苏格拉底与格劳孔和阿德曼图斯三人之间进行。在得出了"正义是灵魂的三个部分的和谐"的结论之后，他们转向了对正义国家的讨论，理由是："国家是大写的人"；正如大写字母比小写字母更容易辨认，国家的正义比个人灵魂的正义更加容易被认识。但事实是，他们并没有找到一个关于正义国家的定义。

"正义"是一个理念，当实现在可感世界而成为一个正义的现实国家时，就有一个发生和发展的过程。最初的国家是"健康"的国家，好像一个健康的身体，满足了人的自然欲望，每个人根据自己的天赋从事一定的技艺，发挥自己的特长。这是一个幸福的国家，没有贫穷、强迫、政府和战争，生活是轻松和快乐的。这些特征符合阿德曼图斯的温和、平静的性格，因此这个国家是从苏格拉底和阿德曼图斯的对话中建构出来的。

但是，严肃而激烈的格劳孔提出了反驳。他说，那不过是"猪的国家"，虽然生活过得快乐，但没有德性。既然正义是灵魂的属性，正义的国家应该具有德性。他和苏格拉底的对话，建构出了一个"最好"的国家，正义的国家。这个国家也有一个自然的发生过程。首先是"健康国家"自然地走向衰落，人不可能只是满足自然的欲望，还要野心勃勃地追求一些身体并不必需的东西，如荣耀、奢侈，因此有了冲突就有了政府，有了领土就有了战争，也有了武士；这个国家是武士集团。其次，人在本性上是不平等的，灵魂有不同的主导部分，与灵魂的三个部分相对应，有生产者、保卫者和管理者的区分，这也是自然的区分。但这是苏格拉底或柏拉图主张实施的理想国吗？阿德曼图斯的介入，使苏格拉底有机会指出，这个"最好"国家可能导致荒唐。比如,从武士中选拔管理者的标准不应该有性别歧视,因而得到了男女平等的结论。这不是现代意义上的男女平等,而是说女人也要做武士。阿德曼图斯指出,这样的国家没有财富是不正常的。苏格拉底设想如果武士拥有私人财产会有什么有害的结果,并进一步设想为了取消私有财产,必须采取共产主义的家庭政策。人们一般以为这些是苏格拉底的正面主张,但按照列奥的读法,苏格拉底这里是使用反讽方法,指出了"最好国家"的不可取,男女绝对平等的政策显然是荒唐的,违反自然的。这不是正面的主张,而是在说明以"正义"理念为样板来建构现实国家,是何等地不现实、不可取。

列奥区分了"可取性"和"可能性"的问题。他说,关于"哲学家王"的讨论是《理想国》最重要的问题。但哲学是为了解决"正义国家是否可能"的问题而引入的,哲学在这里是手段,而不是目的。苏格拉底说,正义国家只能从现存的国家转变而来,这一转变的实现,只能有两种可能:或者民众服从哲学家的统治,或者哲学家愿意从事政治。但在以后的讨论中,苏格拉底的结论是悲观的。民众服从的是智者,而不是哲学家;智者是靠言说说服民众的,而哲学家不是靠言说,而是用行动来说服别人的,但民众是不相信行动的榜样的。在被智者的言说控制着公众的社会里,即使有哲学天赋的人也会败坏。哲学家愿意从政的可能性比民众愿意服从哲学家的可能性更小。"洞穴"的比喻是一个悲剧,哲学家从政的结局是悲壮的。读了这个故事,哪一位哲学家还愿意从政呢?

能不能不经过对现实国家的转变,就开始建立哲学家的统治呢? 苏格拉底说,除非把十岁以上的人都驱逐出去,从娃娃开始,把他们培养成哲学家王。第七卷后半部分设计的教育方案是一个理想的方案,但实行它的前提,如果不是完全不可能,也基本上是不可行的。按照列奥的读法,苏格拉底根本不是在论证理想国(正义国家)的可能性,而是在说这样的国家既不可取也不可能。"正义"作为理念是真实的,作为灵魂的状态是存在的。但只有正义的个人,没有正义的国家。

苏格拉底并非没有现实的政治主张。他一一考察了五种现实的政体:贵族制、荣誉制、寡头制、民主制和暴君制。这是一个自然发展的系列。虽然苏格拉底借用缪斯的话说"最先的是最好的",但这不能说明他真的以为贵族制是最好的政体。列奥说,苏格拉底对民主制的描述表明,"民主制是最好政体之外的、唯一能够让哲学家可以不受干扰地过自己生活的政体"[1]。因为民主制的原则是自由,而自由的意思是,每一个人想自己愿意想、做自己愿意做的事情。社会生活是多元的,哲学家和非哲学家有同等的自由。民主国家的人是游手好闲的人。列奥说,他们好比马克思向往的共产主义社会的人,"上午狩猎,下午钓鱼,傍晚畜牧,晚饭后做哲学"。如果正义国家是不可能的,那么这样的自由国家就是最可取的。但是,苏格拉底为什么批评民主制,没有为民主制辩护呢? 列奥回答,这是因为民主制的自由没有任何约束,甚至连寡头制也有必要约束,因此民主制在寡头制之后。苏格拉底不是用语言,而是用行动为他所在的雅典的民主制辩护,他希望它强大,为它参加战争,为了服从它的法律而献出自己的生命。列奥最后的结论是,《理想国》没有说明可能的最好的政体,但它说明了政治的本性,"国家理应满足人的最高要求,但按照这样的要求而建构出来的国家是不可能的。他让我们看到了国家本质上的局限和本性"[2]。

五、────────────────

对列奥·斯特劳斯的评论

列奥的解读改变了人们对柏拉图政治哲学的基本判断。他说,柏拉图通过苏格拉底的反讽,不是在证明正义国家的可能性和可行性,不是以唯美主义的精神构造乌托邦,而是以现实主义的态度处理政治问题,说明绝对纯粹的理想、以"正义"理念为样板的国家制度在现实中是行不通的,只会导致违反人的本性的后果。这个结论与波普尔对乌托邦的批判相差无几。正像波普尔所说的那样,一切乌托邦工程都有"迈向一个充满爱和美的世界"的理想,但是,"抱着建立人间天堂的最美好的愿望,最终只是成功地制造了人间地狱"[3]。为什么波普尔和其他很多人把这样的错误归咎于柏拉图,而不是像列奥那样,认识到柏拉图其实早就预见到

─────────────────

1 Leo Strauss, *City and Man*, University of Chicago Press, 1964, p. 131.
2 同上书,第 138 页。
3 波普尔:《开放社会及其敌人》(第一卷),陆衡等译,中国社会科学出版社 1999 年版,第 315 页。

理想主义政治的这种危险呢？我想主要有两个原因。

首先，从方法论上说，很多人习惯于把柏拉图的对话当作哲学论文来读，认为对话的主角代表了柏拉图的观点。大多数对话的主角是苏格拉底，但巴门尼德、蒂迈欧和《智者篇》的陌生人，也当过主角。《理想国》中，苏格拉底是当然的主角，但不能把他说的话都当作柏拉图所要肯定的正面观点。在对话中，语境很重要，苏格拉底是针对其他人的观点发表看法的。他使用的是反讽法，这一方法的基本策略是归谬：如果你说的是真的，那么就会得到如此如此的荒谬结果。苏格拉底的很多话是在指出别人的主张所导致的荒谬结果，如取消家庭，甚至"哲学家王"。按照列奥的解释，苏格拉底从别人观点中引申出了荒谬的结果，因而这些不是他的正面主张。如果我们承认在柏拉图的对话中，苏格拉底很少正面提出自己的主张，那么应该承认，按照反讽法来理解苏格拉底的话，是有合理性、有根据的。

其次是一个解释学的问题，即现代人如何理解雅典时期的民主。柏拉图（通过苏格拉底之口）确实指出了雅典民主的很多弊病，但不能因此就说他的哲学是反民主的哲学。因为从文本中可以看到，柏拉图反对的只是"大多数人统治"的原则，反对"想自己愿意想，做自己愿意做的事情"的个人主义。他反对的这种民主制并不违反现代民主的精神。现代人对民主有不同的理解，有自由主义的、共和主义的、社群主义的、社会主义的，不能根据一种理解全盘否定柏拉图的政治哲学。按照列奥的理解，柏拉图的政治哲学肯定了哲学家所追求的自由，这符合民主制的精髓。这也是"言之成理，持之有故"的一家之言。

当然，我们不是无原则的相对主义，不能因为有多种理解，且各种理解都有合理性，就放弃自己的理解。我有我自己的理解，我相信你们中的一些人受到不同学说的影响，也有不同的理解。

下一讲我们围绕《理想国》的主题来讨论如何理解民主的问题。

第四讲

柏拉图与民主问题

我们对柏拉图《理想国》的解读主要集中在政治哲学。前一讲我选择了两种解读方法作为典型,一种是波普尔的解读,一种是列奥·斯特劳斯的解读,想用这两种解读说明两种不同的解读方法——分析学派和戏剧学派方法的不同之处。我想听一听,同学们对这两种解读有什么意见?

生问:列奥·斯特劳斯的这种看法在我国国内学术界似乎比较流行,程志敏著《宫墙之门——柏拉图政治哲学发凡》(华夏出版社 2005 年版)中的一篇文章《古典政治哲学的范式——〈理想国〉有多理想?》,基本上就采用了列奥的解读。程志敏在该文中写道:"从总体上说,柏拉图的《理想国》正是对'理想国'的严厉批评……似乎都不允许他从外在方面去批评理想国,但苏格拉底却是从理想国内部对它进行了全面的反思。他通过把'理想国'的逻辑推到极其荒谬的境地,不声不响地把'理想国'彻底推翻了,或者更准确地说,彻底摧毁了启蒙思想家要在地上建立天国的痴心妄想。与亚里士多德对'理想国'的外在批评相比,柏拉图对'理想国'采取的'内在批评'显然深刻有力得多。"这显然是列奥思想的翻版。但是,我对这种理解是非常怀疑的。柏拉图有必要将自己的真实想法用一种如此含蓄的写作手法隐藏得那么深,以至于故意让两千多年来的人们都误解他吗? 这是一种什么样的良苦用心呢?

这位同学不同意列奥的解读,他提出了这样一个问题:两千多年来人们都是从正面来理解《理想国》,而只是到了现在,列奥才对《理想国》作了反面的理解。是不是如此呢? 另外,我从他所引用的观点中又发现了一个问题:能不能说启蒙运动误解了《理想国》,是要在"地上建立天国"? 我们先来讨论这两个问题。

一、
历史上人们是如何理解《理想国》的？

我认为不能说两千多年来人们对《理想国》都是正面地理解。列奥对《理想国》的解读在 20 世纪政治哲学中是比较新的解读方法,他认为苏格拉底的对话方法是一种反讽法,不是要表明什么正面的观点,而是要表明怀疑,苏格拉底的每篇对话都是一个的问号。但这不是一个亘古未有的说法;相反,古希腊时期对柏拉图著作就有这种理解。我们知道,古希腊时期的学园派就是怀疑派的代名词,学园派用苏格拉底的反讽方法对很多哲学问题提出怀疑,而不是给出教条化的回答,这就是学园派的风格。而且这个传统延续得很长,学园派一直到公元 529 年才被取缔,共有800 多年的历史。可以说,在此期间,柏拉图的对话都是用怀疑派的方法来阅读的,或者说,是从反面来理解的。我一开始引用了怀特海的"全部西方哲学史不过是柏拉图著作的脚注"这句话,他强调,这不是指柏拉图那些体系化的思想,而是柏拉图个人的独特天赋和他对希腊文明的独特体验,也就是说,正是对话中的非系统的、非教条的思想,才鼓舞了整个西方哲学的发展。如果只是正面地理解柏拉图对话集,特别是《理想国》,认为柏拉图的《理想国》建立了一个让人们去仿效的政治上的样板,这是不正确的,起码古希腊时期的柏拉图的传人们就不是这么理解的。而到了中世纪,新柏拉图主义对基督教思想产生了巨大影响,有把柏拉图的创世论教条化的倾向,不过在这一千多年的时间里,并没有涉及柏拉图的政治思想。

　　生问:说到柏拉图和中世纪思想的关系,我认为《理想国》主要是伦理学和神学思想,与此前的毕达哥拉斯学派和后世的基督教思想之间有传承关系,书中蕴含了基督教思想的雏形,例如一神论、原罪说、神正论、禁欲主义等。

虽然可以说中世纪有柏拉图主义的传统,但我要提醒大家注意,对基督教产生影响的主要是新柏拉图主义,而不是柏拉图本人的思想。新柏拉图主义把柏拉图思想过分体系化了。举个例子,在柏拉图的对话里面,没有最高的创世神的形象。教材里收录的"太阳比喻",有一段很有争议的话。柏拉图说:善创造了整个理念,正如太阳用光明创造了万事万物,理念世界是被最高的、被称作善的本体创造出来的。但是在《蒂迈欧篇》里,柏拉图专门讲到创世说。他说,造物者是把已经存在的理念和已经存在的质料结合在一起,按照几何学的设计,创造出各种各样的元素,然后结合成世界万物。这也是亚里士多德的形式与质料结合的思想。我们可以看到,即使在《蒂迈欧篇》里,柏拉图也没有说理念是被善创造出来,他认为理念是永恒的,是超越时空的,所以理念不是被创造出来的。因此,"善创造理念"是一个很有争议的说法。柏拉图没有这么独断,这是用比喻的说法说明所有理念都要受善的统摄。但是新柏拉图主义,特别是普罗提诺,把这个说法给体系化了。他说"太一"通过流溢的方式创造了理念世界,并且用论证的方法说明理念世界是如何被太一创造出来:太一是第一本体,相当于柏拉图的善,第二本体是理智,也就是理念,然后再从理智、理念中流溢出灵魂。新柏拉图主义对世界的构成,对灵魂如何与质料结合构成可感的世界,有一套系统的说法。但是在柏拉图那里则不是这样,我们只看到一个一个对话,在讨论一个个具体的问题,并没有给出一定的结论。但是,这种方式不符合基督教神学的性质,基督教神学要为教义辩护,所以早期基督教教士的主要目的就是反驳学园派的怀疑精神。柏拉图的哲学通过新柏拉图主义而影响了基督教哲学,我们后面讲奥古斯丁时,会更清楚地看到这点。柏拉图的政治哲学在整个中世纪都没有引起重视,一个很简单的原因是,柏拉图的著作大多数没有翻译成拉丁文,翻译成拉丁文的只有《蒂迈欧篇》的一部分和其他少数几篇,基本上没有产生什么影响。《理想国》鲜为人知,更不用说从正面来阅读它了。

我们还是回到原来的话题:柏拉图的哲学是在什么时候开始影响西方的政治哲学的? 列奥提醒人们注意文艺复兴时期的托马斯·莫尔(Thomas More)的《乌托邦》同《理想国》的联系。这种理解是正确的,莫尔的确把柏拉图的理想国理解为乌托邦。莫尔是虔诚的天主教徒,他反对英王亨利八世反罗马天主教的做法,结果被亨利八世砍了头,后来被罗马教会追认为圣徒。莫尔用基督教的眼光来理解理想国,把它理解为理想的未来社会,称之为"乌托邦"。《乌托邦》虽没有提出《理想国》的共妻制,但里面很多措施,例如废除私有制,和《理想国》对正义国家的描述相似。现在,我们把莫尔的《乌托邦》当作第一部空想社会主义的著作。莫尔的思想背景是基督教,他是从正面来理解理想国的。这里还有一个很重要的社会背景,那就是当时人们是把道德和政治联系在一起的,也就是我们现在讲的"德治"的传统。

二、

柏拉图是不是要把政治道德化?

　　生问:波普尔批评柏拉图是"开放社会的敌人""极权主义的肇始者""历史必然性的鼻祖",虽然火药味十足,沾上了太浓厚的意识形态色彩和太多的时代偏见,但这种理解在我看来是非常自然的,因为按我的理解,柏拉图确实在西方历史上第一个试图将政治与道德结合起来,建立一个以道德(至善)统领政治的世俗的理想政权。这一点确实很不符合一般自由主义者的口味,因为他们将政治与道德的分离作为现代性的一个根本特征。在现代的自由主义者看来,道德与政治相结合,不仅不能造就一个人间天堂,反而会造成极权主义、恐怖政治……总之,一个不折不扣的人间地狱。

　　我的意见是,波普尔认为柏拉图是要把政治道德化,但如果我们细读《理想国》,可以看出政治道德化并不是柏拉图的正面主张。《理想国》的一个中心思想是个人灵魂与国家的对应关系,个人灵魂的三种状态——欲望、激情、智慧,对应着国家的三种阶层——生产者、保护者、统治者。苏格拉底强调道德和政治之间存在着一定的对应关系,但这并不意味正义的个人必然造就正义的国家。按照列奥的解释,《理想国》要说明的道理是,现实中可以有正义的个人,却不会有正义的国家;正义的个人是哲学家,哲学家在道德上是完满的,但是哲学家不适于做政治家。

　　柏拉图对哲学家和智者作了区别,认为哲学家克制欲望,是大度的、勇敢的、有智慧的,能够把各种不同品德融合在一起,因而也是和谐的,哲学家是完德之人。但是格劳孔提出了问题:"既然哲学家这么好,为什么还有人说哲学家是无用的? 你同意这种说法吗?"苏格拉底说:"我同意这种说法,我可以用一个寓言来说明。"然后他讲了一个著名的"船长比喻"。船长的寓言是说船长很强壮高大,但是有点耳聋眼花,而且他的航海技术也不是很高明,但即使有这些缺点,他也必须当船长,因为水手根本不懂任何航海知识,让水手当船长只会把船引向毁灭。哲学家也是这样,他们不善于管理政治,有点"耳聋眼花",因此哲学家对感官世界并不是那么敏锐。这一点在"囚徒比喻"里也谈到了,柏拉图讲了三次眩晕的过程。第一次眩晕是囚徒回头时看到火堆,因为长期习惯看投在墙壁上的投影,他看到光源时就眼花了。但这个人不顾眼睛的疼痛,走出洞穴,接受阳光照耀,他再一次感到眩晕。这里,太阳比喻善,人看到太阳眩晕意味着人不能直接思考善,而只能先看洞穴外面的真实事物,先看太阳在水中的投影,最后才能直接看太阳,直接思考善。他在返回洞穴后又眩晕了,前两次眩晕是上升过程中接近最高的善所产生的困惑,第三次是他要返回洞穴解放同伴、从真实世界下降到意念世界而产生的困惑。回到了可感的世界,他反而不如同伴对影像那么敏感,同伴对影像能准确地观测,甚至能精确地预测,但是他看不清投影,因而被同伴嘲笑:连常识都不懂还说什么能知道真实的世界。这是在讲哲学家的知识和德性与政治现实之间的不一致。柏拉图认为知识就是德性,但即使哲学家有了最高的善的知识,即使有了全德,也不足以使其在政治上获得成功。因此,他并不认为哲学家适合当王,哲学家的德性并不能很好地与政治结合。他说:"当哲学家要把他们的知识运用到政治的实践中去的时候,要把正义、节制、公共德性进行转化的时候,他们是缺乏技巧的工匠。"(教材,29)政治是一种实践技艺,需要的是技巧,但是哲学家的品德不能保证他们掌握政治的技巧。因此可以说,柏拉图并没有提出政治道德化的主张,并没说哲学家能保证在政治上获得成功。

按照列奥的读法,我们可以看到,柏拉图是在解构政治和道德的关系。政治与道德之间的密切联系在柏拉图对话中表现得并不明显,甚至在亚里士多德的《政治学》中也不十分明显。直到后来的斯多亚学派那里,政治与道德的联系才通过"自然法"的观念从理论上被建立起来。中世纪的基督教要求的政治基础是"君权神授",统治者的信仰是第一位的,道德仅仅是信仰的附庸,并不是很重要。有了上帝的批准,就有了统治的合法性,而不是说统治者首先具有道德上的德性,才能获得政治统治权。要求统治者具有高尚的道德,那是文艺复兴时期的一些思想家,例如托马斯·莫尔的思想产物。当时神权政治衰落,世俗王权兴起。世俗王权不需要教会为他们提供政治合法性,也不需要用教义来论证政治的基础,于是他们转向了公民的道德,认为统治者有了高贵德性才能统治,这与中国儒家的内圣外王思想相一致。这就是文艺复兴时期产生的德治思想。但是我们不能夸大西方的德治思想传统,实际上它在西方的影响并不像在中国那么大。

三、

启蒙运动是不是虚幻的理想主义?

生问:有人认为,启蒙学者,特别是卢梭的思想,看起来很激进,但实际上只是对基督教救赎传统的缺失感到不满,"他们试图以人的神性来接管此岸秩序……开始了由人而神的'圣业'——把彼岸理想拉到此岸世界,把上帝之城与世俗之城的两维对立压缩为一个平面维度,平面铺展为天国在人间的历史实践"[1]。

我认为,这也是对波普尔的观点的引申,他认为现代"乌托邦工程"的目标是要在人间建立天堂,但实际上只是建立了人间地狱。其实波普尔并不反对启蒙运动。现在有人又把启蒙运动和现代政治的各种罪恶如法西斯主义都联系起来,比如说卢梭"试图以人与人之间的政治神学论替代神与人之间的神学政治论",现在的任务是要"彻底摧毁启蒙思想家要在地上建立天国的痴心妄想",等等。

这就涉及这样一个问题:启蒙运动是不是虚幻的理想主义? 现在国内外很多人有反启蒙运动的情绪——我认为他们只是情绪而不是理论,因为他们并没有提出很好的理论——他们认为现代政治的罪恶都要归结到启蒙。在中国,有反"五四"的情绪,认为中国现代化的偏差都是来源于"五四",而我却要为五四运动辩护。五四运动就是中国的启蒙运动。启蒙运动不是理想主义而是现实主义。理想主义是什么呢? 德治是理想主义,乌托邦是理想主义,乌托邦的思想是出于德性的要

---

1 朱学勤:《道德理想国的覆灭——从卢梭到罗伯斯庇尔》,上海三联书店 2003 年版,引言第 2 页。

求,废除私有制完全是出自道德上的考虑。莫尔说,对德性最好的回报是德性本身,对邪恶最大的惩罚就是失去德性。这也是斯多亚学派的观点:德性是对德性最好的回报,德性不需要它之外的东西来奖励。既然德性的最高回报是德性,那么就不应该用财富作为德性的回报;反之,如果用财富作为德性的回报,就会腐蚀、败坏德性。所以,在《乌托邦》里,莫尔出于维护道德的纯洁性的要求,提出了废除私有制的纲领。出于同样的理由,他还提出了人人在政治上平等的主张,唯一的不平等只是德性的不平等。每个人都把德性作为最高的理想来追求,这是政治上的平等权利。

但是,这种"德治"的理想当时并没有被人们严肃地对待。当时在政治上出现了现实主义的思潮,例如马基雅弗利反对理想主义,用君主的现实利益来论证政治统治的合法合理性。从文艺复兴时期到近代,霍布斯、格劳秀斯提出的自然法和社会契约论等,都是从人的自然欲望和权利出发来论证政治的合法性。这不但和基督教的"君权神授"的思想相对立,也与从道德上论证统治者合法性的"德治"思想相对立。近代西方基本上都是这种政治现实主义,尽管有极权主义和民主主义的区分,但是他们在政治上都是现实主义,包括霍布斯的国家主义和洛克的政治自由主义。卢梭的政治主张也是现实主义,他虽然对人的自然状态有一些理想化的描述,但是他的政治理想并不是要返回自然状态,他知道人从自然状态进入社会状态后,不可能再返回自然状态,所以他对未来社会的设计不是基于理想,而是出于对现实的考虑,即如何摆脱不自由的枷锁。他最后的设计是"公意"。这不是理想化的设计,而是理性的、经验的论证:我们每个人都把自己的自然权利转让出去,同时接受其他所有人转让的权利,即"我为人人,人人为我"。在这样的逻辑中得出"公意"概念,每个人的自由就是全体人的自由,每个人都要服从"公意",它就是我们大家的共同意志的化身。这类似于康德的道德自律,但是康德的自律是道德上的自律,有点理想化,而卢梭的自律是政治上的——自己立法,自己遵守,这是人民主权的现实主义主张。

启蒙运动分很多种,有法国的、德国的、英格兰的、苏格兰的、美国的,不能笼统地说卢梭代表启蒙运动。但是不管如何,启蒙思想家大都是民主制的倡导者和创始者,在英国是洛克,在苏格兰是休谟,在法国是孟德斯鸠、卢梭和百科全书派,在美国是独立战争时期的思想家们。伏尔泰和一些德国的启蒙学者主张开明专制，可以说是一些例外。卢梭主张民主制度，认为每个人都要享受平等的自由权利，这并不是一个极权的、独裁的蓝图。有人问，为什么法国大革命的雅各宾派要把卢梭的"公意"思想付诸实践时产生了专制、独裁和屠杀？有人用雅各宾派的实践来论证卢梭鼓吹极权专制，然后说卢梭思想是整个启蒙运动的纲领。朱学勤著《道德理想国的覆灭——从卢梭到罗伯斯庇尔》一书我没有读过，我是通过林经纬的读书报告熟悉这本书的主题思想的。这个思想其实也不新鲜，罗素在其《西方哲学史》中就讲到，社会契约论有两派，卢梭的契约论通向希特勒，洛克的契约论通向丘吉尔。但是，我不同意这种说法。

我认为卢梭的政治蓝图其实还是民主制，这一点和其他启蒙学者是一致的。不一致的地方在于：一种是平民制的民主，一种是精英主义的民主。洛克主张精英主义，而卢梭主张平民主义。平民主义很容易走向极权专制，从历史事实也可以看到这点。希特勒是通过选举上台的，即通过民主制程序上台；法国大革命开始是要实行民主制，后来到了雅各宾专政时期，虽然他们的指导思想是平民主义，依靠的是无裤党的平民，但是平民主义和民主制结合导致的是极权专制。

刚才简略地讲了西方政治哲学的发展历史。现在让我们回到《理想国》。柏拉图实际上已经看到了平民主义和民主制相结合的方向。他认为这是一条危险的道路，民主制和大多数人统治结合在一起，最后必然堕落到暴君制。

四、

柏拉图是政治理想主义者吗？

列奥的读法可以说是反面的读法，即认为《理想国》不是在为理想国辩护，而是解构理想国。我认为这种读法还是很有道理的。举几个例子。苏格拉底提出了"哲学家王"的论断。这个论断说，如果哲学家不当王，那么城邦永远也不能避免罪恶，不管个人幸福还是公共幸福，都是不能实现的。他把哲学家当王的理想提升到一个很纯粹的高度。但是从通篇来看，苏格拉底——也就是柏拉图自己——从来没有过这么纯粹的理想。苏格拉底认为城邦中总是会有罪恶的,人类的恶是摆脱不了的;另外,他认为个人幸福并不依赖于城邦,特别是哲学家的幸福并不依赖城邦。从这两点来看,苏格拉底一开始就提出非常崇高、非常纯粹的理想,但后面的论证实际上是在一步一步说明要实现这个理想是多么困难。当一个困难克服后,他又提出另外一个困难,直到最后,仍然是在表达对这个理想的怀疑和反讽,而没有论证这个理想可以在现实政治中实现、哲学家王可以使整个城邦甚至人类摆脱罪恶、可以实现个人幸福和公共幸福这样一个很强的论断。也就是说,对话本身已经蕴含着结论的不可行性和不可能性。苏格拉底还提出其他很多很强的论断,包括废除私有财产、配偶和孩子的公有制,这些都是很强的论断,从这些论断本身就可以看出它的荒谬和不可行。

在论证的过程中,我们可以看到一个插曲。格劳孔说:"你说得很好,但是人们很难会相信你,起码叙拉马库斯就是这么想的。"请注意这些细节,我们要弄清苏格拉底的回答是真心话还是反讽。苏格拉底回答说:"你不要挑起我和叙拉马库斯的争论,我们现在已经变为朋友了。"他们以前不是朋友,在第一卷中还针锋相对,为什么在这里他们变为朋友了呢? 苏格拉底说:"我们从来都不是敌人,我要尽我最大的努力,或者说服他,使他皈依我,或者给他一些益处,当他能够在来世和在另外的国家里讨论相似问题时,他会在我的讨论中受益。"(教材,27)对这个小插曲的含义,我们可以这么来理解:苏格拉底和叙拉马库斯对政治都持现实主义的观点,都不是理想主义者,所以他们是相似的。他们都强调现实的原则,只不过叙拉马库斯强调的原则是强权,而苏格拉底相信公正可以成为现实的原则。苏格拉底的意思是说,我可以劝说他放弃他的强权政治的主张,而采用更为合理的现实主义原则;如果做不到这点,如果他来世生活在一个理想的城邦中,那么我的论断就可以给他一些益处。所以我们看到,苏格拉底并不是想把他的政治主张理想化、纯粹化,而是要用一种合理的现实主义原则代替不合理的现实主义原则。

更明显的是,在第七卷和第九卷的结尾处,苏格拉底更加明确地表明了他自己的主张。第七卷的后半部分讲怎么教育哲学家,他提出了教育的方案(521d—541b)。他说,要建立培养哲学家王的教育体制,有几个先决条件:首先,我们要找到一个国王,他有哲学的天赋;第二,这个统治者要采纳苏格拉底的方案;第三,在没有清除现实弊病之前,他是不会立法的,他要对现实社会进行彻底的改造,大破才能大立,也就是所谓的"在白纸上画出最新最美的图画"的乌托邦的理想。在第七卷结尾处,苏格拉底说,为了实行培养哲学家王的教育计划,就必须把十岁以上的人都清除出城邦送到乡下去,让十岁以下的孩子由国家来抚养、教育,这样才能让这些孩子摆脱家庭和社会的陈规陋习的影响,让他们从一开始就在真正的哲学家所制定的法律之下接受教育(541a)。结束时,格劳孔说:"你已经把实践方法讲得很清楚了。"(541b)但是这个方法是不是可行,他们没有讨论下去。苏格拉底采用的是反讽法,他没有就这种方法是否可行继续讨论下去,就此打住了。但我们可以看出,这明显是不可行的。

在第九卷结束时,苏格拉底又讨论了哲学家要不要当王的问题。他说:"哲学家只能在合适的城邦里当王,但不会在自己出生的城邦里当王。""合适的城邦"不是指哲学家所生长的那个土地,而是理念世界中的城邦。如他所说,那是"理想中的城邦,在地球上是找不到的",但"在天上有它的原型,希望看见它的人可以在心里找到它"。他还说,哲学家当王的城邦是现在存在还是将来存在,这不重要;在理念城邦里,哲学家会采取他所要采取的行动(592b)。这就是说,苏格拉底从第五卷到第七卷这三卷里讨论的理想国,根本不会发生在现实之中。从以上几点来看,我们认为苏格拉底是在进行解构,正如列奥的解读一样,是在证明理想国是不可能、不可行的。这就是他所说的三次大浪。

第一次大浪是要证明男女平等;第二次大浪是主张在家庭问题上实行共产主义,配偶和孩子都是公有的;第三次大浪是哲学家当王。这三次大浪的结论都被证明是荒谬的。因此,我们可以赞成这么一种读法:苏格拉底不是在对这些荒谬的结论作辩护,而是在表示怀疑。从这三卷看来,反面读法要比正面读法更合理。

五、

柏拉图为什么批评民主制?

按照上述的反面读法,柏拉图不是在主张一种与现实的民主制度相反的理想化的、带有极权色彩的政治制度，因此，不可能得出柏拉图反对民主制的结论。尽管列奥的这种读法总的来说是有根据的，但我不同意他所说的柏拉图是在用曲折的方法为民主制辩护的观点。这种说法有点过了。尽管柏拉图认为"理想国"不可行，但也不能说明他赞成民主制。列奥认为柏拉图肯定了自由，也就是肯定了民主制，这一理由是不充分的。事实上，柏拉图在第九卷中对民主制的自由描述是负面的，他认为民主制的自由是一种无节制的自由，对社会有副作用。这种民主就是任何人都可以做想做的事情，说想说的话。在第八卷里，柏拉图对这种自由作出了令人印象深刻的描述："现在父亲害怕儿子，儿子把自己当作父亲一样的人""老师害怕学生，迎合学生""狗也像女主人一样，马和驴在街上任意横行，践踏行人，有不受阻拦的自由"，等等（562e—563d）。我们现在也可以看到，在父子关系、师生关系以及对待宠物上，现代社会也有这样的不受任何约束的自由，但我们不能认为这些自由是正常的、健康的社会现象。柏拉图在两千多年前对自由的这些描述都不是在说民主制的好话，他讲的无节制的自由，恰恰是在批评民主制。在其他地方也是如此，柏拉图总的态度是批评民主制。对伟大的哲学家，我们不能采取"为圣人讳"的态度。就像海德格尔明明是纳粹，有人却说海德格尔不是纳粹，甚至是反纳粹的，这就不对了。所以，如果说柏拉图是赞成民主制的，那也是不对的。

在我看来，问题的关键不是柏拉图是否批评民主制，而是他为什么批评民主制，如何批评民主制，他的批评是否具有现代意义。不能因为他批评民主制，就说他是"开放社会的敌人"。他批评的是古希腊的民主制，他的批评在现代社会仍然有积极的意义。

柏拉图对民主制的批评主要有两点：一是无节制的自由；二是大多数人统治的原则。这两点在古希腊表现得特别明显。柏拉图生活在雅典由盛变衰的时期，他目睹了民主制的弊病，例如在第九卷描绘的无节制的自由就是雅典城邦真实的写照。他也目睹了大多数人统治的弊病，雅典所有的事务都由公民投票决定。有公民大会，也有稍小的 500 人会议，这 500 人是任选的。大陪审团也是由公民轮流担任。所有事务都由公民投票决定，这就是大多数人的统治。当时的智者不讲原则只讲胜利的作风，适应了大多数人统治的需要。智者是演说家，通过演说能够控制民众的情绪,煽动并改变选情,取得政治斗争的胜利。这就是柏拉图对智者那么反感的原因。他对智者和哲学家进行了区分,对人们不接受哲学家的真理而接受智者的控制,感到十分悲哀。柏拉图把智者和民主制联系在一起,不仅在批评智者,也在批评民主制,认为智者控制了大多数,并由此造成社会的不公正。这就是《智者篇》为什么说"智者就是民主的大多数"的原因。

对柏拉图刺激最大的事情是苏格拉底之死。民主派为什么要置苏格拉底于死地? 其背景是苏格拉底主持了正义。在伯罗奔尼撒战争中,雅典海军大败斯巴达人,取得胜利。雅典的十个将领参加了这场战役,在斯巴达人退军时,他们没有下令收尸,而是乘胜追击。这当然是正确的。但智者指控这十个将领没有收尸,让雅典士兵曝尸海滩,于是他们召开公民大会,对这十个将领进行审判。当时正好是苏格拉底担任轮值主席,苏格拉底在会上主持正义,认为应该判他们无罪。但智者控制了会场,结果这十个将领有九个被判死刑。这是很不公正的,但是在大多数人统治的原则之下,这样的判决竟然被通过了。后来,雅典又按照同样的原则宣判苏格拉底死刑。苏格拉底之死暴露了雅典民主制的弊病,柏拉图正是看到了这些弊病,才批评智者和民主制。我认为他的批评是正确的。即使现代社会,民主制也没解决这两个问题,一是如何节制自由,二是如何限制大多数人的统治。例如法国大革命,实际上是卢梭的民主思想的实践,但是最后走偏了,就是因为实行了大多数人的统治,在镇压少数反革命的名义下滥杀无辜。自由如果没有受到一定的限制,大多数人的统治反而会引起暴政。

我刚才讲到,民主制分为平民主义和精英主义,柏拉图要对民主制进行限制,实际上是在主张一种精英政治。柏拉图提出的理想国是不可能实现的,但是从他提出的很多主张我们可以看出,他提倡的是一种知识精英的主张。所谓哲学家的统治,就是知识的统治,所以他引进知识和意见的区分,哲学家是爱知识、爱智慧的人,掌握的是知识,而智者掌握的是意见。政治要交给爱智慧的人,哲学家的统治就是知识精英的统治。另外,他主张用理性的态度来节制自由,就像哲学家用理智克制欲望和激情一样。

柏拉图主张知识精英的统治属于政治精英主义,并不必然地和民主制相敌对。雅典民主制的创始人伯里克利说:"民主制的原则是虽然在个人和个人的争论中法律必须保持对一切人的公平,但对于美德的要求,也是必须承认的;同时,一个公民只要在某些方面是杰出的,就得优先给予公职,这不是特权,而是对功绩的报酬。"我们看到,柏拉图反对的不是伯里克利的民主原则。理由如下:第一,民主原则是法律对每个人都是公平的;第二,这种民主原则强调对拥有美德的人和表现突出的人要给予优先考虑。在柏拉图看来,美德就是知识。柏拉图主张的是精英主义的民主制,反对的是民主制中民粹主义成分。这种批评在现代社会还是很有意义的。这就是柏拉图为什么要批评民主制的原因。下面来看他是如何批评民主制的。

六、

用历史的观点分析民主制的功与过

从《理想国》的整个篇章来看,关于正义国家的讨论到第四卷实际上就结束了。从正义的定义过渡到国家的正义,柏拉图讲了国家的自然发展过程是从健康国家到正义国家的转变。正义的国家由武士阶层统治,武士能够用智慧来统治欲望和激情。到第五卷开始时,他说在现实情况下有四种政体,正义国家相当于几个人或者一个阶层统治的贵族制,或者是一个人统治的国王制。但是现实中的四种政体偏离了贵族制和国王制。阿德曼图斯打断了苏格拉底的发言:"你不要讲了,我有一个问题,在正义国家里,朋友的利益都是共同的,但是朋友的利益涉及妻子和孩子,那么朋友的妻子和孩子是不是共同的?"苏格拉底说:"你不知道你惹了多大的一个麻烦,这要涉及很多问题。"(450b)第五、六、七卷都是在讨论这些问题,也就是三次浪潮,一直到第八卷才言归正传,接上第五卷讨论的四个政体。

在第八卷,柏拉图用一种历史发展的观点来讨论问题,他对民主制的批判也蕴含在对历史发展的描述中。他认为国家的起源是自然的,是为了满足人的欲望,这是健康国家;但是健康国家没有美德,而人们需要美德,因此健康国家转向了正义国家,他把正义国家等同于现实历史上的贵族制或国王制。但是,如果正义的、最好的国家必须符合正义的理念,那么就会产生一系列荒谬的结论,也就是三次浪潮所讨论的问题。对引起这三次浪潮的论断,我们应该用反面解读的方法来理解，而对此前和此后的各卷，应该用正面解读的方法来理解。

第八卷先讨论了贵族制下降为荣誉制。荣誉制以荣誉为国家的指导方针，也就是斯巴达人的制度——崇尚勇敢和激情。现在有人讲柏拉图以斯巴达人国家的穷兵黩武为理想国的蓝图，这是不对的，因为柏拉图在第八卷中明确地说：斯巴达人的国家制度相当于荣誉制，而不是理想的或者最好的贵族制。他接着讲荣誉制如何变为寡头制，寡头制如何变为民主制，民主制如何变为暴君制（tyrant，又译为"僭主"，但是翻译成"僭主"突出不了暴政的特点）。柏拉图这种既像故事又像历史的表述，蕴含了两点很深刻的含义，既表达了对民主制的批评，也表达了他在政治上的正面主张。在这些正面主张中，我们要注意以下两点：

第一，暴君制是最坏的制度。反过来说，民主制不是最坏的制度（better than the worst）。民主制虽然相比贵族制和荣誉制而言不是最好的，却比暴君制要好。现代人也是用这个原因来为民主辩护，例如丘吉尔有这样一句名言："It is said that democracy is the worst form of government except that have been tried."这句话的意思是，在所有被尝试过的政治制度中，民主制不是最坏的制度，或者说，民主制在所有被尝试过的政治制度中是最不坏的制度。这一评价没有把民主制的优点绝对化，而是在与其他政体的比较中肯定民主制的相对的优点。其实，柏拉图早就这样做了。按照他的历史性的比较，民主制不是最好的制度，但是和暴君制相比，只能选择民主制。在第十卷中，柏拉图讲暴君在地狱里受到最严厉的惩罚，暴君是最不幸福的人，他对暴君制没有一点好感。柏拉图生活在雅典的民主制中，他面临着到底是要民主制还是要暴君制的选择。他经历了僭主制复辟的时代，他的舅舅和表弟是"三十僭主"的成员，但是他自己没有参加僭主统治。对于柏拉图来说，要从民主制返回寡头制或荣誉制是不可能的，更不用说返回贵族制或国王制了。现实中只有两种选择：民主制还是暴君制？柏拉图的回答是，在现实情况下只能选择那个不是最坏的制度，防止最坏的制度，这才是政治中最大的问题。

第二，民主制有蜕变为暴君制的可能。柏拉图看到，民主制实行的是无节制的自由和大多数人的统治。无节制的自由不能自行解决纷争，每个人的利益都得不到保障，因此需要求助于一个保护者，最强有力的保护者就是暴君或者僭主。这里把 tyrant 翻译为"僭主"也有一点道理，僭主本来是保护民众的，但是最后他把权力都掌握在手里压迫民众,僭越了他的职权,大多数人的统治变为一个人的统治。柏拉图所说的从民主制到暴君制的变化并不是理论的推论,而是活生生的历史事实。在雅典历史上,"三十僭主"推翻了民主制,尽管后来民主制复辟,但是又被马其顿征服。雅典人先服从马其顿人、后服从罗马人的统治。他们为什么接受独裁统治?是为了接受强者的保护,统治者只要不是太残暴就行。这种现象也符合现代民主制的事实,希特勒就是通过民主选举上台的。当时德国经济崩溃,政治上受到其他国家的压制,国家涣散,民众希望出现一个强有力的领袖保护他们的利益,带领他们走出危机,因此他们选了希特勒。历史上由民主制转向暴君制还有其他的例子。

　　政治哲学家是怎么解释这个转变的呢? 一派认为这种转变是合理的,借此来为极权政治辩护,例如霍布斯的《利维坦》就为极权国家辩护。他的理由是:"利维坦"能够保护其臣民的生命,而生命权是最重要的自然权利,如果国家保护人民的生命权,那么人民就要无条件地服从国家。另外一派认为这种转变证明了民主制下大多数人统治原则的弊病,指出这是民主制的软肋。波普尔以此说明民主制不能被理解为"多数人的统治",否则就会造成"民主的悖论"。在民主制下,多数人想要贤人保护自己,但贤人不够强有力,不能够给民众提供强有力保护,因此贤人只能把政权交给强有力的独裁者;要实现大多数人的统治,必然的结果就是少数人的统治,大多数人反而失去统治。这就是悖论。波普尔认为,民主制不能被定义为大多数人的统治,而是制度和权力的制衡。柏拉图也看到了这点,但是他和波普尔不一样,波普尔只讲制度的因素,而柏拉图认为个人的因素很重要,他要用精英政治,特别是知识精英的政治限制大多数人的统治,所以他特别强调知识和哲学家对政治的重要性。在他看来,即使哲学家当不了王,统治者也要尊重哲学家,要用哲学训练武士阶层。

七、

《法律篇》——《理想国》的续篇

　　如何用制度来限制大多数人的统治?《理想国》没有细谈这个问题,但在《法律篇》里，柏拉图在描述次一等的最好的国家制度时讲得非常详细。他说，为了反对僭主的暴政这种最坏的情况，就要摒弃多数人的统治和无节制的自由。他在《法律篇》里设计了第二等最好的国家。首先是"法治"（rule of law），而不是法制。法制是把法律来当作一种制度，至于这种制度是不是合理，要不要依照这种制度来治理国家，那是另外一个问题。现在有人想把《法律篇》翻译为《礼制》，有一个动机，即认为柏拉图在《法律篇》里面谈的思想，与中国典籍《礼记》里面谈的礼制是同一个思想。但是《礼记》只是描述礼的制度，没有法治的思想，而《法律篇》里法治的思想是非常明显的。柏拉图说，"法律是主宰，统治者只是法律的仆人"（715d）；又说，"一个可朽的灵魂，当他承担了最高的、不受约束的权力，就一定会失去他的智慧和真诚"（691c）。哲学家也不例外，因为哲学家也有可朽的灵魂。法治的目的是防止极权专制。柏拉图说出了现代政治哲学中的"阿克顿规则"：权力产生腐败，绝对的权力产生绝对的腐败。他说，没有一个统治者能够避免按照自己的私利来解释公善（public good）的弊病（875b）；又说，最高的公德（civic virtue）和官员的最高的品质在于服从法律（715c）；法官和官员要为他做的事负责任（761e），等等。这些都包含了现代法治的思想，要用法律来约束权力，不能简单地说柏拉图是反民主的。

同样，在《法律篇》里，柏拉图设计了一种制度，这种制度既保留了民主制的优点，又改正了民主制的缺点。雅典的民主制的优点表现在公民大会和陪审团制度，柏拉图认为这些制度应该保持。这样可以防止权力的腐败，因为陪审团由500个人组成，很难通过行贿的方法来操纵陪审团。你可以贿赂一个人，但是很难贿赂500个人，特别是事先不能确定有谁在这500个人之中。陪审团制度还有一个好处：一个人和其他公民在一起决定事务时，还会有心理上的凝聚力。对于雅典的民主制，柏拉图提出了一点补充。他的司法制分为三个层次。最低一级的制度是设立处理邻里纠纷的裁判人，相当于我们的调解制度。这一级解决不了的案件再交给普通法庭（common courts）审理，普通法庭又被称为"村民和部落人的法庭"（courts of villagers and tribesman），"部落法庭"（tribal courts）很明显是地方法院，相当于雅典的大陪审团制度。具有终审权的是更高一级的由少数法官构成的"遴选法官法庭"（court of select judges）。这些少数的法官是选举出来的，一年选一次,不是普选,而是在所有官员的范围内选举,只有这个法庭才有终审权。我们可以看到,这是在用精英政治限制多数人的统治。柏拉图在《法律篇》里的设想是比较现实的,这也符合民主的精神和程序。民主制不等于普选,成功的民主制是选举和精英的结合。只有在精英阶层有效地影响了整个社会的情况下,才会降低选举人和被选举人资格的门槛,逐步实行普选。柏拉图只是在批评雅典的那种特定的民主制,他的意图不是要推翻它,而是改良它,不是翻天、革命,而是补天、改良。这才是柏拉图对民主制度的比较完整的态度,既有批评又有改良。总的来说,他在《法律篇》中对现实的国家制度的设计,是符合现代民主制的精神和程序的。

第五讲

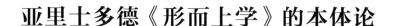

亚里士多德《形而上学》的本体论

亚里士多德著作与柏拉图著作的风格不一样。一部柏拉图的对话可以看作一出戏剧,有开始,有发展,有高潮,有结局,结构很完整,我们基本上能够确定哪些著作是柏拉图本人写的,或基本上反映了柏拉图的思想。但亚里士多德的著作很多是学生整理的课堂笔记,直到亚里士多德死后两三百年,才在远离雅典的亚历山大城的图书馆的地下室的一个箱子里被发现,由安德罗尼库斯(Andronicus)整理出来。我们现在不知道哪些著作是亚里士多德写的,哪些是他的学生整理出来的讲课稿,在论述不一致的地方,不知道哪些反映了亚里士多德本人的思想,哪些是整理者加上的思想,哪些是伪托的著作。我们现在读的时候要特别小心。当然,亚里士多德的有些著作,例如《物理学》和《尼各马可伦理学》,还是比较完整和系统的,有一个完整的结构。但是《形而上学》就不一样,这本书的每一卷,甚至每一句话,处处都有陷阱,前面讲的和后面讲的不一致,不同的场合用了不同的表达和术语,因此《形而上学》是非常难读的一本著作,很难用一以贯之的思想来对它进行系统的解读。我们要理解和研究《形而上学》,就一定要参照前人的研究成果。我在一开始上课时就说过,学习哲学一定要参照第二手的研究资料,这对于《形而上学》这本书来说尤其重要。如果不参照前人的研究成果,自己硬着头皮读下去,会读得很艰难,而且看不出什么门道。我们今天就是要联系前人的一些研究成果,对《形而上学》的几个问题进行重点讨论。

《形而上学》不是一部完整的著作,而是由14卷论文组成。这14卷论文可根据相对独立的内容分成几个部分。第一部分是第一卷到第三卷,这三卷构成一个相对独立的单元。第二部分是第四卷、第六卷和第七卷这三卷组成一个相对独立的部分,主要是本体论的内容;其中插有第五卷,那是哲学术语解释。第三部分是

第八到十二卷,虽然也是在讲实体是什么,但主要是从形式和质料、潜能和实在的关系的角度来谈,这一部分与《物理学》有交叉的地方。第四部分是最后两卷,主要是批评柏拉图关于数的理论。这本书可以分为以上四部分,最重要的还是本体论部分。

一、
最早的哲学导论和哲学史

从第一卷到第三卷很重要,如果我们不读这三卷,就不大容易明白亚里士多德的本体论是怎么提出来的。第四卷的第一句话是说:有一门研究"是之为是"(being as being)的科学。如果不读前三卷,就会觉得这句话非常突兀:为什么亚里士多德突然提出了这个论断?在亚里士多德之前,没有人把研究 being as being 作为一门单独的学科,包括柏拉图,也没有提出这样的论断。这个论断标志着形而上学或者本体论已经成为一个独立的学科,此后的西方形而上学都是研究 being 的。但是这句话不是扣一下手枪扳机那样突然发射出来的子弹,亚里士多德在达到这一结论之前有一个很长的导言,那就是前三卷。

前三卷对哲学作了一个概论,回答哲学是什么、哲学的基本问题是什么等问题。亚里士多德从哲学的性质谈起,直到第四卷谈哲学研究的对象,这个对象就是 being。第四卷的后半部分又谈到了哲学的方法。我们看到,亚里士多德谈到了哲学的性质、历史、主要问题、研究的对象和方法,可以说对整个哲学作了一个概论。这一部分可以说是最早的哲学概论。

亚里士多德讲哲学概论不是单单讲哲学理论,他也讲哲学史,从第一卷的第三章之后,就对他之前的希腊哲学作了一个总结,这可以说是最早的西方哲学史。他之前的人,包括柏拉图,都没有对前人的理论作系统的梳理和概括。亚里士多德是按照自己的思想作概括,而不仅仅是把前人的材料堆砌在一起。他按照他自己的"四因说",对前人的哲学理论作了概括,讲谁在阐述质料因,谁在阐述动力因,谁在阐述形式因,这些哲学家都在讲述亚里士多德在《物理学》中讨论的原因。

前人说明了质料因、动力因和形式因，但目的因是亚里士多德自己的发明。

生问：亚里士多德之前的哲学家也解释世界的本原或原因，而亚里士多德在《物理学》里，已经把自然本身看作有目的的活动，事物本身有实现自己本性的自然倾向，那么，为什么还需要"实体"这样的概念呢？它所解释的指向是什么？为什么在可感事物之余还要有所谓的无形的本质呢？它的理论意义在哪里？

确实，亚里士多德在《物理学》中是用目的因来超越其他哲学家对自然的解释的，但他并没有满足于目的因的发明，又提出形而上学，还要继续研究更高的原因。这一点，亚里士多德在卷一中已经有了交代。他问：为什么物理学之外要有其他学科？他首先对理论学科作了一个梳理：物理学研究的是和质料结合在一起的运动着的实体；数学研究的是可以和质料分离开的性质；还有一种学说是研究没有质料也不运动的实体，这就是神学，或者第一哲学的对象。如果实体都是和质料结合在一起，那么物理学就是神学，但事情不是这样。哲学的最高任务是要研究没有质料也不运动的、永恒不变的形式，要探讨最高的原则和最后的原因，所以物理学之后还要有形而上学。在第四卷中，他肯定了有这么一门科学，它能够研究所有的实体，研究最高的原则和最后的原因。这门科学超越了物理学，因此被称为"形而上学"（meta-physics，我们可把 meta 的意思理解为"超越"）。亚里士多德自己没有使用"形而上学"这个词，这个词是编辑者后加的书名；亚里士多德也没有使用"本体论"（ontology）这个词，这个词出现得更晚。但我们可以说，前四卷的整个思路是从物理学到形而上学，从对具体原因的研究到对 being as being 的研究（即 ontology）。

亚里士多德认为，《物理学》的"四因说"还没有穷尽对原因的探求。"四因说"是从可感世界这个平面来看事物的，但是从世界构成的上下关系来看，是不是有一门科学能够穷尽从低到高的所有事物、从低到高的所有原因呢？在第三卷，他一口气提出了 15 个哲学基本问题。第一个问题：有没有一门单独的科学能够研究"四因"的全部？第三个问题：有没有一门科学能够研究所有的实体？第四个问题：这门关于实体的科学能不能同时研究实体的属性？最后，第十五个问题：第一原则是普遍的还是个别的？这些都是后面的篇幅要解决的问题,是我们理解《形而上学》的线索。亚里士多德认为,《物理学》研究的自然事物只是实体的一类,还有比自然事物更高、更重要的实体。《物理学》也谈原因,但仅仅是谈运动变化的原因,回答为什么事物会运动,只讲到"四因说",而没有对实体的全部原因作出回答。"四因说"在《形而上学》中又重复谈到了,但是讲得更具体,不仅仅从运动变化的角度,而且从实体和其他实体的关系,从生成和朽灭、现实与潜能的角度来谈。

如果没有形而上学,会不会对他的物理学产生影响？我认为不会。《物理学》和《形而上学》的内容有交叉的部分,但如果不写《形而上学》,《物理学》的体系不会受到太大的影响。这也是亚里士多德对智慧的看法。他认为,智慧并不比其他知识更必需、更好。低层次的认知不依赖于高层次的知识,高层次的知识却要依赖于低层次的认知活动。在知识的几个层次中,可以有感觉和记忆而没有经验,可以有经验而没有知识,有了知识之后也不一定需要智慧,只是到了最高的层次,极少数人可以得到智慧,可以接近神。由此可见,亚里士多德在知识问题上也是抱着精英主义的立场,和柏拉图在政治上抱着精英主义的立场相似。

我们先对第一卷作一个简单的说明。第一卷的前半部分,即第一章到第三章,亚里士多德回答了一个问题:哲学是什么？我们都知道,所有的哲学概论,都要回答这个问题,也是哲学家最难回答的一个问题。就像唱歌时要先起一个调,才能决定所唱的音调的高低和频率,从而定下以后的风格,"哲学是什么"的问题对每个哲学家而言,也起到同样的作用。所以有人说,要难倒一个哲学家,只要问他一个问题:哲学是什么？对此,不同的哲学家有不同的答案,这是哲学的一个特点,也是很多人坚持说哲学不是科学的一个重要原因。如果问数学家"什么是数学",那么几乎所有的数学家都会给出基本相似的答案,对自然科学家甚至社会科学家来说也是这样,他们都会对自己研究学科的学科性质和对象作出基本相同的回答。但对哲学家来说就不是这样,对什么是哲学,十个哲学家就会有十个答案。实际上,柏拉图在《理想国》中也提出了这个问题,他在讲到智者和哲学家有什么不同的时候,也探讨过哲学是一种什么样的学问和活动的问题。

亚里士多德首先提出了哲学是什么样的一种活动的问题。亚里士多德的回答很有特点,他是从人性论来回答这个问题的。《形而上学》的第一句话是"人是天生求知的"(教材,51),求知是人的一种本性。亚里士多德对人的本质定义是:"人是有理性的动物。"对于理性,亚里士多德分两种,一种是 sophia,即智慧(wisdom);一种是 pronimos,即实践智慧,也翻译成审慎(prudence)。Sophia 是理论理性,人运用这种理性,就会去求知;pronimos 是实践理性,如果一个人使用实践理性,那么他天生就是政治动物。亚里士多德的三句话——人是有理性的,人是天生求知的,人是天生的政治动物——是互相关联的,第一句话是对人的定义,第二句话是对人的理论理性功能的判断,第三句话是对人的实践理性功能的判断。

　　人有求知的本性,是不是就一定要学哲学呢?亚里士多德认为不是,只是到了求知的最高阶段,才会有少数人去学哲学。他区分了不同的求知层次。最低层的是感觉和记忆。人即使作为动物,也是在求知,因为动物都有感觉和记忆,人如果只使用感觉和记忆的能力,也是在认知,但这是最低层次的求知。第二个层次是人的经验。这里的经验有特殊的含义,也就是不仅仅像动物那样只是用感觉和记忆,还用推理的方法,把感觉和记忆的对象连接起来,产生一些普遍概念,也叫"共相"。用概念来概括感觉和记忆,这种认知层次只有人才能达到,动物只有感觉和记忆。在经验上面还有技艺这个更高的层次。技艺首先是知识,是比经验更高的一种知识,因为技艺不但要知道共相,而且把共相运用到具体事物中去。例如医生不但有经验,而且要根据个别病人的特殊症状来医治病人,并且他的知识是可以传授的。但技艺不是最高的知识,在技艺之上还有更高的知识,这就是智慧。技艺是实践知识,它告诉你怎么做,但是不告诉你为什么;而智慧的特点就是要知道原因,不但要知其然,而且要知其所以然。用现代哲学的区分来说,技艺是关于"怎样"的知识(knowing how),智慧是关于"为什么"的知识(knowing why)。智慧告诉你原因,探讨原因的知识就是智慧。

　　亚里士多德说的原因是有特定含义的,现在所说的原因指因果关系,因果关系对于亚里士多德来说只是一种类型的原因,相当于动力因。一般意义的原因,对亚里士多德来说,就是对"为什么"问题的答案,就是 knowing why。对一个事物,可以从各个方面提出"为什么"的问题,例如"四因说",就是从四个方面对运动的事物提出四个为什么的问题:由什么材料组成的,属于什么类型,为什么会运动,运动的目的是什么？亚里士多德所说的原因是有等级的,对"为什么"的问题做出一个答案,还对这个答案再提出一个更进一步的"为什么",如此刨根问底,直至追寻到最后的原因和最高的原则。物理学家追问的原因到"四因说"为止,但哲学家还要继续追问最后的原因和最高的原则,只有到了最高的层次,人才能完全实现他的求知本性。

"原因"和"原则"在希腊文中是两个有关联的词。原则是 arche(principle),原因是 aitio(cause)。这两个词在前苏格拉底时期是混用的,arche 是起源的状态,事物是怎么起源的,它以后就会按照同样的方式发展变化,起源状态决定以后的状态。比如泰勒斯讲万物的本原是水,这里的本原就是 arche,我们现在翻译成"本原"。本原有两个意思,一个是"本",实际上就是起源;另一个是"原",也就是原因。赫拉克利特讲火是万物的本原,火即是最初的状态,这个最初的状态贯穿在事物变化的全过程中,也就是说,火即使转变成其他状态,如土和气等,火的力量也仍然在其他状态的内部起作用。所以赫拉克利特说世界是一团永恒的活火,虽然火会转变为其他的状态,但它还是一团永恒的活火。这个火既是起源(arche)又是原因(aitio)。在《形而上学》中,这两个词是分开用的,最高原则(highest principle)和终极原因(ultimate cause)的意思很接近,但亚里士多德还是把它们分开表述。我们后面会说到,这一区分会引起一些重要的后果。

再回到第一卷。亚里士多德讲,掌握最高原则和终极原因,这才是最高的智慧。接着他解释了为什么这是最高智慧。他提出了"最高知识"的四个标准:第一,它能够覆盖所有的事物;第二,这种知识是最困难的;第三,它是最精确的,并且是最容易传授的;第四,这种知识是为自身的目的,而不为其他的目的服务。智慧以下的知识都是为其他目的服务的,例如技艺,掌握技艺是为了制造东西,制造东西又是为了其他用途。智慧却不同,为了智慧而智慧,除了自身之外,智慧没有其他的目的。亚里士多德于是作了一个非常经典的论述:"哲学是为智慧而智慧。"(教材,53)哲学是最自由的学问,只是为满足人的好奇心,"哲学是起源于诧异"(教材,54)。哲学家提出问题并不是为了实用的目的,而是出于好奇。从为什么天会下雨、星体为什么转动等问题开始,一步一步地提出更高的"为什么"的问题,最后产生了哲学。

亚里士多德说,探讨最高原则和终极原因所需要的最高智慧,可以说超出了人类的能力,是属于神的智慧或能力。这里蕴含着的思想是:第一哲学实际上就是神学。"神学"有两重意义:第一,通过这种知识我们能够和神相遇,通过智慧我们最容易和上帝沟通;第二,这种知识的对象是神,神是第一原则,因此,研究第一原则的学问是神学。这段话的最后一句是:"其他的科学可以比这门科学更加必需,但是没有一门科学比这门科学更好。""必需"是指满足生活的需要。虽然智慧是最高的知识,没有实用的目的,但它可以使人上升到神的高度,过着最幸福的生活,所以不能说智慧完全没有目的。正如《尼各马可伦理学》里面所说的,幸福是人生最终的目的,要达到最高的幸福,只有通过学哲学。

亚里士多德讲得很清楚,不是每个人都能学哲学,闲暇是做哲学的必要条件,必须在生活的必需品得到保障、有了闲暇之后,才能做哲学,这是外在的条件。因此,只有少数过着闲暇生活的人才能学习哲学。但是,即使是有闲暇的人,也不一定都有做哲学的能力和素质,只有具有神圣的智慧的人才能做哲学,才能追寻最后的奥妙。如果用一句话来讲就是:哲学充分地实现了人的理性的本性。每个人都有理性,也有动物性,很多人认知的能力只是停留在动物层面上,有一部分人达到经验层次,还有一部分人更高一点,达到技艺的层次,但是只有很少的人能够达到智慧的层次,也就是接近神的层次,充分实现理性中最高的那个部分。孟子从道德的角度说过同样的话,人性为善,"尽心知性而知天"。"尽心"就是充分实现人心的道德四端,然后就会知道本性是什么,就会"知天"。亚里士多德也是这样说的,如果尽量发挥了你的智慧,你就充分实现了你的人性,也就接近了神。一个是从道德的角度来讲,一个是从知识的角度来讲,但所表现的思想其实很接近。

从第三章开始,亚里士多德开始讨论哲学史。我前面说过,他的方法是论从史出,一开始从理论的角度来讲人为什么要追寻原因,为什么要有探索终极原因和最高原则的知识,然后从历史的角度来讲,看看历史上的哲学家是否都是在探索原因。根据他的概括,在他之前的所有哲学家,不管是前苏格拉底的哲学家,还是柏拉图,都是在探索原因,只是探索的原因有不同方面的区分。他用"四因说"概括了以前的所有的哲学思想。

为什么说亚里士多德的这部分内容是最早的哲学史?哲学史不只是哲学资料的堆砌,比如古希腊的弟欧根尼·拉尔修(Diogenes Laertius)的《名哲言行录》,

这本书基本上是材料的堆砌,只是按照时间前后的顺序把哲学家的生平、故事、著作、提出的观点都罗列在一起,没有线索,这就不能称之为"哲学史"。亚里士多德是有选择的,他选择了一些材料,然后对材料进行概括。例如,他说泰勒斯和赫拉克利特只是在探讨质料因。但是,泰勒斯和赫拉克利特并没有用过"质料"这个词。这种做法实际上就是用一个理论线索,用他自己的立场和观点来概括其他哲学家的观点,这就是哲学史。这种从前人的理论说到自己的理论的方法,体现的是八个字:史论结合,论从史出。亚里士多德是第一个这样做哲学史的人。这种做哲学的方法,从古至今,概莫能外。黑格尔也是这么做哲学史的,为什么说黑尔格的《哲学史讲演录》是第一部科学的、系统的哲学史?其实在黑格尔之前,17世纪的欧洲已经有哲学史的书,但这些书就和拉尔修的著作一样,都是把材料堆砌在一起。黑格尔按照自己的哲学范畴体系,把以前的哲学家的体系都当作他的范畴体系中的一个个范畴,从低到高地排列成系统。至于黑格尔的范畴体系是不是妥当,我们可以提出质疑,但黑格尔的做法,即按照一定线索和一以贯之的体系,把其他人的观点都贯通起来,并给予系统完整的解释,这正是哲学史要完成的任务。从这个观点看,黑格尔是现代第一个达到了科学的哲学史的要求的人。当然,这里所说的科学是德文的"科学"(Wissenshaft),而不是英文狭义的"科学"(science)。在古代,亚里士多德也是按照同样的要求,写出了第一部科学的希腊哲学史。

二、

Being 的意义问题

现在我们来看第四卷的第一句话:"有一门学问,它研究 being as being 以及由于它自身的本性而具有的属性。"我们首先遇到的一个问题是:being as being(希腊文"to on te on")如何翻译?现在一些译本把它译为"存在之为存在"是否恰当?

生问:整个西方哲学的核心范畴是希腊文的 on,英文译为 being。这个词译为中文的"有""存在"或"是"，似乎都是可以的，但是在有些地方，用不同的词去译它却是有区别的。在具体时期和具体运用中，用哪个词去翻译和理解它比较恰当？这在西学东渐的历史上早就引起过老一辈中国学者的思考，20世纪90年代以来一度再次引起重视和争议，主要形成了两种不同意见：一种意见对由陈康先生贡献出的术语"是"持肯定意见，而对译为"存在"或"有"持否定态度，代表人物有陈康、汪子嵩、王太庆等先生；另一种意见认为应该根据 being 在不同时期、不同语境中的运用而在"存在"和"是"之间进行选择来翻译，如赵敦华、苗力田、李蜀人等先生。在读了他们的书或文章之后，我以为苗力田先生在《亚里士多德〈形而上学〉浅注》中阐明的观点完全可以涵盖亚里士多德的形而上学思想中的 being 的理解问题。在亚里士多德的著作中，尤其是在他的逻辑学著作和《形而上学》的主要思想中，应当译为"是"，以表示求真；但若具体到《范畴篇》和《形而上学》第七卷等关于"本体（实体）"的理论时，也就是涉及"是什么"（ti esti）和"这个"（tode ti）时，应译为"存在"。

我认为这位同学说得对，being 确实是整个西方哲学的核心范畴。因此，如何翻译 being 的问题，首先是一个理解问题，而不只是一个语言表达的问题，这涉及我们中国人研究西方哲学的水平和质量。当然这个问题首先是因为翻译而引起的。Being 分别被翻译为"有""存在""是"，是一个历史过程。最早是日本人把 being 译为"有"的。"有"是从中国哲学中借用的一个概念，中国本来就有"有无之辩"。外国人在翻译《老子》《庄子》等经典时，把"有"译为 being，把"无"译为"non-being"，日本人把 being 倒译为"有"。"有"的译法在中华人民共和国成立前和现在的港台地区很流行。中华人民共和国成立后，把 being 翻译为"存在"，这首先是受到马克思主义哲学的影响。恩格斯在《反杜林论》中有一句话："当我们说到存在，并且仅仅说到存在（being）的时候，统一性只能在于：我们所说的一切对象是存在的，实有的（exist）。"[1] Sein 或 being 在这里被当成了"存在"的同义词。

1　恩格斯：《反杜林论》，北京：人民出版社 1970 年版，第 40 页。德文原文是："Wenn wir vom Sein sprechen, und bloss vom Sein, so kann die Einheit nur darin bestehn, das alle die Gegenstande, um die es sich handelt-sind, existieren." *Marx Engels Werke*, 20, Dietz Verlag, Berlin, s. 40.

在《路德维希·费尔巴哈与德国古典哲学的终结》一书中,恩格斯又明确地把"全部哲学的基本问题"规定为"存在与思维的关系问题"。德文用的是 Sein 和 Denken。[1] 出于把西方哲学史当作学习马克思主义经典著作的脚注的需要,把 being 理解为"存在",显得顺理成章,人们甚至没有提出疑问:为什么在一切西方哲学的著作中,Being 的意义都是"存在"?用"存在"代替"有"的根据和理由是什么?后来有了存在主义,海德格尔说得很清楚,Sein 首要的意义就是指存在(existence)。在这点上,存在主义和马克思主义对 being 的理解至少在形式上是一样的,都把 being 等同于 existence。20 世纪 80 年代以后,国内一些研究古希腊哲学的专家王太庆先生和汪子嵩先生,受了他们老师陈康的影响。陈康在翻译《巴曼尼德斯篇》中有一个注,谈到把 to on 翻译成"万有"是不得已的做法,这个名词是从动词 einai 变过来的,汉语中没有对应的词,最好采取音译,把 Ontologie 音译为"翁陀罗己",将 Sein 音译为"洒殷"。[2] 汪子嵩、王太庆先生则主张,用"是"翻译西文动词 to be,用"是者"翻译其名词形式 Being。"是"在汉语中不是哲学概念,汉语甚至没有"是者"这一词汇。两位先生之所以主张启用这两个术语,是认识到中国哲学中没有一个与西方哲学中这一意义极其重要的概念相对应的概念,只能采用直译的方法;直译所用的术语虽然冷僻,却忠实地表达了 Being 的原义。否则,用现有的概念来翻译,虽然"达"或"雅",却没有满足"信"这一翻译的基本要求。如果人们在读到通顺的译文时,觉得西方传统的形而上学家表达的是与我们中国哲学家或马克思主义哲学家所说的相似或相反的道理,那可不是一件妙事;相反,如果我们对从表面上看似乎不太通顺的句子多一些思索和理解,那么冷僻词的使用也未尝没有好处。

王太庆先生在正式发表他的主张之前,曾与我有过多次讨论。我虽然同意引入新的中文词汇翻译和表达西文 Being 的意义,但不同意用"是者"完全取代"有"和"存在",而认为三者可以并存,各有各的意义。在 Being 的意义问题上,这可以说是第四种主张。虽然我与王先生的主张有所不同,但觉得与他的讨论对我的观

---

1 德文原文是:"Die Frage nach dem Verhaltnis des Dekens zum Sein, des Geistes zur Natur." Op. cit, 21, s. 275.
2 参见汪子嵩、王太庆编《陈康:论希腊哲学》,北京:商务印书馆 1990 年版,第 436 页注释①。

点的形成颇有助益,因此我不能单独发表自己的观点。王先生也有同感。1992年,我们在《学人》第四辑上分别发表了两篇论文,阐述各自的主张和理由。在文章的结尾处,我们都向对方表示了谢意。

1992年之后,出现了不少讨论Being的意义的文章。清华大学的宋继杰把这些文章编成一个集子,题目是《Being和西方哲学传统》,把最近几年在期刊和著作中讨论being的意义的论文编在一起。从论文集收集的各种观点来看,中国学者对于Being的意义,至少有下列五种观点:

1. Being的一般意义是"存在",如韩林合的文章《何谓存在》所示。孙周兴更为明确地说:"近年来有不少学者主张把名词的on、Sein、Being译为'是',把Ontologie(我们译为'存在论')译为'是论'。可谓用心良苦,但不待说,这种做法丝毫没有改变汉语本身的非语法特征,比如说,并不能使汉语具备词类的形式转换功能,因而对于增进义理的理解并无多少益处。"[1]

2. Being的一般意义是"有",如叶秀山、邓晓芒文章所示。

3. Being的一般意义是"是者",如王路等人文章所示。[2] 另见俞宣孟的著作《本体论研究》。[3]

4. Being在古希腊哲学中的一般意义是"是者";对Being在全部哲学史中是否有一般意义的问题,存而不论。如汪子嵩、王太庆文章所示。

5. 不论在西方哲学史上,还是在古哲学中,Being都没有一般意义;"有""存在""是"三种译法各有合理性,应该根据具体情况选择合理的译法。

我本人持最后一种观点。我的观点是:"是""存在""有"这三种译法各有各的优势,要根据上下文来决定翻译。"有"既可以指有形的东西,也可以指无形的东西,既可以指存在,也可以指拥有。例如,我们说:有没有这件事?"有"相当于there is,指存在;我们还说:有没有这样的性质,指拥有什么样的性质和本质。黑格尔的《逻辑学》中的Sein,最初翻译为"有",后来翻译为"存在"。以前要翻译黑格尔全集,由于几个老先生开会讨论时意见不统一,一开始就碰到了这样一个"拦

---

1 孙周兴:《形而上学问题》,载《江苏社会科学》2003(5),12页注[5]。
2 参见王路《是与真》,人民出版社2003年版。
3 参见俞宣孟《本体论研究》,上海人民出版社1999年版。

路虎",很难解决。我认为在黑格尔那里,Sein 翻译为"有"比较合适,在《逻辑学》里面,第一个范畴是"有",没有区分存在和本质,Sein 没有规定性,所有"有"又是"无",然后产生"变异",然后变为 Dasein。Dasein 也就是 existence。existence 是"有论"这一部分快结束时才出来的。第二部分是本质篇。黑格尔的逻辑学从第一篇的"有"演变为"存在",然后过渡到"本质",再从"本质"过渡到概念篇,组成逻辑学的三个大圆圈。

把 being 翻译成"存在"也有一定优势。到了中世纪的托马斯之后,从 being(esse)分化出一个新词 ens,它的意思很接近"存在"。到了马克思和海德格尔那里,being 的首要意义是 existence,这是长期的哲学思想发展的结果。如果在古希腊哲学中,特别是在巴门尼德、柏拉图、亚里士多德这三个人的著作中,一开始就把 being 理解为"存在",很多问题都会不好理解,甚至不一致,讲不通。在巴门尼德的残篇和柏拉图的对话中,如果把 to on 理解为系词"是",就好理解了。总之,"有""存在""是"这三种译法在不同的情况下各有各的优势。

卡恩(Kahn)对古希腊的系动词有很详细的语言学的研究,他把语言学和哲学结合在一起的,不但讨论 to on 的哲学用法,也讨论其在哲学产生之前的用法。他统计了在《荷马史诗》里面系动词 einai 的用法,写了《动词 to be 和 being 的概念研究之回顾》一文,收录在《Being 和西方哲学传统》这本论文集中。他说,从《荷马史诗》开始,动词 to be 有三种用法:第一种用法是表真的用法(veridical use);第二种用法是表示存在;第三种是当系词用。他说当系词用的用法很普遍,占 70%—80%,表真和表示存在的用法较少。该文翻译过来后,大家觉得他的意思是强调系词的用法,那些主张把 being 翻译成"是"的人从卡恩的文章中得到了支持。但是卡恩还写过另外一篇文章,题目是《希腊哲学中为什么没有"存在"这个概念?》,在 1988 年发表。他认为,不是说希腊哲学中没有谈"存在"的意思,而是说,存在并没有成为一个问题,因此没有必要使用"存在"这个概念。比如,亚里士多德谈到存在,但没有用"存在"概念,而用是"这一个"(tode ti)表示一个具体事物的存在。"存在"这个概念的出现是在中世纪,那时的人们要证明上帝的存在,存在才成为一个哲学问题,才有了存在的哲学概念。

巴门尼德第一次把"是"作为哲学概念,作为表真的用法,他讲的真理之路是

it is,意见是 it is not。卡恩讲,"是"的表真的用法相当于:talk it as it is 或 think it as it is,即按照事情的真相来谈它或按照事情的真相来想它。中文有"实事求是"这个成语,"是"就是"真","非"就是"假"。要按照事物的本身来认识真理,这是最早的用法。柏拉图那里也是这样,但有一点不同:巴门尼德讲意见是 it is not;柏拉图讲 it is not 不是意见,而是无知。柏拉图认为意见是介于 it is 和 it is not 之间的东西,既是又不是。他采用的不是两分法,而是三分法:it is not,both it is and it is not,it is not。他说,对 it is not,我们根本就不要考虑,因为根本不能想它,也不能说出它,我们要讨论的就是真理和意见,真理是理念的世界,意见是可感的世界。当柏拉图讲 being 时,还是强调表真的用法:知识是全真的,意见是半真半假的。在《形而上学》的 α 卷,亚里士多德谈到了真理和 being 的关系。他说:"正是因为事物有 being 的方面,所以它才有真理的方面。"(as each thing is in respect of being,so is it in respect of truth)意思是,事物的真理性和实在性是同一的。

虽然我一直主张"有""存在""是"这三个译法都有依据,但现在重新考虑这个问题,觉得保留三个译法又会有一些问题。西文的 being 是一个词,虽然有歧义,但总还是一个词,可以围绕这个概念的不同意义进行辩论;而中文用了三个不同的概念"是""存在""有",这三个概念在意义上没有交叉之处,很难围绕形而上学的问题展开讨论。我现在有这么一个新的想法,是不是可以用一个词来表示 being 的意义。当然,不是从那三个词中选一个。前面说了,任何一个都替代不了另外两个。如果要用一个词来表示 being 的话,必须要新造一个词。我想了这么一个词:"实是"。这个词不是生造出来的,而是"实事求是"的缩写。"实事"表示事物的存在,"求是"表示"求真",两个意思的结合,表示"是"的"存在"用法和"求真"用法是统一的,要按照实在本来面目来认识事物的真相,这正是从巴门尼德、柏拉图,一直到亚里士多德那里所要表示的"是"的意义。

"实是"这个词很符合亚里士多德对"是"的理解。我们知道,亚里士多德的逻辑判断的基本形式是"主语+是+谓语"。比如,"树是绿的","树"和"绿"都分别指示一个实在,一个指示一棵树,一个指示绿色。但在这个判断中,"是"是不是也表示一个实在呢?很多人(包括像康德这样的哲学家)认为,"是"只是一个系词,只有连接概念的语法作用,没有表示实在的作用,主词和谓词是主要词汇,系词只是没有实在意义的"小词"而已。但古人却不这样看,他们认为,"是"一定也表示一个实在,而"不是"一定表示非实在;如果不是这样的话,那么"树是绿的"和"树不是绿的"就没有差别了,真理和错误就没有区别了。更重要的是,"是"表示的实在是普遍的、统一的、无所不在的;主词和谓词表示的实在是变化的、多种多样的,但所有判断,不管主词和谓词如何变化,"是"是不变的,它表示的共同的、普遍的实在就叫"实是"。"实是"是哲学研究的首要的对象,而具体科学研究主词和谓词所表示的那些具体的、变化的实在,因此哲学比具体科学更普遍,更基本。这样,我们就可以理解亚里士多德在说"有一门研究 being as being 的科学"之后,接着说,"没有任何特殊科学是对 being as being 进行普遍的研究的,它们分割了 being 的一部分,并研究这一部分的属性。"(教材,73)这里的 being 都可以被理解、翻译为"实是"。

生问:还有一个翻译上的问题,希腊文"ousia"这个词究竟是"本体"还是"实体"?

我认为,就"ousia"这个词本身而言,它既没有"本体"也没有"实体"的意思。ousia 和 to on 都是 einai 的名词形式,一个是阴性,一个是中性。如果我们要把 to on 翻译为英文 being 的话,那么 ousia 就是 isness,不过英文没有词性的区分,因此没有 isness 这个词。现在把 ousia 翻译为 substance,那是根据中世纪的拉丁文翻译的,6 世纪的波爱修首先把 ousia 翻译为 substantia,这个词接近于亚里士多德所说的 hypokeimenon。在第七卷中,亚里士多德讲,ousia 的首要意义就是 hy-pokeimenon,这个词的原来意思是"躺在……下面",substance 也有这个意思,直译为"基质""基体"或"支撑"。但拉丁文和现代西文有相近的词汇,如 subsist-ence,substratum 等,表示"基质"的意思,于是就把 substance 译成了"实体"。"实体"完全是意译,这个意思符合亚里士多德对 hypokeimenon 所作的规定,如在空间上能彼此分开,独立的,个别的。"实体"的译法可以突出 ousia 是个别的、具体的事物这样的意思。但这个译法过分强调"实",而亚里士多德所说的 ousia 或 hypokeimenon,可以是无形的本质或形式,只有具体的 ousia(由质料和形式共同组成)才是个别的、具体的事物。为了避免过"实"的理解,也可以把 ousia 翻译为"本体"。"本体"这个词是从中国哲学中来的,张载首先用了这个概念,"太虚无形,气之本体",这里讲的本体是一个无形的东西。"本体"和"实体"虽然只有一字之分,但实体强调实际的、具体的方面,本体讲无形的、根本的方面。亚里士多德所说的最高原则和终极原因,就相当于"本体"。

> 生问:按照赵老师的说法,"实体"的每一种意义都来自系词"是"的功能,如系词连接主词和谓词的功能区分了实体和属性,系词指称主词表示个别事物的存在,系词连接概念和定义表示第一实体是本质。如果是这样,实体就是在逻辑的构造和关系中生成的,那么亚里士多德为什么说"实体在定义上、认识顺序上、时间上都在先"? 这里有解释上的矛盾吗?

我认为,如果理解系词"是"不仅有逻辑功能,而且有表示最普遍的"实是",这两种解释就没有什么矛盾了。或者说,正是由于"是"的三种逻辑功能都表示了实体的性质,因此"是"所表示的实体才有那三种优先性。为什么在定义上优先? 因为定义表示的本质是"实是",先于属性;为什么在认识顺序上优先? 因为先要知道一个东西的存在(是一个实在的东西),才能接下来知道它有什么属性;为什么在时间上优先? "实是"表示原因,先有原因,后有结果。

三、

《形而上学》是本体论还是神学?

> 生问:老师刚才谈到,亚里士多德本人并没有用"形而上学"和"本体论"这些概念来概括他的学说,但用了"神学"的概念。我的一个问题是,从内容上来看,《形而上学》这本书里的理论究竟是本体论还是神学呢?

亚里士多德的形而上学究竟是本体论还是神学? 这是一个大问题。为便于详细了解这个问题,我向你推荐汪子嵩等先生编的《希腊哲学史》第三卷,其中对《形而上学》的每一章都作了很详细的解释。最后的结语部分的标题就是"亚里士多德的形而上学是本体论还是神学"。对这个大问题,他们也没有给出最后的结论。

这个问题堪称"世纪之争",已经延续了一百多年。1888年,保罗·纳多普写了一本书,名叫《亚里士多德形而上学当中的"实是"学说》。他在这本书里提出了一个引起后来的争论的观点:亚里士多德的"实是"思想包含着两个相互排斥的理论,一个是对"实是"的普遍研究,另一个是对"实是"的特殊研究。对"实是"的普遍研究,就是研究"实是"之为"实是",这样的"实是",不是任何具体实体,而是问"实是"本身到底是什么东西,是对所有事物的"实是"的普遍的研究,这应该是本体论。但是,神学是一个特殊的理论,它所研究的神是一个单一的本体。纳多普说,这两种不同的理论已经是亚里士多德形而上学中的"不可容忍的矛盾"。

纳多普之所以认为这是不可容忍的矛盾,主要是从定义出发的。本来"形而上学""本体论""神学"都是混杂在一起的名词。在康德之前,德国哲学家沃尔夫对知识的门类作了区分,区分了形而上学、本体论和神学。根据沃尔夫的传统,形而上学包括本体论和神学,即本体论不等于神学,它们是两个门类的知识。纳多普根据沃尔夫的分类法提出了这个问题:亚里士多德的形而上学到底是本体论还是神学呢?

英国哲学家欧文斯在1952年写了一本书,认为《形而上学》的主题是神学。他在1982年写过一篇补充的文章,论述了1888年到1963年之间针对这个问题出现的五种解决方案。除了上面提到的纳多普的方案之外,还有下面四个方案:

第一个方案是策勒尔(E. Zeller)提出的,他写过《希腊哲学大纲》。他承认这个矛盾确实存在,但他并不认为矛盾是不可容忍的,本体论和神学都属于亚里士多德的形而上学,矛盾是事实,亚里士多德思想本身就有矛盾。

第二个方案是雅戈尔(W. Jaeger)提出的,他认为《形而上学》中没有理论上的矛盾,这两种思想是在亚里士多德思想发展的不同阶段提出的,开始是本体论,后来是神学。一个是早期的思想,一个是晚期的思想,两者是发展关系,而不是矛盾关系。

第三个方案是奥本克(P. Aubenque)的,他认为这两部分不构成矛盾,而是普遍和特殊的辩证关系。但由于亚里士多德认为,科学的方法不是辩证法,而是逻辑的三段论方法;亚里士多德把柏拉图的辩证法排除出去了,因此神学和本体论无法统一起来。如果我们纠正亚里士多德对科学方法的看法,就可以用辩证的方法来解决他所遗留的本体论和神学之间的矛盾。

最后一个方案是欧文斯自己的观点,他在 1952 年写的书中认为,《形而上学》里面没有本体论,研究一般意义的"实是"的科学就是神学。他的主要根据是,"实是"的"中心意义"是实体,而实体的一般意义被亚里士多德归结为最高实体,也就是神。因此,他说,神学研究的,不是特殊的"实是",而是它的一般意义,神学也是一门普遍的科学。

从 19 世纪末到 20 世纪 60 年代,出现了这五种解决方案之争。欧文斯在 80年代总结了 60 年代和 70 年代围绕这个问题所展开的争论。他说,60 年代强调形而上学是神学(这也就是欧文斯的方案)。比如,帕兹希(G. Patzig)提出了"类比本体论"(analogical ontology)。大致意思是,ousia(实体)和 to on(实是)是"同源类比"的关系,第一实体(神)和一般意义上的实体也有"同源类比"的关系,因此,神学之所以是神学,因为它是普遍本体论;而本体论之所以是本体论,因为它在本质上是神学。到了 70 年代,研究者们强调相反的倾向,认为形而上学是本体论。比如,莱思齐(W. Leszl)为本体论的自主性辩护,他反对把实体的一般意义归结为最高实体,认为普遍性不等于首要性,即使没有神学,也不影响本体论的普遍性。

关于形而上学究竟是本体论还是神学,到现在也没有解决,汪子嵩等人的《希腊哲学史》也认为这个问题没有解决。这本书着重介绍了余济元的看法。余济元是苗力田先生的学生,在纽约大学巴伐罗分校任教。余济元是在意大利拿到博士学位的,他大概受到意大利学者雷里(G. Reale)的影响。雷里区分了形而上学的四个不同的学说:第一个是 aitiologia,原因论;第二个叫 archeologia,第一原因;第三个是 theologia,神学;第四个是 ousiologia,实体论。这四种学说,其中前三个学说在讨论原因是什么,只有 ousiologia 回答实体是什么的问题。余济元也认为,本体论和神学不矛盾,本体论回答实体是什么的问题,神学回答为什么的问题。亚里士多德在回答"什么是实体"的问题时,也用了"其所是"和"何所是"这两种说法,前者回答"是什么"的问题,后者回答"为什么"的问题。

最后谈谈我的看法。我认为形而上学究竟是神学还是本体论这个问题不能只从亚里士多德著作的某一部分看,比如只看《形而上学》的第四卷或第七卷。从第一卷看,亚里士多德好像把第一哲学等同于神学。他说,物理学之后需要有一门科学,研究可以和质料分离的最高实体,那就是神学。在《形而上学》的其他地方,以及《尼各马可伦理学》和《论灵魂》的一些地方,他都谈到了人的智慧和神的智慧的关系。从本性上说,智慧超出了人的能力,属于神的能力,但是人可以达到这个层次。为什么如此呢?据说,神不会嫉妒,愿意让人分享他的智慧。但亚里士多德在《尼各马可伦理学》中也说,人与神之间没有友爱,因此神不会主动帮助人得到智慧,只有少数有天赋、有闲暇的人,经过努力才能达到神的智慧。他经常把人的智慧和神的智慧混在一起讲。比如,在《形而上学》第四卷中,他所说的本体论实际上有两个研究对象。一个是"实是之为实是",这是对所有的事物的共同本性和本质的研究。但在接下来的一段,他说,对"实是"的研究必然要寻求第一原则和最高原因,他的结论是:"所以,正是出于实是之为实是,我们也必须知道这些第一原因。"第一原因就是讲神,神和"实是"是两个相互关联、不可分割的研究对象,因此,神学和研究"实是"的本体论是同一门科学。再比如,在《论灵魂》中,亚里士多德区分了两种理智:消极理智和积极理智,积极理智是神的理智。他对人的认识过程作了分析,先是感觉、知觉和记忆,然后到消极理智。然而光有消极理智不行,还需要积极理智来推动,才能从个别事物中抽象出共相,因此,人必须有积极理智。但积极理智是神的理智,人如何具有神的积极理智呢?亚里士多德留下了一个大问号。后人或者用人的灵魂"分享"神的智慧来解释,或者用神的智慧"推动"人的智慧来解释。还比如,在《尼各马可伦理学》最后部分,亚里士多德说,智慧是最高的德行,比实践理性更高,哲学家的生活是最幸福的生活,因为通过智慧,人接近了神。虽然《伦理学》基本上谈日常生活,但最后也把人的生活提升到神圣境界。亚里士多德在所有著作中都表现出这种倾向,即认为人可以和神相通,就好像中国古人讲的"天人合一"的境界。亚里士多德有详尽的论证,不管在知识论上,在本体论上,还是在伦理学上,都如此。在经过了基督教的洗礼之后,现代西方人把"人"与"神"分离开来,人是人,神是神,人不可能变成神。用这样的观点看亚里士多德,就会提出形而上学究竟是本体论还是神学的问题。对亚里士多德而言,本体论就是神学,神学就是本体论,没有什么可怀疑的。

生问:还有一个问题:亚里士多德的"神"和当时的"众神"信仰有什么关

系？神是"一神"还是"神性"？

我认为，亚里士多德所说的神不是宗教信仰的对象，因为神没有人格，首先是没有人的形状，其次是没有人性。神的属性是"实是"的，是"出于自身的本性而具有的属性"，具体说，就是"真""善""一"。这些被称为"超越的属性"（transcendent attributes），因为它们超越了具体的种和属的属性，也超越了人类的属性。最后，神没有人的欲望、情感和意志。理智（智慧）是个例外，神与人只是在这一点上相似。其实，柏拉图的"善"也是亚里士多德的"神"，只是柏拉图爱用神话的比喻，冲淡了关于"善"的哲学思辨。亚里士多德则不同，他完全用思辨来说明神的意义。在《物理学》中，他论证了神是第一推动者，讨论了第一推动者是一个还是多个的问题。在《形而上学》中，他重提这个证明，并通过对实体的形式和质料的关系的论述，证明最高的实体必然是没有任何质料的纯形式，或者说，是以自身为思想对象的思想，即思想的思想。他认为，神的这三种定义：第一推动者、纯形式、思想的思想，指的是同一个实体。他所说的神是哲学家的"理神"，是"哲学一神论"。但如果加上信仰的因素，把最高原因和最高原则变成世界的实际创造者，亚里士多德的神学就可以成为宗教一神论。中世纪时，伊斯兰教、犹太教和基督教的神学都从亚里士多德神学中吸收了养料，并不是偶然的。

第六讲

亚里士多德《尼各马可伦理学》和德性伦理学

亚里士多德自己区分了理论科学和实践科学,理论科学以《形而上学》为代表,实践科学以《尼各马可伦理学》为代表。《尼各马可伦理学》是西方伦理学的经典作品,值得我们细心地阅读和理解。

相对于其他哲学经典而言,《尼各马可伦理学》还是比较好读的,写得很有条理,语言也比较流畅。这本书共十卷,第一卷到第三卷的第五章是一个总论,对伦理学的研究对象、性质和方法等一些根本的问题作了阐述。从第三卷的第六章开始,他讨论了一些具体的德目,其中讨论得最为详细的是第五卷。该卷专门讨论正义问题,和柏拉图《理想国》的主题是一样的,但是他们两个人的正义观很不相同,有兴趣的读者可以把亚里士多德和柏拉图的正义观作一个对比。第六卷和第七卷讨论的是理性和道德的关系,第八卷和第九卷主要讨论友爱(philo)。对友爱的论述是《尼各马可伦理学》中很有特色的部分,历史上,亚里士多德之前和之后的哲学家都不大重视"友爱"这个德目,而亚里士多德则对友爱作了非常详细的探讨。友爱既不同于柏拉图讲的爱(erros),又不同于后来基督教讲的爱(agape),而是朋友之间的一种友谊。最后,第十卷讨论了快乐的问题和理智与德性的问题。这本书的主要观点虽然不难理解,但为后人留下的问题也不少。

一、

答疑解惑

生问:在第一卷的第三章,亚里士多德说:"政治学不是年轻人本应学习

的课程。"(教材,89—90)他的理由是:第一,年轻人对生活尚无经验;第二,年
轻人为情感所左右,品格幼稚。这两点理由实在不能说明问题。希腊文的
politikos 不完全等于英语的 political,而是包括"政治的"和"社会的"两层含
义,年轻人要通过学习来获得社会经验。再说,为情感所左右和品格幼稚也
不是年轻人的专利。既然亚里士多德认为,从小就应该培养美德的习惯,那
么为什么年轻人不能学习政治学呢?

希腊文的"政治"指城邦,包括公民组成的社会和他们对这个社会的管理。亚
里士多德认为伦理学是对最高的善的研究,但他又说,人只有在城邦里面才能达
到最高的善,城邦的善要比个人的善更高、更可贵,而研究城邦的善就是政治学的
任务。政治学和伦理学对他来讲是不可分的,伦理学主要研究个人的善,是学习
政治学的一个准备。我们可以看到,在整部《尼各马可伦理学》里,思想和行动的
主体都是个人,他始终在谈论个人的幸福、个人的德性。但是到了《政治学》,他谈
论的是公共的事物、公共的善,或者是公德,是城邦的幸福。他认为政治学是比伦
理学更高的一门科学。正是接着这个意思,亚里士多德说,年轻人不适合学政治
学。我觉得亚里士多德讲这个话是有根据、有道理的。亚里士多德讲的政治学大
致相当于我们现在讲的管理科学,而不是我们现在理解的政治思想教育。管理者
需要管理的经验,而不是一般意义上的社会经验。亚里士多德也多次讲过,实践
的科学和理论的科学不一样,你就是知道了一个人或一件事情一般的道理,也不
见得能做好这件事情。他之所以要批判柏拉图的伦理思想,一个重要的原因就在
这里。柏拉图认为一个人只要掌握了理念,就具备了德性,具备了道德;亚里士多
德认为并非如此,因为理念只是一般的概念、一般的理论,但是你知道了共相而不
知道殊相,也做不好事情。

在《形而上学》中,他也举过相关的例子。他说一个医生即使掌握了医学的
理论,但是如果不了解病人的情况,他也是治不好病的。所以,对于实践的科学
来说,虽然也需要知道一般的原理,但是仅仅知道一般的原理还不够,还必须掌
握一些具体的知识,这种具体的知识主要就是来源于经验。这就是管理科学和
一般的理论科学不一样的地方。举个例子来说,一个年轻人非常聪明,特别是

在数学和物理上,他很年轻的时候就有很多创造,二十多岁的时候就有一大发明,就解决了一大难题。那么这个年轻人在二十多岁的时候可以当教授,但是这个二十多岁的教授绝对当不了大学的校长,因为他没有管理大学的经验。政治学作为实践科学中的管理科学,一定需要管理经验的积累。另外,亚里士多德还讲到年轻人性格不成熟等原因。亚里士多德所说的年轻人的性格跟年龄并没有必然联系,有些人年纪可能已经很大了,但性格还不成熟。亚里士多德说的年轻人性格就是一种不成熟的性格,容易受激情的控制,实践理性还没有展开,用贬义的词形容,就是不够"老奸巨猾"。当然也不能排除有一些年轻人早熟,少年老成,可能会避免这样的性格,但是大部分的年轻人,以及一些中年人、老年人,都没能摆脱这种性格,好激动,容易受情绪的影响,跟着感觉走,而不是跟着理性走。这些人都不适合学习政治学,亚里士多德的意思是说他们不适合当政治家,或城邦的管理者。政治家必须是有深谋远虑的人,不到一定的年龄很难做到这一点。这个道理与柏拉图说的人到 30 岁以后才能学哲学的道理差不多。

生问:我的第二个问题涉及第一卷的第八章和第九章。亚里士多德在这里讨论到了幸福,他区分了幸福的两个方面:一方面要求有德性;另外一个方面要有一些外在的好处,"看起来幸福也要以外在的善为补充","幸福需要外在的时运亨通"(教材,97)。这就让人费解。机遇是不确定的,为什么自足的幸福需要外在的善的补充,如何补充?

我想亚里士多德在这里确实有自相矛盾的地方。这里也涉及《尼各马可伦理学》的方法。对亚里士多德的著作,我们不能完全用逻辑的一致性来判断其思想。亚里士多德的方法总的来讲是非常注意经验的,这是和柏拉图不一样的地方。他往往是从经验出发来讨论问题,比如讨论物理学问题以及一些形而上学问题的时候,他用归纳的方法,即用经验去归纳。但他也用演绎,也用推理,他经常把分析和综合、演绎和推理放在一起交叉使用。他不像柏拉图的对话,在不断地揭露自相矛盾或不一致的说法,哪怕很小的一个说法,都一一分析和揭示出来。可以说,亚里士多德的思想在逻辑上不是非常完美、非常彻底,不能要求他在每一个观点上都完全达到逻辑一致性。特别是在《尼各马可伦理学》当中,他很注意生活常识,方法上的经验色彩就更重了。我们可以看到,在很多时候,他用例子来说明问题,有的时候则用比喻,有的时候用诗来说明他的观点,真正证明的方法在《尼各马可伦理学》当中用得很少。这也说明了《尼各马可伦理学》的一个特点,那就是,它和我们的日常生活非常贴近,不是当代所讲的元伦理学。现代元伦理学对一些概念、命题进行逻辑的、语义的分析,而亚里士多德的伦理学可以说是一种生活伦理学,和我们的日常生活非常贴近。

　　亚里士多德表达了一个日常生活的真理,就是说,一方面我们人要有德性;但是另外一方面,我们也要过一种体面的、有尊严的生活。如果一个人没有体面,连最起码的人的尊严都没有,那么他是不会有幸福的。外在的好处("好处"和"善"在西文中是同一个词)主要是指 noble 的生活,但 noble 的生活往往不是通过自己努力能得到的,在很大程度上取决于自己的家庭、教育、职位甚至长相等,这些因素要靠机遇,在这样的语境中,亚里士多德谈到了机遇的重要。现在都把 noble 翻译成"高尚",它当名词用时指"贵族"。但亚里士多德在这里并不是强调贵族式的生活,外在的幸福并不是一种贵族式的幸福,而是一种体面的生活。从上下文来看,他讲的幸福实际上是一种受到社会尊重的体面生活。但光有体面还不够,还必须是一种德性的生活。德性和体面两者缺一不可,这实际上也就是后来伦理学中所讲的德福一致的问题。亚里士多德在这里讲得很清楚,德并不必然地导致福,有德性的人并不一定能过上体面的生活,两者之间并无必然的联系。但是他有这么一个基本的设定,就是假定一个人的基本的生活条件已经满足,也就是在一个希腊城邦的自由民的生活水准之上,才能来谈能不能获得幸福。希腊城邦的自由民的生活水准都不太低,雅典只有 5 万自由民,却有 40 万奴隶,平均 8 个奴隶伺候 1 个自由民,生活够体面的了。亚里士多德的伦理学主要是针对自由民讲的,大多数自由民基本上可以过上体面的生活。在这个水准之上,他讨论什么是幸福的问题。亚里士多德在讲自由民的时候,他不是讲少数最富的人,也不是讲少数最穷的人,主要是讲中产阶级。他的问题是:我们中的大部分人,基本的生活条件都满足了,我们是不是幸福的? 解决这个问题的关键是有没有德性。虽然外在的好处和德性对于幸福来说都是必需的,但他认为没有德性的人比没有外在好处的人离幸福更加遥远。因为外在的好处靠运气,但德性却不靠运气。如果你凭自身的努力形成了这种习惯,德性就会终生伴随着你,一生都不会失去它,这不是命运所能支配的。既然德性终生可以伴随着人,如果没有偶然的厄运干扰,大部分人经过自己的努力都可以获得幸福。这可以说是一个平凡的真理。

亚里士多德没有把幸福抬得很高,但也没有降低幸福的标准。在他之前的犬儒派,过着毫无人的尊严的狗一般的生活。传说第欧根尼过着乞丐般的流浪生活,睡在一个水桶里,却自以为这就是幸福。他"藐视财富、声威、快乐和生命,抬高它们的反面:贫困、坏名声、辛劳和死亡"[1]。谁愿意过这样的"幸福生活"? 亚里士多德以后的斯多亚派又把幸福抬得太高。斯多亚派认为德性是幸福的唯一标准,即使你过着如何悲惨的生活,如何遭受着折磨,只要有德性,你就是一个幸福的人。这也不合常理。一般来说,一个命运很悲惨的人是不会幸福的,因为在这样的条件下,他很难保持他的德性。如果一个人的生活水准太差,生活的环境太恶劣,即使想洁身自好也很难。所以管子说:"仓廪实则知礼节,衣食足则知荣辱。"德性的习惯的培养必须要有一个良好的生活条件,而良好的生活条件除了包括良好的道德环境之外,还要有适当的物质条件。

生问:如果同意亚里士多德的思想,我们如何理解孔子对颜回的赞赏,即如何理解"孔颜之乐"?

我认为,孔子对颜回的赞赏,主要是从义利之辨的角度来说的。颜回在生活非常贫困的情况下,不追求利而追求义。亚里士多德讲的体面的生活,不是要人们去追逐个人的利益,追逐物质享受,而是说,在已经满足了生活的物质需要之后,进一步追求德性。在读《论语》的时候我们可以发现,孔子对自己的生活也非常讲究,讲"食不厌精",这不是体面生活是什么? 我们在《论语》中,除了可以看到"孔颜之乐",还可以看到"曾点之乐"。孔子跟几个弟子聊天,问他们的志愿是什么,曾点说,几个人出去春游,在河里戏耍,在高台上乘凉,唱着歌回家;"夫子喟然

---

1 转引自 H. D. Rankin, *Sophists*, *Socrates and Cynics*, London, 1983, p. 233。

叹曰:'吾与点也'"(《论语·先进》)。这种逍遥自在生活的享受也可以说是一种运气。为什么不利用这种运气,让身心都放松、愉快?这对培养德性有好处。然而,好运不是强求的,厄运也回避不了,要用德性对待运气。孔子在碰到厄运时说:"天生德于予,桓魋其如予何?"(《论语·述而》,7:23)孟子也说:"莫非命也,顺受其正。是故知命者不立乎岩墙之下。"(《孟子·尽心上》,2)我想亚里士多德在论幸运的时候,也是这个意思。把外在的好处接受下来,作为履行德性的基本条件,这是"曾点之乐";在厄运中坚持道德理想,这是"孔颜之乐"。但最重要的还是德性,所以,亚里士多德只是在开头提了一下外在好处的重要性,后来基本就不提了。

亚里士多德在《尼各马可伦理学》中谈外在好处和他在《形而上学》中谈闲暇是一样的。大家都知道,在《形而上学》中,他认为哲学是为智慧而智慧的学问,他又说,为智慧而智慧需要有闲暇,闲暇就是少数人从事哲学的物质条件。虽然并不是人人都有闲暇,但有闲暇的人也并不都会去做哲学,大多数人都是用闲暇去满足身体的欲望。亚里士多德认为,最值得做的事有三件:打猎、战争、思考哲学问题。用闲暇去做这三件事,是幸福的生活。不管有无闲暇,人们在满足了基本生活需要之后追求德性,这也是幸福的生活。

　　生问:我的第三个问题涉及第十三章。亚里士多德对灵魂作了区分,他认为灵魂分无逻各斯的部分和有逻各斯的部分。无逻各斯的部分又分为两部分:"一部分是植物的,与理性不相干,另一部分是欲望,是意向的部分,在一定程度上分有理性。"所以灵魂实际上可以分为有理性和无理性的部分。有逻各斯的部分又可以分为两部分:"一部分是严格意义具有,另一部分是听从逻各斯。"把灵魂分为有理性部分和无理性部分还好理解,但在进一步的区分中,每一部分都与另一部分交叉,这就给人以模糊的印象。是不是因为灵魂内部存在着理性与欲望的冲突,所以才会出现划分上的交叉?

亚里士多德在《论灵魂》中对灵魂的各部分有详细的区分,他在《尼各马可伦理学》中谈得比较简略。几个部分之间有这样的对应关系:

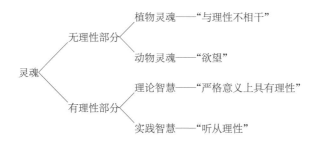

至于这些区分是否与理性和欲望的冲突有联系，这个问题可以从自觉和不自觉两方面来看。首先，亚里士多德强调"欲望在一定程度上分有逻各斯"（教材，103），这是指欲望可以成为德性的一部分。一般意义上的德性不一定要经过理性的思考和选择，亚里士多德一直强调德性是一种良好的习惯，在日常生活中，一个人的欲望在不知不觉中遵守社会规范，如同孔夫子所说的"非礼莫视"，但这不是强迫，而是长期的生活习惯培养出来的、没有邪念的欲望。其次，在理性灵魂中，实践智慧按照理智进行自觉的选择。如亚里士多德所说，选择是对手段的选择；目标是可欲的事物，这不是可以选择的，而是良好的生活习惯事先决定的。比如，人成年之后要结婚，这是欲望和社会规范共同决定的，但与什么人结婚，这是可以选择的，并且要根据理智来选择。在这种情况下，我们看到实践智慧（包括对手段的考虑和选择）是自觉服从理智（逻各斯）的。在这两种情况下，亚里士多德都是谈欲望和理性的协调，恐怕没有强调冲突的意思。

生问：我的第四个问题与习惯有关。从第二卷的第一章一开始，亚里士多德提出了一个很重要的论断。首先他区分了伦理的德性和理智的德性。他认为理智的德性是通过后天的教育养成的，而伦理的德性主要是由风俗习惯塑造而成的。他说："我们的德性既不是从我们的本性当中生成的，也不是违反本性而生成的，而是自然地接受了它，通过习惯变得完满。"要追问的是，我们的德性是如何被自然地接受了的？如何解释坏习惯的产生？

我认为，在希腊文中，"伦理"（ethos）这个词的原意就是指习惯，而这个习惯又是指在群体当中的习惯，住在同一地方的人具有的习惯，所以这个词不仅仅指个人习惯，而且指生活在同一地域的群体的习惯。这里有"社群"的概念，也有"习惯"的概念，这两个概念都包含在 ethos 这个词的意义里。亚里士多德在这里实际上解决了一个很重要的问题,就是道德是先天的还是后天的问题?在古希腊叫做"自然还是约定"的问题,在现代我们称之为"自然还是教养"(nature or nurture)的问题。亚里士多德认为德性不是出于我们的本性,也就是说,人没有现成的德性,这和孟子的"四端说"不一样。但他又认为,德性又是不违反本性而生成的,也就是说我们的本性不是恶,不是反道德的,这与荀子的"性恶论"和"化性起伪"的道德起源说也不一样。我们都知道孟子和告子的辩论。在第一场辩论中,告子说人性既不恶也不善,就像柳树一样可以做成不同的器皿。然后孟子就反问他,是顺着柳树的本性做成器皿,还是违反柳树的本性做成器皿?如果是顺着柳树的本性来制成器皿,那么器皿当中就包含着柳树的本性;如果是违反柳树的本性来制成器皿,那你就等于说仁义道德是违反人的本性的(《孟子·告子上》)。其实告子完全可以用亚里士多德的这段话来反驳孟子,即我们的德性既不是出于本性,也不是违反本性。孟子的分类并不周全,他认为,不是顺从本性,就是违反本性。为什么不能有一个既不善也不恶,既不出于道德也不违反道德的本性的中间状态呢?孟子对这个中间状态不予讨论。现在有人认为,孟子讲的"人性本善"夸大了人性的善的一面,可以把它改成"人性向善",人有向善的天赋和倾向,但也只是一种倾向而已,它一定要经过后天的教养才能够变成现实的德性。在这个方面,我觉得这种意义上的"向善论"和亚里士多德思想比较接近。

亚里士多德说,我们通过本性接受了德性,通过习惯成全了德性。他讲的德性不是道德本性,而是说人的自然能力,这种自然能力就是他后面所讲的潜能。我们看到,他接着讨论了德性是感受、潜能还是品质的问题。感受是欲望、情感,其中包含着"分有理性"的潜能,即接受道德的自然能力,但是这种自然能力一定要通过习惯才能变成现实的品质。他在《物理学》里用潜能和现实的关系来解释运动,在《形而上学》中用这种关系解释实体,在伦理学中,他又用潜能和现实的关系来解释道德的生成。

如何解释坏习惯的产生?是不是所有的习惯都是好习惯?如果我在一个群体中从小接受的是坏习惯的熏陶,由此所养成的习惯能不能称作 ethos 或德性?为了区别好习惯和坏习惯,有人把 virtue 翻译成美德,把 vice 翻译成恶德。但我总觉得"恶"和"德"的结合不大恰当,西文中,vice 都没有"德"的意思,它就是指邪恶。美德指好习惯，坏习惯就是邪恶。从一个长远的观点来看问题，一个地域当中的群体养成了某种坏习惯，那么这个群体是很难生存下去的。比如，在一些太平洋的岛国和中美洲的印第安人地区有吃人的习惯。这也是一种习惯，但这种吃人的习惯是不能够长期保留下来的，或者抛弃这一习惯，或者有这种习惯的群体灭绝。这里有自然的原因，如人体里面有很多细菌和病毒，很容易在食人者体内繁殖或传染；也有社会的原因，食人群体的智力、内部的凝聚力、道德水准、文明程度都低于其他的群体，很容易被周围的群体消灭。人类历史就像一个过滤器，会把坏习惯过滤掉，而保留下来的则是好的或比较好的习惯，能够世世代代地承继下来，成为一个源远流长的道德传统。

在这里，我们又牵涉另外一个问题，即事实判断和价值判断的问题。按照现代元伦理学的区分，习惯的好坏是一个价值的判断，与事实无关。但如果我们打通事实和价值的二元区分的话，那就必须承认，从长远来看，坏习惯是不会被保留下来的。良好的习惯之所以流行和延续下去，归根到底是因为这样一个基本事实：它能对群体起到保护作用，使群体得以延续和发展，战胜或影响周围的群体。美德之所以能够传承，是以事实作根据的，是经过了自然和社会环境的选择而被保留下来的。用这样的观点看儒学，虽然儒学当中有许多东西不适合现代生活，但要看到，它是经过两千多年的考验而保留下来的，如此保留下来的品性绝大部分是好习惯，是德性。

生问：亚里士多德的"中道"和"中庸"有什么区别？

我认为，"中道"和"中庸"这两个概念的含义非常接近，所以现在英文里，"中道"和"中庸"用的是同一个词 mean。中庸也是区分了过和不及，但是我们不能把它理解为中间状态。在我写的教科书里，我画了一张图，这张图也适用于中庸。

$$善（仁）$$

不足（不及）————过分（过）

中庸或中道不是中点，而是在外面，两个端点都是恶。孟子说："孔子曰：'道二，仁与不仁而已矣。'"（《孟子·离娄下》，2）"过"和"不及"都属于不仁，而仁与不仁是相对立的。亚里士多德也说过，恶并不是由于程度上的区别才是恶。杀一个人是恶，杀十个人也是恶，我们不能说两者的中间状态就是善，这样来理解是荒谬的。

生问：亚里士多德在第二卷第六章说："两恶之间应取其小""首先应避开和中道对立比较大的极端""必须自己拉向两个对立的方面，这是木工曲木裁直的办法"。现在要问的是，"两恶之间取其小"和"矫枉过正"是否能达到中道？能否说中道只是一个理念和目标，在复杂的现实社会中很难达到？

我的意见是，这要视亚里士多德是在什么背景下讲这个话的。亚里士多德的中道包括行为上的中道和情感上的中道。一个人的情感不能过分强烈，也不能没有情感；行为也是如此，它必须避开过分和不足两个极端。但是他有这么一个判断：情感上我们有两个极端，一个是快乐，一个是痛苦，快乐比痛苦更加容易引诱人，也就是说，我们更加容易犯纵欲主义的错误而不容易犯禁欲主义的错误。他又说，和快乐作斗争要比和愤怒作斗争更难，而更困难的事也就是更有价值的事。我们都还记得，当亚里士多德回答形而上学为什么是第一哲学、为什么是最高智慧的时候，其中他用了一个标准，说形而上学是最困难的学科。同样，在伦理学当中，如果一种德性能够完成一件最困难的工作，那么这一德性就更加可贵。在快乐和痛苦面前，他强调要更加警惕快乐的诱惑，人们都会自觉地克服困难，抑制痛苦。但自觉地抵制快乐的引诱，你就能够得到更多、更大的德性。从快乐和痛苦这两个极端中，他告诫人们要尽量注意警惕快乐的诱惑，也就是从困难的方面去锻炼自己。

生问：亚里士多德总是认为幸福是感情的一种状态，避不开快乐和痛苦。他为什么不讲超越快乐和痛苦？宋明理学强调"静"和"敬"，就含有摆脱快乐和痛苦的意思。

我认为，摆脱快乐和痛苦接近于斯多亚学派所讲的不动心。可以说，不动心的思想不是生活常理，而亚里士多德的伦理学是贴近日常生活的，他是要在日常生活当中找到人们可以实践的德性，因此他并不期盼不动心。在第十章开首，他就专门讨论了快乐和德性的关系。德性总是一种幸福的生活，幸福的生活当然包括快乐，而快乐是不可避免的、自然的，也是正当的。他没有产生斯多亚派的那种不动心的思想。

二、

亚里士多德的伦理学是不是目的论？

下面我将从批判的角度，介绍国外学者提出的一些问题。首先，亚里士多德的伦理学能否被称为目的论？亚里士多德的伦理学是目的论，这是一个通行的说法，可能大家都觉得没什么问题。亚里士多德一开始就讲到，人的活动都要有一个目的，这个目的就是善；然后讨论了善是什么；在界定了善是幸福之后，又分析了幸福是什么，然后将幸福归结为德性，等等。这是不是目的论？亚里士多德一开始确实使用了"目的"这个词，即英文的 end。end 这个词在他的著作中经常出现。但特弗德（K. A. Telford）在对亚里士多德的《尼各马可伦理学》的注释中指出，在《尼各马可伦理学》中被翻译成 end 的这个希腊词，不是亚里士多德在《形而上学》和《物理学》中所讲的"目的"。在《形而上学》和《物理学》中，"目的"是 telos；在《尼各马可伦理学》中用的是 telne 这个词，而不是 telos。telne 这个词，用英语来对译应是 completion，realization，或者 fulfillment，即完成或实现的意思。这个意思和"目的"的意思是不一样的，它强调的是一个过程，而不是过程所朝向的最后目的。[1]

这个说法有没有道理呢？我们可以看到亚里士多德在讲善是幸福的时候，也在讲幸福的生活，讲一个幸福生活的全过程。《尼各马可伦理学》中有这么一句话："We have practically defined happiness as a sort of good life and good action."他说，我们实际上把"幸福"定义为好的生活和好的行动。又有这么一句话："not only complete virtue but also complete life."也就是说，你必须在全部的生活中都感到幸福，这才是真正的幸福。如果一个人年轻的时候感到幸福，但是老来不幸，就不能说他是幸福的；或者一个人在事业上是成功的，但在家庭生活中是失败的，也不能称为幸福；在整个生活当中都幸福，这才是亚里士多德所讲的幸福。所以他强调的是一个过程，一种实现，是目标的完成和到达，而不是我要朝向某个目标，这个目标我这辈子可能都达不到。这种解释与目的论的解释是非常不一样的，目的论有这种意思，

1　K. A. Telford, *Commentary on Aristotle's Nicomachean Ethics*, Binghamton University, 1999.

即我就是要朝向我的目标,朝向我的理想,我为我的理想而努力,即使我达不到这个理想,即使这个理想对我很遥远,但只要我为这个理想付出了最大的努力,那么我就是一个有道德的人,或者说我就是一个幸福的人,这在亚里士多德那里不能被称为幸福。所以我们不能把他的幸福主义理解成目的论。

在伦理学中,人们经常讲目的论,这与功利主义者西季威克(H. Sidgwick)有关。西季威克在《伦理学方法》中把西方从古到今的伦理学体系划分为三种,即义务论、目的论和功利论。他认为他自己主张功利论,康德主张义务论,目的论则以亚里士多德为代表。但他的这种划分实际上是很成问题的,因为义务和功利都可以成为目的。比如我为什么要为了义务而义务,因为义务就是我要履行和达到的目的。如果我把义务作为我的生活的一个目标,我的生活就是为了履行义务,那么义务就成了目的。功利也可以成为一个目的,追求功利,追求利益的最大化,不管是社会利益的最大化,还是个人的利益最大化,都可以成为一个目的。所以义务论、目的论和功利论的区分是模糊的,也可以说是交叉的。现在一般用目的论和后果论(consequencism)来作伦理学的划分,从而把目的论当成后果论的一个对立面,而不是把目的论当作义务论和功利论的对立面。如果把目的论和后果论当作对立面的话,那么亚里士多德的幸福论可以说是贯穿了目的和后果,他不仅讲目的,也讲结果。德性就是幸福生活的一个结果,如果你养成了良好习惯,这个习惯就会伴随着你一生,就是一种幸福。所以,我们对目的论的说法应该保持一个谨慎的态度,不能笼统地说,亚里士多德的幸福主义就是目的论。

三、

关于麦金太尔的德性伦理学

现在有一个比较时髦的说法,称亚里士多德的《尼各马可伦理学》提出了一种不同于现代伦理学的德性伦理学(virtue ethics)。这是美国哲学家麦金太尔(A. C. MacIntyre)提出来的。麦金太尔有一本书 *After Virtue*。书名的中文翻译有两个版本,一个是《德性之后》,这是把 after 当作是一个副词;另外一种是把 af-

ter 当作介词而翻译成《寻求德性》。我一开始觉得翻译成"德性之后"不太好,af-
ter 应该有"寻求"的意思。但后来产生了争论以后,我觉得这两个译法都对,都符
合作者本人的意思。麦金太尔认为,在亚里士多德之后,西方伦理学走向了两条
偏路,现代伦理学是情感主义或元伦理学。情感主义有一种非理性主义的倾向,
强调情感而不强调理性;元伦理学则太理性了,根本不考虑非理性的因素,把伦理
学的体系作为逻辑分析的对象来看待。麦金太尔认为这两种倾向都不对,所以他
用亚里士多德的伦理学来批判现代伦理学的这两种倾向。其书名的含义之一是
指德性之后所发生的事情,他想要恢复亚里士多德的德性伦理学的传统。《德性
之后》强调的是对现代伦理学的批判,而《寻求德性》强调的则是对亚里士多德伦
理学的回归,这两层含义都包含在这本书里。

麦金太尔认为,亚里士多德的伦理学给我们现代人的启示有两点:一点是强
调伦理学的实践性,强调伦理的知行合一的特点,而不是仅仅把它当成是一个理
论的学科;另一点是要考虑到具体的情境,而不是抽象地谈原则、语义、命题和规
则之类。他认为亚里士多德的这两点讲到了伦理学的要害处。我前面提到过,在
讲到德性的时候,亚里士多德还强调社群、习惯。所以,麦金太尔不仅提倡德性伦
理学,而且提倡社群主义。因为他认为,德性就是社群的习俗,强调习俗也就是强
调德性的实践性,强调它的自然的生成过程。只有在社群当中,在具体的情境当
中,从小开始培养,良好习俗才能形成。社群主义和德性伦理学在西方已经形成
了一个强有力的思潮,社群主义被用来反对自由主义,德性伦理学被用来反对情
感伦理学和元伦理学。

但是,在麦金太尔的理论当中也存在着一个问题,即他在强调社群和具体情
境、习俗的时候,是否会走向相对主义? 什么算是好习俗,什么算是不好的习俗?
习俗的好坏是由社群来决定的,如果这个习俗是属于我们社群的传统,并且对我
们社群有用,可以给我们带来功利,那么我们就认为它是好的。但是我的社群的
好习俗并不一定在你的社群中也是好习俗,说不定你会认为它是恶习。如果遇到
这种情况怎么办? 也就是说,如果习俗以社群为标准,就会产生相对主义的问题。
道德绝对主义认为全人类有一些普遍和共同的价值,不管在哪个社群当中,也不
管是在哪个时代,都起作用。比如,自由主义者认为自由、人权是人类的普遍价

值,它不只是美国人的价值,不只是西方人的价值,更不是西方的某一个社群在某一个时代的价值,它是一个普遍的价值。麦金太尔反对这种观点,他写了另一本书《谁之正义? 何种合理性?》,用从古希腊到现当代的历史叙事表明,"正义"在西方的不同时代、不同的群体中是不同的价值观,不存在罗尔斯所说的普遍的正义原则。

麦金太尔对德性伦理学的解释,的确抓住了亚里士多德的伦理学的要点。亚里士多德强调德性的实践性,强调它和技艺的相似性,并且强调它是一种习惯。只要勇敢的人就会做出勇敢的事,而不是做了勇敢事就一定是勇敢的人。为什么呢? 一个人有了德性之后,就会自然地做出有德性的行为,并且在一生当中都会做出有德性的行为。而并不是说,一个人做了一两件有德性的事就是有德性的人了。我们现在常说,一个人做一件好事并不难,难的是一辈子做好事。但亚里士多德认为,一辈子做好事也不难,只要你养成了好习惯。当做好事成为一种习惯的时候,你这一辈子都会自然而然地做好事,做好事会成为你日常生活的一部分。德性虽然不是"先天"的,但它能自然而然地形成。

我想,如果一个社会的教育,从幼儿园、小学开始就是失败的,那么在这个社会里面有德性的人肯定很少,这个社会肯定充满着非道德甚至反道德的现象。从心理学角度来讲,人的可塑性最大的时间是在几岁到十几岁之间,这个时候你在家庭和学校里接受的是什么样的教育,就基本上决定了你这一生的品质。到了大学阶段,从习俗和习惯上来讲,人基本上已经定型了。所以,亚里士多德把德性看成是一个人在小的时候养成的一种品质。在一个人小的时候很自然地、潜移默化地通过老师、通过家长教育所养成的习惯,要比你在成年之后通过理论学习达到的效果,不知道要大多少倍。

社群主义在美国有其社会背景,包括宗教上的背景。为什么美国的宗教力量那么强? 他们有一个做法,就是到了周末,家长去教堂,会把孩子放在教会里的主日学校,孩子很自然地在教堂接受教育。教会给他们讲圣经,给他们传授一些与基督教文化有关的知识,让他们接受宗教音乐和艺术熏陶,这样很自然地把信仰灌输到小孩子的心中去了,使得信仰能够成为他们一生的习惯。还比如,在中小学里面,注重发挥学生的个性,培养他们的品质,而不是说考试一定要考多少分,要死记硬背多少知识。美国对儿童和少年的教育很有成效。现在人们都认为自由主义是美国思想的代表,实际上并不是这样,社群主义才是现代美国社会思潮的代表。社群主义比自由主义更有力量,因为它强调的是社群,强调集体的力量而非个人的自由。它强调,社会的核心价值是在社群中所形成的品质、所接受的教育、所传承的传统,而不是个人所追求的幸福和自由。所以德性伦理学实际上在现代并不过时,亚里士多德伦理学在现代仍有意义。亚里士多德认为,德性是幸福的最重要的要素,他的意思是说,有什么样的习惯就会有什么样的品质,有什么样的品质就是什么样的人,是什么样的人就决定了他是不是幸福。如果你从小就养成了一种良好的习惯,拥有了一种德性,再加上偶然的好运(一个人生在什么样的社群是偶然的)相助,那你就是一个幸福的人,这一辈子就可以过上幸福的生活。他讲的实际上就是这么一个平凡的道理。

但是,我们也应当看到,麦金太尔对德性伦理学的解释也有不符合亚里士多德意思的地方。亚里士多德伦理学有没有个人主义的因素?有没有理性主义的因素?我觉得答案是清楚的。亚里士多德在第三卷里面强调了选择,强调有意行为和无意行为的区分。他为什么要强调有意行为?其实他是要强调道德责任的问题,有意做出来的事才负有道德责任,无意做出来的事是没有道德责任的。所谓有意,首先指不是在强迫的情况下做出的行为;第二,不是在无知的情况下做出的行为。亚里士多德分析了很多具体的情况。什么是强制?得作具体分析,强制强调外来的压力,而不是内心的驱使。比如说,我有一种不可遏制的欲望或情感,我控制不了我的愤怒,结果我做了错事。亚里士多德认为这就不能算是强制。只有在外在的压力下不得不做才算。比如说,在航海的时候碰到了风暴,你不得不把船上的货物抛到大海里去,这才是一种强制,在这种情况下可以不对行为的后果负责。另外,无知也是这样,要看你事后是感到后悔还是感到高兴。比如说,我在无意中说了什么话,并不是为了欺骗人,但结果却是让别人受了骗,并且我还从别人的受骗中得到了一定的益处,这时就要看:我是为自己的受益感到高兴还是自责?如果我感到高兴,那么当时说的话就不能算是无知的行为,即使我在当时并不是有心地来欺骗人,或者我当时根本没意识到当时所讲的话是一个谎言,但我后来意识到这是一个谎言,还为此沾沾自喜,这也是有意的欺骗。相反,如果我感到后悔,那么可以说我是无意地做了这样的错事,这是无知的行为。亚里士多德还区分了共相的无知和殊相的无知。他还进一步分析说,有意不单是出于理性,出于欲望和感情的行为都可以是有意的;但是,只有出于理性的有意行为才叫"选择"。亚里士多德在讲这些个人的道德责任问题时,对理性、欲望和感情作了三重区分,他把有意行为和理性结合在一起称之为"选择",强调任何选择都是理性的,而选择的主体是个人、个体,而不是社群和习惯。

社群主义强调习惯,不重视个人选择的问题。可以说,大部分人都是按照习惯来生活的。如果一个人按照良好习惯来生活,他在一生当中不需要作很多的选择,在该勇敢的时候自然作出勇敢的行为,该正直的时候作出正直的行为,该节制的时候作出节制的行为,这些完全是出于习惯。在日常生活中,人生的目标和手段之间形成了一个通道,一个人顺着被传统所规定的目标,采取社会所提供的手段,自然而然地就可以达到生活目标,所以不需要作选择。但是,有的时候,特别在社会或人生发生变化的关键时刻,一个人就面临着选择。亚里士多德的选择实际上是指意志选择,但他没有用"意志选择"这个词。"意志选择"和"自由选择"是后来的概念,变成了西方伦理学的重要的主题。意志选择里包含着理性主义和个人主义的成分。这里的个人主义并非利己主义,而是讲个人要负起道德的责任。正是因为人有自由意志,他必须对自己选择的行为负责。西方伦理学,不管是什么学派,都有这样的思想。现在社群主义没有看到自由选择的重要性,有现实的原因,也有没注意到亚里士多德的选择理论中所包含的个人主义和理性主义的成分这个理论上的原因。

四、

如何理解亚里士多德的幸福主义?

幸福主义有一个专门的词 eudiamonism。eudiamonia 就是希腊文的幸福。亚里士多德的幸福主义包含着后来所谓的德福关系的问题,即我们刚才讨论的德性和幸福的关系。亚里士多德认为德性在很大程度上（他用的是或然判断）可以使你这一生过上幸福生活。亚里士多德所讲的幸福，包括快乐，包括体面的、快乐的、充裕的生活，包括外在的物质生活条件。在这个意义上，我们可以说他有德福一致的想法。但是我们要注意，亚里士多德所讲的幸福，指的是今生的幸福，而没有把德福一致推到来世。我想这就是为什么亚里士多德用的是或然判断，不像柏拉图和康德等人寻求德福一致的必然性。亚里士多德认为德性和幸福没有必然的联系，因为外在的好处依赖于幸运，而不依赖于德性本身。柏拉图在《理想国》中讨论正义的人是不是幸福的问题时，认为今生不一定幸福，但是到了最后第十卷，他讲了一个神话，讲战士伊尔到了地狱，看到人们根据生前的行为受到不同的待遇，最不公正的人即暴君受到了最严酷的对待，所以暴君是最不幸福的人。柏拉图把不幸福放到了地狱。康德也是这样。在《实践理性批判》中，他使用必然推理的方法，提出了道德和快乐的二律背反。这个二律背反在古希腊的时候就有了，一个是伊壁鸠鲁主义，一个是斯多亚派。伊壁鸠鲁认为幸福就是德性，快乐就是德性，而斯多亚派正相反，认为德性就是快乐。到底是德性就是快乐，还是快乐就是德性？康德认为两者构成了德福关系的二律背反。他认为这两个说法都有道理，但正是因为它们都有道理而又互相矛盾，所以是理性所解决不了的，这样就需要一个道德的公设。道德公设是为了使德福一致成为可能而设定的，但它是不可证明的。这个道德公设就是灵魂不朽，因为只有灵魂不朽，人才有来世，德福即使在今生不一致，在来世也必定是一致的。康德实际上是用一种推理的方法，说出了与柏拉图在神话中所讲的相同的道理。但是亚里士多德就不是这么看的，他认为德性使人在今生获益，幸福就在今生。

亚里士多德在《尼各马可伦理学》第一卷第一章的第十一节专门讨论了这个问题。亚里士多德没有直接讨论人死后的幸福，而是提出了这样一个问题：活人的幸福是否会影响死人？一个人死了以后，他的后代和他的朋友的幸福会不会影响到他的幸福？比如一个人一辈子都很幸福，死了以后，其后代犯了罪，这就会使得死人的名誉受到损害，这是不是说现在的人会影响到死人？他是从这个角度来讨论问题的。他基本的意见是觉得答案是不确定的。他承认后代的不好的行为会给前辈的名誉带来损害，但这种损害是不是对其幸福的影响，他认为这是一件很不确定的事情。在这方面，他进行了很多讨论，他最后的意思基本上是，活人的行为虽然会给死人的荣誉带来一些影响，但并不足以改变这个人在生前所获得的幸福。也就是说，他实际上从反面否定了灵魂不朽的说法，否认了可以把生前幸福带到来世，否认了今生发生的事情会影响来世。

关于亚里士多德的德福一致思想，要注意两点：第一，幸福在今生就可以实现；第二，有德性的人在很大程度上会是一个幸福的人，虽然德和福在今生没有必然的联系，但有或然性很高的联系。通过这种方式，亚里士多德把德性看成是幸福的核心要素。一方面，他的伦理学是弘扬德性的，另一方面，他的伦理学又是符合常理的，是对人类日常生活经验的一种概括、一种归纳，不是那种抽象的、理论性特别强的理论。

五、

如何理解思辨生活是最高幸福？

亚里士多德在《尼各马可伦理学》里的说理多是平易近人的，只到了书的最后，他突然有一个转折，讲到了哲学家的思辨生活是最幸福的生活，这好像有点脱离常理了，并且写法也不再是平易的例证，而是论证式的推论。为什么哲学家是最幸福的？他提出了十个理由，一个又一个地进行分析和论证，在风格上确实与以前不一致。

生问：国外有些学者认为亚里士多德在《尼各马可伦理学》中提出了两种完全不同的幸福观，第一卷提出了涵盖论（inclusive notion）的幸福观，而最后一卷是理智论（intellectual notion）的幸福观。前者认为幸福是各种德性和外在好处的复合体，后者把幸福等同为思辨这一种因素，两者是自相矛盾的。但我们国内的学者还没有这样的意识，或者是发现了矛盾以后想把它们调和。余纪元在《亚里士多德论幸福:在柏拉图的〈国家篇〉之后》一文中认为,涵盖论和理智论所讨论的"幸福"不是同一个概念。涵盖论所说的是需要伦理德性和生活必需品的人可过的生活,而理智论所说的是神圣的生活。这两种幸福观之间的张力如同柏拉图的《理想国》中两种正义观的张力。柏拉图说,已经掌握了理念型相的哲学家不愿意回到人间当统治者,他们喜欢纯粹的思辨生活。这不是在说明可过的生活,而是为了阐明灵魂的理性本质。亚里士多德的幸福观之间的矛盾是好人和好公民的矛盾,理性动物和社会动物之间的矛盾。尽管亚里士多德认为最好的幸福不一定在思辨生活中充分实现,但他鼓励哲学家认识到现实社会和道德的界限,追求超凡脱俗的境界,达到人类最高的善。[1] 虽然文章的前提是承认存在两种不同的幸福观的矛盾,但提出的解决办法仍然是调和矛盾,与国内大多数学者的看法没有根本的不同。《尼各马可伦理学》是否真的有两种幸福观的对立?

我觉得这两种幸福观可以调和,我们不是一味地要调和,而是说,亚里士多德的两种幸福观本来就不是对立的。他区别了伦理德性和理智德性,这本书的大部分内容都是在讨论伦理德性,最后讨论理智德性的那部分,虽然占全书篇幅的比例很小,但达到了全书的高峰,因为在这里讲的是最幸福的生活,讲的是道德理想。确如余纪元所说,这两种幸福观是对两种不同的人说的,大多数公民要有伦理德性,而少数哲学家要有理智德性,这两种人可以生活在同一个城邦里,可以有不同的道德理想和实践,为什么不能调和呢?亚里士多德和康德不一样,康德的思想就很难调和。康德在《实践理性批判》中说:"前后一贯是哲学家的最大责任,却极少见及。古希腊各个学派给我们提供的有关榜样,多于我们在我们这个折中主义的时代所见及的;在我们这个时代,某种相互矛盾的原理的结盟体系极尽虚伪和浅薄之能事,因为它迎合那些满足于样样都懂而一知半解,因而万事通式的读者。"[2] 康德的思想是一以贯之的,他要消除或解释任何有矛盾的东西,因为他认为前后一致是哲学家的最大责任。但是他说古希腊哲学在这一点上比他那个

1　参见余纪元《亚里士多德论幸福:在柏拉图的〈国家篇〉之后》,载《世界哲学》2003(3)。
2　康德:《实践理性批判》,韩水法译,商务印书馆1999年版,第23页。

时代的哲学要做得更好,逻辑上更加一致。我认为在这一点上,柏拉图比亚里士多德做得更好,在亚里士多德的著作中有很多前后不一致的地方。但是前后不一致并非自相矛盾,不一致和自相矛盾是不一样的。A 和非 A 是矛盾的,但 A 和 B 不一定就是矛盾的。在对亚里士多德思想不一致的看法上,国内学者和国外学者的做法不太一样,余纪元是从中国到美国的,与国内学者有相同的思想倾向,即努力从不一致的地方找出调和之处,而不像一些外国学者,在不一致的地方找出矛盾和冲突。

国外学者比较喜欢走极端,因为只有在极端当中才能发现问题,才能够提出批评。我一开始就对你们说过,学习的第三种境界是批评,我们要想找出问题,想提出批评,需要一种走极端的精神。有的时候,狂狷还是必要的,"过"比"不及"更能够锻炼我们的理智,把我们的理智和眼光锤炼得更加敏锐,更加尖刻。走极端的文章和观点往往能够赢得比较大的反响;相反,四平八稳的观点引起的反响往往比较小。这是个风格的问题,但是我认为从做学问的角度,特别是到了找问题和批判的阶段,走点极端还是必要的。

生问:亚里士多德把哲学家的生活当成是最幸福的生活是不是不现实?因为这是绝大多数人都实现不了的幸福,这似乎有违于他的伦理学的主旨?

我认为,哲学家的思辨生活确实是绝大多数人实现不了的幸福,但这不一定有违于亚里士多德伦理学的主旨。因为他的伦理学不只是在说绝大部分人都遵从的生活常理,也包括超越生活常理的理想。任何伦理学都或多或少有一些超越性的理想,像冯友兰这样注重儒家道德的哲学家还在道德境界之上设立了一个天地境界呢!这个天地境界就是亚里士多德所说的智慧及其德性。在《形而上学》中,亚里士多德所讲的智慧是少数哲学家才能达到的智慧,通过这种智慧可以接近神;在《尼各马可伦理学》里,他又讲通过理智德性(智慧),人变得和神差不多了,但是这样的人只是少数。这也就是为什么他要把最高幸福放到最后来讲的原因。他的伦理学就好像金字塔一样,底部是属于日常生活的,是我们大部分人的伦理;智慧高居顶尖上,它是只适合于少数的哲学家的理想。这不只是亚里士多德伦理学的问题,还是他的整个思想体系的问题,包括他对知识的看法,对形而上学和神学的关系的看法,对人和神的关系的看法,等等。大部分人远离神,但仍然可以过上幸福的生活,但是只有少数人能够拥有神一般的最高幸福。亚里士多德和柏拉图的气质一样,都是以高屋建瓴的精英主义眼光,俯视着现实世界和生活,但亚里士多德对希腊城邦的公民,比柏拉图有着更多的同情和理解。

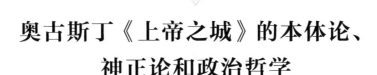

第七讲

奥古斯丁《上帝之城》的本体论、神正论和政治哲学

《上帝之城》是奥古斯丁的一部代表作,很多人认为这是他最主要的著作。奥古斯丁在哲学史上的地位非常重要。在讲到柏拉图的时候,怀特海说整个西方哲学都是柏拉图哲学的注脚;整个基督教神学也可以看作奥古斯丁著作的一系列的注脚。其实,不仅仅是神学,西方的许多哲学家也受到奥古斯丁哲学的影响。

一、

《上帝之城》的主要内容

《上帝之城》是奥古斯丁花了 15 年时间(412—427),在他去世之前完成的。全书一共有 22 卷,它的前 10 卷主要是反驳,后 12 卷主要是正面阐述他自己的观点。

这本书的写作有这么一个历史背景。公元 410 年,西哥特人攻陷了罗马城,此时,罗马帝国已经皈依基督教了,罗马城被基督徒看成是永恒之城。可以想象,罗马的陷落在当时的基督徒的心中引起了多么大的失望和恐慌。奥古斯丁在一次布道时说,罗马城被攻陷了,我的心都碎了。一些异教徒也借机攻击基督教,他们幸灾乐祸地说,罗马是在信仰传统的宗教的基础上强大起来的,自从它抛弃了自己的宗教,改信基督教之后,才受到了那些传统神灵的报复,遭到这么大的劫难。

这本书前 10 卷主要是反驳这些异教徒的,分为两个部分。1—5 卷是第一部分,主要是讲罗马的衰落与其宗教信仰并没有必然的联系,希腊罗马的多神教信仰没能够保证罗马的繁荣,禁止多神教也不是罗马陷落的原因。相反,他说,攻陷罗马的西哥特人也有信仰基督教的。很奇怪,许多人认为西哥特人是蛮族,实际上他们是信奉了基督教的阿里乌斯派。这一派在当时还不算是异端,公元325年的尼西亚大公会之后才因为"三位一体"的问题被谴责为异端。奥古斯丁在著作中提到,西哥特人攻陷罗马之后虽然对城市造成了很大的破坏,但是他们没有洗劫教堂,甚至当罗马的许多平民、士兵躲到教堂的时候,西哥特人也不敢进入教堂去搜捕那些战败的士兵。他认为这在历史上是从来没有过的,在古代,破城之后,不管敌人藏在什么地方,胜利者都要抓捕他们并给以严厉的惩罚;即使躲在神庙里面,也逃脱不了惩罚。但是在罗马,只要躲到教堂里去,就会得到安全。这就说明了当时的基督教对其信徒起到了保护作用。6—10卷是第二部分,着重反驳异教徒的一个观点:认为多神崇拜能够保证不朽的幸福,不但能够保证帝国的不朽的幸福,也能够保证个人的不朽的幸福。当然他也反驳了哲学上的幸福观。因为幸福是当时哲学的主题,当时流行着的288种哲学都在讨论什么是幸福的问题。奥古斯丁不但反驳异教的幸福观,也反对哲学上的幸福观,说希腊哲学不能保证使我们得到真正的幸福。他说希腊哲学有一个承诺,即哲学是幸福之学,但希腊哲学达不到这个目标。

后12卷是正面阐述奥古斯丁的观点,是对圣经的历史性解释,堪称历史神学的巨著。奥古斯丁从《圣经·创世记》开始,一直解释到圣经的最后一卷《启示录》。奥古斯丁认为,《圣经》可以被看作一本关于上帝与人的关系的历史之书,书中谈到上帝是怎么创世的,是怎么造人的,亚当夏娃是怎么堕落的,人类各个部落是怎么繁衍的,讲了七天洪水之后诺亚子孙的历史、亚伯拉罕子孙即以色列人这一支的历史,也讲了耶稣的诞生,基督教的传播和历史的终结即最后审判。他按照圣史和俗史的线索,把整个《圣经》从头至尾用历史叙事的方法作了神学的解释。圣史即当人类认识了上帝之后,他们的信仰、背叛以及救赎的历史过程。先是人类初民(亚当、夏娃)和亚伯拉罕子孙的信仰,其中也包括人类和以色列人的多次背叛,直到耶稣诞生了,圣史从此展开了一个新的篇章,人类得到了救赎,一直到最后审判。俗史讲的是地上之城、世俗之城。上帝之城和世俗之城这两种体制,在人类历史中是交织在一起的，可以说，圣史和俗史是既相互冲突又相互结合、相互混合的历史。

这 12 卷可以再分成三个部分，分别谈圣城和俗城的产生、发展和结局。第 11—14 卷讲述了两个城的起源；第 15 卷是从亚当到大洪水时的人类，这是两城同时发展的阶段；第 16 卷是从亚伯拉罕到大卫的历史，是以色列人早期历史，是上帝之城的发展；第 17 卷是以色列人列王到耶稣的诞生，上帝之城在曲折地发展；第 18 卷讲述了与以色列人历史并列的俗城，主要是亚述、希腊和罗马的历史；第 19 卷对圣城和俗城的区分作了理论上的说明；第 20 卷讲最后审判、末世论。到最后审判之后，这两个城就分开了。在此之前，这两个城都是合在一起的，不可分的。到最后审判的时候，这两个城在时间上和空间上都分开了：在空间上，生活在圣城里的人就可以上天堂，生活在俗城里的人就下地狱；从时间上讲，历史已经终结了，俗城的人在地狱里得到的是永恒的惩罚（第 21 卷），圣城的人在天堂得到的是永恒的幸福（第 22 卷）。我们所讲的"历史终结"是历史神学的一个概念，并不是黑格尔最先提出来的。"终结"是什么意思呢？它是指时间停止了、凝固了。这就是本书的概要。

《上帝之城》已有中译本，人民出版社 2006 年出版了王晓朝翻译的《上帝之城》是部巨著。这本书值得一读，特别是爱好历史的同学，可以增长不少历史知识，总的来说，这本书历史感特别强，引用的历史资料非常多。在这本书里，奥古斯丁没有作太深奥的哲学思辨和论证，他在谈论观点的时候，用了很多历史故事，包括神话、传说。如果直接看英文版会比较困难，这倒不是因为这本书的思想难懂，而是里面涉及很多专有名词，如人名、神名、地名，比较难读。王晓朝的翻译解决了这个问题，读中文版可以省去很多查字典的工夫，很快搞清楚讲了什么人、什么地方、什么事件等。

我们选《上帝之城》中哲学意味比较浓的三部分，即这本神学著作中哲学论证和说明比较集中、比较明显的部分来讨论。

第一部分选自第 8 卷，奥古斯丁在反驳异教能够带来不朽的幸福的观点的同时，对希腊哲学作了一个总结。这是从基督教的立场写的一部希腊哲学史，和以前我们读到的亚里士多德的《形而上学》第一卷有同样的风格，都是黑格尔式的哲学史的写法，即按照自己的观点挑选、总结、整理以前的史料，用以前的哲学家的观点来为他的哲学体系服务。

第二部分选了第 12 卷的"对恶的解释"。奥古斯丁在很多著作里都提出了对恶的解释,这次是在圣城和俗城的产生的背景中提出恶的来源问题。《创世记》用了一个隐喻:"光明和黑暗"。本来世界是一片混沌,没有任何光,上帝认为应该有光,这样就有了光。有了光以后,还有黑暗,于是从创世第一天就有了光明和黑暗的区别,而白天和夜晚交替是在创世第二天才有的。如何理解呢? 奥古斯丁把光给实体化了,认为光是上帝创造的光明天使。《圣经》非常强调光,比如《约翰福音》说:"那光是真光,照亮一切生在世上的人。"[1] 奥古斯丁提出"光照说",认为上帝是真理之光。现在,他说,上帝创造的光就是天使,那么黑暗是什么呢? 也是天使,却是堕落的天使。光明天使是善,黑暗天使就是恶。这样,他用了"光明和黑暗"这两个天使来解释善恶的起源。从这里可以看出,奥古斯丁还是保留了早期所受的摩尼教的影响。所不同的是,摩尼教相信有两个本原,即光明和黑暗,光明和黑暗都是上帝,人类历史就是这两个上帝之间的斗争。摩尼教也相信,光明之神最终一定会战胜黑暗之神,但在摩尼教里没有更高的上帝。奥古斯丁皈依了基督教之后,相信上帝是唯一的全知全能全善的神,他把摩尼教的上帝放到了天使这个层次,这说明奥古斯丁并没有完全放弃摩尼教。摩尼教是他年轻时所受的影响,一个人在年轻的时候所受到的影响是很难改变的。奥古斯丁把《圣经》的"光明和黑夜"当作善恶两类天使,他必须在理论上解释天使为什么会堕落,为什么会变恶。堕落天使就是《圣经》里说的魔鬼,如果说上帝创造的一切都是好的,那么为什么他会创造魔鬼呢? 奥古斯丁起初不是解释人类的恶,而是解释堕落天使的恶。

生问:奥古斯丁似乎在谈论天使,但实际上是在谈天使和人类所共同的善和恶。正如他所说:"还需要对天使作一些说明,以便能够阐明:为何我们不应当称有四个城和社会——两个属于天使,另两个属于人类,而是只有两个——一个由天使和人之中的善者组成,而另一个由恶者组成。"(教材,144)在他看来,真正在上帝之城中划界的并不是天使和人之间不朽和有朽的差

---

1 《圣经·约翰福音》,1:9。

别,而是作为两座城的本质的善与恶的差别。

我认为确实是这样。这一段关于天使的论述同样适用于对人类恶的解释。这是因为,奥古斯丁在讲圣城和俗城的起源,两城的起源不是从人类开始的,而是从《圣经·创世记》第一章就讲述的光明和黑暗的对立开始的。奥古斯丁把两者实体化为两种天使,用现在的话说,是为创世说提供了一个形而上学或本体论的基础。在此基础上,他用天使的堕落解释恶的起源,人的伦理之恶和天使的堕落有着同样的原因。

第三部分选自第19卷,奥古斯丁对"上帝之城"和"地上之城"下了定义,这个定义既是从爱的角度,又是从和平的角度来谈的。他从和平这一角度对"圣城"和"俗城"所下的定义,有一个共同点。即使是俗城,其根本的功能也是维持和平,俗城的这一功能对圣城是有帮助的,是实现上帝之城这一最终目标的不可或缺的工具、途径,也就是说,只有通过实现地上的暂时的和平,才能达到上帝之城的永恒和平这个目的。从和平的角度看,地上之城以暂时的和平为其目的,上帝之城以永恒的和平作为其终极目的。在第19卷,我们可以更清楚地看到,上帝之城和地上之城并不完全是对立的。如果从爱的角度来定义,则两城是对立的:爱上帝甚于爱自己的人所组成的群体是上帝之城;爱自己甚于爱上帝的人所组成的群体是地上之城。从和平的角度,我们可以更清楚地看出这两城在人类历史上互相交错、不可分离的关系。

二、

奥古斯丁和新柏拉图主义

生问:老师是否能对奥古斯丁与柏拉图及新柏拉图主义之间的继承和变革关系,作更详细的解说?

我记得在讲柏拉图的《理想国》的时候,已经涉及这个问题。有个同学认为柏拉图对基督教神学有很大的影响,我当时说,柏拉图主要是通过新柏拉图主义来影响基督教神学的。在我们的教材里，奥古斯丁讲到了柏拉图和柏拉图主义者（Platonist）。那时候没有新柏拉图主义这个说法，"新柏拉图主义"是我们现代西方哲学史的研究者所使用的一个词，当时柏拉图的正宗传人叫"学园派"。在奥古斯丁的著作里，有反驳学园派的论述，《上帝之城》有专门的章节反驳学园派，他还专门写过一本书，即《驳学园派》。学园派用怀疑和反讽的方法，即用反面的读法来理解柏拉图的对话，这种读法不是现代人发明的，它是古代学园派的一个传统。奥古斯丁讲的柏拉图主义实际上就是新柏拉图主义，其特点就是系统化甚至教条化柏拉图的思想，也就是我们讲的正面的读法，把柏拉图对话里苏格拉底讲的话都当作正面的结论，然后系统化为一个理论。奥古斯丁讲的柏拉图主义就是系统化、教条化的新柏拉图主义，普罗提诺、普洛克鲁斯、扬布里柯等当时的新柏拉图主义者创造的都是这样的体系。这些体系是可以在柏拉图的著作找到一些根据的，只是把柏拉图的学说教条化、系统化了。奥古斯丁所欣赏的就是现在我们所称的新柏拉图主义者。他说："柏拉图主义者比任何哲学家都更接近于我们。"

关于奥古斯丁和新柏拉图主义的关系，现在的研究者有不同的看法，有的抱着肯定和欣赏的态度，有的持批判的态度，比如意大利学者雷里（G. Reale），他不仅是研究亚里士多德的专家，也是研究奥古斯丁的专家。他对基督教时期的新柏拉图主义有这么一个看法，即认为当时的新柏拉图主义者分异教和基督教，异教和基督教都利用了新柏拉图主义。很多新柏拉图主义者都是反对基督教的，包括新柏拉图主义的主要代表人物，都是非基督徒甚至是反基督教人士；基督教护教士也在利用新柏拉图主义为基督教辩护。雷里发现了两者的一个差异：异教的新柏拉图主义的系统越来越复杂，而基督教的新柏拉图主义把复杂系统简单化。[1]普罗提诺本来已经创造了一个体系，就是"太一、理智或理念、灵魂"的"三位一体"，后来的新柏拉图主义者把这个体系越来越复杂化，按照一分为三的方式，即"太一"、理念、灵魂各分成三部分，一直这样分，可以分成很多更小的理念，小的"太一"、小的灵魂，每一个灵魂都和希腊罗马他们所信奉的神祇相对应，形成一个多神教的体系。把本来就很复杂的多神教的体系用哲学的语言分门别类，安排成

---

1 G. Reale, *Augustine and His Critics*, ed. R. Dodaro, Routledge, 2004, p. 41.

复杂的等级，这就是新柏拉图主义体系的复杂化倾向。

　　奥古斯丁是基督教新柏拉图主义的一个代表。由此可以解释，奥古斯丁在引用柏拉图主义的时候，为什么没有引经据典，他除了引用《蒂迈欧篇》《斐多篇》中比较简单的结论、观点之外，很少直接引用柏拉图的对话，也没有引用新柏拉图主义者普罗提诺等人的著作。现在一些学者怀疑，奥古斯丁是否真正读过、真正理解柏拉图主义的著作，是否真正研究过新柏拉图主义。雷里的解释解决了这个问题。他认为，基督教的新柏拉图主义既然要把复杂的体系简单化，就要抓住新柏拉图主义与基督教的共同之处，作简单明白的分析。奥古斯丁也许没有细读过很多新柏拉图主义的著作，更别说柏拉图的对话了，但是他基本上掌握了新柏拉图主义最扼要、最有用的部分；柏拉图的著作很多，但他抓住了为他所用的部分，用"我注六经"的方法予以发挥。所以，我认为不能用一个学究的态度质疑奥古斯丁是否懂新柏拉图主义或懂多少新柏拉图主义，关键是看他怎样利用新柏拉图主义，是不是利用得巧妙，是不是成功，是不是达到了为基督教辩护的目的。从功用和目的上看，奥古斯丁做得很成功。

　　现在国外学界对奥古斯丁和新柏拉图主义传统的研究提出的另一个重要问题是，奥古斯丁到底是把柏拉图主义基督教化了，还是把基督教柏拉图主义化了？对这个问题有不同的理解。有学者认为整个基督教传播的过程就是基督教希腊化的过程。比如，德国的新教神学家哈纳克（A. Harnack）写了著名的《基督教神学史》，高度评价了基督教的希腊化，并认为基督教的希腊化就是基督教教义和希腊哲学的结合，这一结合在《圣经》里是有根据的，《约翰福音》里运用了"逻各斯"这个概念，而整个希腊哲学就是"逻各斯中心主义"。"逻各斯"在《约翰福音》里就是圣子即耶稣基督。哈纳克说，当《圣经》用"逻各斯"来表示耶稣基督的时候，已经宣布了基督教和希腊哲学结合的开端。[1] 以后的护教士所做的工作，就是沿着这个方向，在奥古斯丁那里达到了一个顶峰，最终完成了改造基督教使之希腊化的过程。

1　E. Gilosn, *History of Christian Philosophy in the Middle Age*, Random House, New York, 1995，p. 5.

　　另一方面，有人反对基督教柏拉图主义化的说法。比如，瑞典的一个主教和神学家尼格伦(A. Ngren)写过一本很有名的书，题目是 *Erros and Agape*。Erros是柏拉图讲的爱欲；Agape 就是《圣经》里的爱，是上帝对人的爱和人对上帝的爱，有人把它叫作"圣爱"。尼格伦认为这两种爱，即希腊之爱和基督教之爱，是根本对立的，一是俗爱，一是圣爱，他指责奥古斯丁在《上帝之城》里创造了一个新词chritas，即英语的 charity，是"仁慈""仁爱"。尼格伦指责说，奥古斯丁用这个词混淆了 erros 和 agape 的区分，即混淆了基督教之爱和希腊哲学之爱的根本区别。他认为奥古斯丁错误地利用新柏拉图主义，引进了基督教当中没有的世俗的希腊哲学的成分，损害了基督教之爱。[1]　另外，法国的中世纪哲学史的权威人物吉尔松也指责奥古斯丁把上帝的"创世说"与普罗提诺讲的"流溢说"相混淆。流溢说是说"太一"是以流溢的方式创造了理智世界和灵魂，流溢引用"光"这个比喻，好像是太阳不断地发射自己的光芒而无损于自身的完美。吉尔松指责奥古斯丁把上帝的创世当成是光的流溢，这忽视了基督教教义和新柏拉图主义的根本区别。[2]

　　这些学者把奥古斯丁和新柏拉图主义的关系理解为信仰和理性的关系，好像奥古斯丁所做的工作就是用信仰来改造理性或者说用理性来为信仰服务，他对哲学的理性似乎没有太大兴趣和实质贡献，似乎他的理性是从新柏拉图主义那里借来的，而他所做的贡献是利用这种理性为信仰服务。我认为不能这么说，在这一方面，我找到了一个知音。S. Maun 在《笛卡尔和奥古斯丁》中说了这么一句话："奥古斯丁相信，基督教在理性的内容上也超过了柏拉图主义，不仅是因为其信仰正确，是真宗教，而且在理性内容上超过了柏拉图主义。"[3]我认为这个判断对于新柏拉图主义来说还是正确的，因为在奥古斯丁时代，新柏拉图主义已经成为一种迷信。新柏拉图主义在普罗提诺的时候还是很理性化的，虽然存在教条化倾向，但是发展到后来，被系统化、复杂化之后，它把许多大大小小的实体变成了民间宗教中的神，与民间的宗教结合在一起。在奥古斯丁眼里，这是一种坏宗教，是

1　A. Ngren, *Erros and Agape*, SPCK, London, 1953, pp. 449 – 451.
2　E. Gilson, *The Christian Philosophy of Saint Augustine*, Random House, 1967.
3　S. Maun, *Descartes and Augustine*, Cambridge University Press, 1998, p. 195.

一种偶像崇拜，其理性内容已经很少了。所以，奥古斯丁不仅仅用基督教来反对坏宗教，还用理性来反对迷信，这可以看作奥古斯丁神学的一个主调。奥古斯丁对柏拉图、柏拉图主义一开始是作正面评价的。他说，离我们最近的希腊哲学家就是柏拉图。他接着作了些具体分析，把希腊哲学分成三支，即自然哲学、道德哲学和理性哲学，在这三个分支当中，柏拉图主义是最优越、优点最多的，也最接近于基督教。他把这三方面都和基督教作了对比，认为这些思想不仅在信仰上最接近于基督教教义，而且比较理性。但到最后他也对柏拉图主义进行了批判：虽然新柏拉图主义也认为最高的神只有一位"太一"，或柏拉图所说的最高的理念、最高的神——善，虽然他们认识到这个真理，但仍然陷入偶像崇拜。反对偶像崇拜、反对希腊罗马多神教的精神以及与多神教相结合的哲学，这是《上帝之城》前10卷的主题。在此，奥古斯丁并不是说新柏拉图主义太理性化，而是强调它的非理性化的一面，说它是坏宗教、迷信。他是从两方面进行批判的，一方面是好宗教、真正的宗教和坏宗教的对立；另一方面是理性和迷信的对立。

不能说奥古斯丁只是强调信仰而不强调理性，其实他的理性很强。奥古斯丁对"信仰"下了个定义，即以赞成的态度去想。信仰不是没有思想，思想有两种，一种是以怀疑的态度去想，这是学园派的态度，对什么事情都先怀疑、先否定、先打个问号，然后去思想。但奥古斯丁认为这是不可能的，因为有些东西是不能否认的。他认为至少有三条是不能否认的：第一，我存在；第二，我活着；第三，我在思想。这三条是无法否认、不能怀疑的，不管是否意识到这三条，都只能赞同这三条，才能够思想。[1] 因此，只有先持赞成的态度，才可能充分利用理性去思考其他问题。这和笛卡尔说的"我思故我在"一样，只是奥古斯丁把"我思"放在最后。奥古斯丁问道，我为什么会思想？我的思想是从哪儿来的？要回答这些问题必然归结到思想的终极原因，即上帝的真理，上帝的存在。从奥古斯丁对信仰的论证来看，他的信仰里面本身包含理性，包含思想，没有把二者完全对立起来。如果联系到具体问题，这一点会看得更清楚。

生问：《上帝之城》中引用的经文"I am who I am"，在和《圣经》合本里被

1　参见奥古斯丁《论自由选择》，2卷3章7节。

译为"我是自有永有的"。奥古斯丁的研究者周伟驰在他的《记忆和光照》一书中主张将这句话译为"我是我所是",认为把上帝称作"实体"不恰当,恰当的称呼应当是"是""是者"。但是,杨适先生在这本书的序言里不赞成这种译法,他提出,从这段《圣经》的希伯来原文看,"我是我所是"的翻译是不准确的。因为按照《圣经希伯来文希腊文对照详明大辞典》,英文 am 的希伯来文是 hayab, hawyaw,其原意正是"存在"(to exist)的含义,并与"呼吸"和"生存"的含义联系在一起,而不仅是一个系词。这些都是实意动词的用法,不是单纯系动词或助动词的含义。因此,和合本的译法还是比较准确的。在《上帝之城》中,奥古斯丁强调上帝是真实的存在,不可朽坏,没有变化,奥古斯丁不断提到上帝和 being 的关系,说上帝是 the author of being, supreme being, absolute being。可以看出,奥古斯丁是从存在的方面来表述上帝的,和合本的"自有永有"的译法同时包含了"存在"和"永恒"的含义,是不是更好一些?

我们又碰到了 being 的意义的难题。我在前面说过,being 现在有"是者""存在"和"有"三种不同的翻译,我主张在不同的语境中选择其中的一种。在希伯来文的圣经里,我同意耶和华的那一句话强调的是呼吸、生存、活着,即 living 这个意思,当上帝说"I am who I am",从希伯来文原意上讲,即"我是活着的",没有什么深奥的意思,它既不表示"我是我所是",也不表示"我是自有永有",而是表示"我是活着的神",I am 就是"活着",即"living"。《圣经》里用的都是生活当中、日常当中的最常见的词语。耶和华为什么要说"我是活着的"呢? 其实他是在说,我是活着的神,不是没有生命的偶像。他区别了活神和偶像,《圣经》里有很多类似这样的话。比如,摩西在西奈山上见到耶和华之后,定下了十诫,他下山以后,发现以色列人做了一个金牛犊作为最高的神来崇拜,马上就把这个金牛犊销毁掉。神是活着的神,起作用的真神,是通过真气、气息与人交流的。《圣经·创世记》里讲上帝在亚当的鼻孔里面吐了一口气,亚当就获得了灵魂,所以人的灵魂就是气,就是希腊哲学里讲的"普纽玛"(pnuma),《圣经》里译成"灵"。在斯多亚派的那里,pnuma 是气息,与中国哲学里讲的"魂魄"是"气"有相同之处。在《圣经》里,上帝是有生气的、活着的,是可以通过气息和人的灵魂相通的,不能把上帝过分哲学化,说上帝是"是者"或"存在"。

但是,奥古斯丁把上帝与哲学概念联系在一起,可以说他把基督教哲学化或柏拉图主义化了。当他说上帝是 being 的时候,being 指"是者"还是"存在"呢? 这是现在哲学家争论的问题。我承认,the author of being, supreme being, absolute being 这样的语词是在说上帝是存在的创造者、最高存在、绝对存在,等等。但是,当他用上帝的 being 与柏拉图所说的 being 进行比较时,把 being 理解为"是者"更好理解一些。比如,奥古斯丁引用《圣经·出埃及记》里耶和华自称自己的名字是 "I am who I am"时,他解释说,这句话的意思是,"上帝才是不变的、真正的'being',而所有可变的东西既是又好像不是什么(all mutable things are as if they were not)。而柏拉图对这一真理有着充满热忱的认知,孜孜不倦地教导它"(教材,143)。大家可以看看《理想国》,柏拉图在区别知识和意见时正是这样说的,知识的对象是确定的是者,而意见的对象既是又不是一个东西,好像这样一个谜语:一个不是男人的男人,看见又看不见,用一块不是石头的石头,打又没有打一只站在不是一根棍子的棍子上的不是鸟的鸟。柏拉图说:"这些东西具有含糊的两重性,使人不能明确地知道它们中任何一个是或不是什么,也不知道它们都是或都不是什么。"[1] 在这样的语境中,把 being 翻译为"是者",才能把论辩的理由说清楚;如果翻译为"存在"或"存有",我们看不出柏拉图为什么要用那个谜语来比喻意见,奥古斯丁为什么说可变事物既存在又不存在。所以还是要在语境中理解 being 的不同意义和译法。

生问:奥古斯丁在《忏悔录》11:14,29 和 11:1,13,11:29,12,以及《上帝之城》中提出了他的时间学说。罗素认为奥古斯丁提出了"主观时间说",因为他说我们以自己的意识流逝来测量时间。罗素认为奥古斯丁的主观时间取消了上帝创造时间说,因此与他的神学教条相冲突。但 Roland J. Teske 提出,奥古斯丁虽然主张时间是心灵的伸展,但并不导致主观说,因为他和普罗提诺一样,也认为有一个世界灵魂或普遍的灵魂,保证了个人心灵的伸展不是主观的、个人的,而是普遍的。

---

1 柏拉图:《理想国》,479b.

我认为,"主观时间"和"客观时间"的两种解释提出了一个现代哲学所关心的问题。关于时间问题,《上帝之城》虽有论述,但不如在《忏悔录》里讲得好。《忏悔录》专门用了一卷来讨论时间,罗素在《西方哲学史》里认为这一卷是奥古斯丁全部著作当中最好的纯哲学的部分,因为奥古斯丁的主观时间说摆脱了神学教条。但罗素对奥古斯丁的理解有问题。当奥古斯丁说时间是思想的延伸时,他说的是上帝思想的延伸。上帝是永恒的、没有变化的,上帝的思想当然也不会有过去、现在、将来的变化,上帝想到,应该有时间,于是时间就随着世界一起被创造出来了。但人也意识到时间,按照柏拉图主义的理解,人的思想是对上帝思想的模仿。上帝思想中的时间是永恒不变的,而人的思想中所模仿的时间是有变化的。上帝的永恒不变的时间原型在人的思想中模仿成"现在",当奥古斯丁说"时间是思想的延伸"的时候,他说的是,时间是"现在"的延伸,过去是"现在"的回忆,未来是"现在"的期望,时间是由一系列的"现在"所组成的,在每一个"现在"都会有过去和未来,未来和过去分别是"现在"的向后的延伸或者是向前的延伸,虽然这是一个主观的时间,但是它是对永恒的客观的时间模型的模仿。[1] 这是奥古斯丁对时间的解释。

虽然我们不知道奥古斯丁看了多少亚里士多德的书,理解了多少,但通过比较可以发现,奥古斯丁的时间观与亚里士多德的时间观很接近。亚里士多德在《物理学》当中给"时间"下了个定义:时间是运动的一个记数,灵魂就是运动的记数者,因此,没有灵魂也就没有时间。难道可以说亚里士多德的时间观是主观的?其实这对于亚里士多德不是个问题,对他而言,灵魂是永恒存在的,他讲的灵魂包括神的思想。亚里士多德的神学最后说,神是思想的思想,是纯思想。按照这一逻辑,即使没有人类存在,只要有神的推动,就有运动;有神的思想的记数,就有时间。亚里士多德还说,每一个记数的单位就是"现在",时间就像一条直线,直线上有很多点,每一个点就是一个"现在",这些可数的点构成了时间的系列。时间就是这样由灵魂的记数活动产生的。[2] 这是主观还是客观?近现代哲学拘泥于主观和客观的区分,一看到"灵魂""思想"这样的语言,就认为这是主观的。

---

1 参见奥古斯丁《忏悔录》,11 卷 20 章 26 节。
2 参见 Aristotle, *Physics*, 220a 25。

其实在古代，在亚里士多德那里，在柏拉图那里，在奥古斯丁那里，灵魂、理智、思想，即使属于人类，也不能说是主观的，因为人类的灵魂、理智、思想，都有一个永恒的原型，这个永恒的原型是客观的。所以奥古斯丁的时间学说并不是主观主义的。

除了看到奥古斯丁与柏拉图主义的联系外，还要注意他与亚里士多德相一致的地方，他们都强调时间的现在性，这就是海德格尔所批判的"在场"。"在场"就是当下，就是现在。海德格尔认为以前的时间观念都强调时间的现在性，所以叫在场的形而上学。海德格尔在哲学史上选择了几个哲学家进行分析，作为在场的形而上学的典型，第一个是亚里士多德，第二个是奥古斯丁，还有莱布尼茨。在场的形而上学虽然有缺陷，但不是一个主观的学说，而是一种存在的理论，这一点海德格尔讲得很对。在场的形而上学仅仅把过去和将来看成是现在的延伸或重复，没有看到面向将来对存在具有更重要的意义，因此，海德格尔的批判很有意义，他不是强调主观和客观的区分，而是从存在论的角度，或者从形而上学的高度来看过去、现在和未来之间的关系。

奥古斯丁的时间观虽然很理性，但与神学教条并不矛盾；相反，他的时间观有一个宗教背景，有护教的目的。异教徒提出了这样一个问题：《圣经》里说第一天创造了什么，第二天创造了什么，但一开始没有白天和黑夜，哪来第一天呢？如何解释第一天？这是一个理性的挑战。对此，奥古斯丁说，时间是上帝一开始就创造了的。上帝在瞬间创造了世界，这个"瞬间"被留在人的思想中，在人的思想中延伸，"七天创世"说的是人的思想对上帝创世的认识，是比喻。他机智、理性地回答了关于创世的诘难。他的时间学说是他的瞬间创世说的一部分，既不是与信仰相对立的理性，也不是利用理性的信仰，而是包含着思想的信仰。

三、

神正论和"自由意志"辩护

《上帝之城》第 12 卷的主题是对恶的哲学解释。对恶的思考在奥古斯丁思想中占据重要位置。基督教信仰唯一的全知全能全善的上帝,这样就产生了一系列问题:上帝造出的人为什么会犯罪? 世间的恶来自何方? 当时的伊壁鸠鲁利用恶的来源问题否证了基督教信仰的全知全能全善的上帝。他说,如果恶出自上帝创造,那么上帝就不是全善的;如果恶不是上帝的创造,那么它的出现是上帝不能阻止的;如果上帝是因为不知道恶的存在而没有去阻止它,那么他就不是全知的;如果上帝是因为没有能力去阻止它,那么他就不是全能的。总之,恶的存在与上帝的全善、全知、全能相矛盾。这些问题严重困扰着神学家。奥古斯丁写了一系列著作,力图证明恶的起源和性质与上帝的存在不矛盾,开创了基督教神学的神正论的传统。

  生问:在恶的问题上,有神正论和护教论两种立场。护教论以普兰丁格为代表,他提供了严格的逻辑分析说明上帝与罪恶可以共存。他说,上帝虽然全能,但至少有一个世界是上帝不可能创造的,这就是一个只包含道德上的善而没有伦理上的恶的世界,只要上帝创造的人具有自由意志,世界将成为什么样就取决于上帝的能力和人的自由选择。我的问题是:如何看待这两种立场? 护教论是否比神正论更好地回答了伊壁鸠鲁的诘难? 为什么上帝创造人的自由意志优先于创造全善的世界?

  如果仔细阅读奥古斯丁的著作,我们就可以发现,现在区分出的神正论和护教论这两种立场,奥古斯丁都有。奥古斯丁在前期的《论自由选择》里说,恶不是上帝创造的,而是出自人的自由选择,人的灵魂不去追求比自身更高的上帝,而是沉溺于比自身低的肉体,这是自然本性的悖逆或"缺乏",是上帝创造的存在的反面。但是,他立即进一步的诘难:上帝为什么不创造只能行善、不能作恶的自由意志? 奥古斯丁回答说,如果这样的话,那将没有公正可言。因为人只对他自由选择的事情负责,如果人只能行善不能作恶,即使他行了善,他也不会因为这个善而得到奖赏;同样,即使他作了恶,也不必为此受到惩罚。于是,奥古斯丁说,为了显示上帝的惩恶扬善的公正,人必须具有选择善恶的自由意志,上帝在最后审判的时候,根据一个人所选择的善而奖赏他,根据一个人所作的恶而惩罚他,这就是上帝的公正,也就是说,人类所选择的善恶正是为了衬托上帝的公正。这是"神正论"(theodicy)的本意,这个词来源于两个希腊词:"神"(theo)和"正义"(dike),它的意义是:因恶的存在而显示出上帝的正义。其中也包含着现在所说的护教论的辩护:人的自由意志与上帝的全能并不矛盾。

生问:神正论要阐发的核心命题是:"上帝创造了一个有罪恶的世界,但他这么做是有充足理由的。"如果上帝有一个足够好的理由,为了人类的长远福利而使得世界成为这个样子,还可以说得过去,但如果只是为了在最后审判时显示上帝的公正,而让这个世界罪恶泛滥,灾难深重,上帝为了这个目的是不是使用了过于残忍的手段? 上帝是不是也有其他方法来达到他的目的?

我记得还有一个同学也提到,上帝好像为了显示他的公正,对人间的恶采取了一种冷眼旁观的态度,最后审判的时候才显示出他的公正,这样的上帝太没有爱心了。英国的一个哲学家麦基(Mackie)写过一篇文章,反驳"神正论"。他说,如果为了更大的善而允许恶,那么在自然界和人类社会为什么会有那么多不必要的恶? 也就是说,这些恶根本就不是实现善的目的。按照奥古斯丁的观点,我们在自然界看到的弱肉强食、自然灾害、生老病死,这些都是自然的恶,自然的恶从局部来看是恶,从整体来看,它是有秩序的安排。对此,麦基举了一个最简单的例子。猫吃老鼠是自然的恶,符合自然界生态平衡,但关键是,有的时候猫为什么要那么残忍地对待老鼠? 猫抓到老鼠之后并不马上吃掉,而是先把它放掉,再抓住,再放掉,直至把它折磨个半死,不敢跑了,才把它吃掉。这种恶就是过分的、不必要的恶,没有任何服务于自然整体秩序的意义。[1] 一些非常惨烈的自然灾害,也是不必要的恶。18 世纪刚开始的时候发生的里斯本大地震,造成了大量伤亡。人们问:仁慈的上帝为什么要用那么惨烈的手段来残害人呢? 即使要减少人口,也没有必要用这样残酷的手段。这一事件引起了一些哲学家,如伏尔泰和莱布尼茨,重新思考恶的问题。20 世纪的奥斯威辛集中营不是自然的恶,而是伦理的恶,集中表现了惨绝人寰的人为罪恶。奥斯威辛之后,很多人的上帝观发生了根本的动摇。如此巨大的恶难道仅仅用来显示上帝的公正吗? 是为了惩罚少数法

---

1 参见 J. L. Mackie, "Evil and Omnipotence", in *Mind* 64(1955), pp. 200 - 212。

西斯分子,还是为了惩罚犹太人?在奥斯威辛集中营里,犹太教徒和基督徒信仰的上帝都是耶和华,他们呼喊上帝,上帝在哪里?为什么没有显示善的迹象?这些事实都无法得到解释。所以,神正论遇到的最大的问题是,不能用上帝的公正这一目的来解释不必要的恶。于是有人又说,上帝也许有另外的目的,只是我们人类不知道而已。正如有同学指出的,神正论者如果以某种不可知论的基调来推测上帝的目的,其实与无神论者一样对上帝不敬。

普兰丁格为自由意志辩护的护教论,一个优点在于,它不涉及上帝允许恶的目的是什么的问题,只是澄清人的自由意志与上帝的全能是否有逻辑矛盾。他用逻辑证明的办法说明,上帝给人自由意志,自由意志所产生的恶与自由意志不矛盾,与上帝的存在也不矛盾。普兰丁格承认,不矛盾只是一个最低的(minimal)要求,我们无法给予更多论证的道理要留给信仰。比如,上帝为什么要给予人自由意志?或者如有的同学所问的:为什么自由意志比全善的世界具有优先性?按普兰丁格的辩护,那就只能相信《圣经》中上帝按照自己的形象造人的说法。对于接受了这一信仰的人来说,理性和信仰并不矛盾,恶是可以解释的,这样就可以心安理得了。[1] 所以说,普兰丁格采取了护教论的辩护,他并不是想通过辩护使非信徒相信有一个全知全能全善的上帝,并皈依上帝,而是要为信仰提供一个最低限度的逻辑上的证明,证明它和理性至少是不矛盾的,这就足够了。要想得到更多的启发,就要到信仰当中去寻找。

这个辩护是否就不存在问题呢?我认为仍然有问题。首先,从自由意志的概念来分析,为什么人有了自由意志就会选择恶?按照奥古斯丁的解释,那是因为错误地选择了一个对象,意志是一个灵魂的状态,它本身没有恶,但当意志错误地朝向了一个对象的时候,就产生了恶。按照这种解释的逻辑,意志力越强,能力越大,那么作恶的可能性就越大。奥古斯丁明确地说,邪恶的天使因为有更强大的能力,其所作的恶更大。但另一方面,善的天使好像独善其身,并不帮助人类抵御和摆脱恶的天使的控制。在获得上帝的恩典之前,人类完全无助,能力较强的恶

1　参见 A. Plantinga, "The Free Will Defence", in *God*, *Freedom*, *and Evil*, Eerdmans, Grand Rapid, 1977, pp. 12 - 49。

人统治能力较弱的恶人,恶魔统治着整个人类。用奥古斯丁的话说,人类丧失了自由意志,完全受罪的奴役。有人问:奥古斯丁是否相信自由意志? 实际上奥古斯丁后来放弃了早期认为的那种可以自由选择善恶的意志。根据"魔鬼学"的解释,他认为,人类堕落之后,已经在撒旦的奴役之下,正如《圣经》所说,"全世界都卧在那恶者手下"[1]。既然是这样,人类已经失去了选择善的能力,根本就没有行善的自由了。匍匐在罪的统治之下,怎么能有自由呢? 奥古斯丁早期是为自由意志辩护,但到了后期,他不再为自由意志辩护,而为上帝的恩典辩护:正是因为人已经丧失了自由意志,已经在罪的奴役之下了,所以只有上帝的恩典才能拯救人类。上帝的恩典不是人的选择和努力所能达到的。什么是恩典? 白白赐予的才是恩典,不是自己挣来的,不是通过避恶行善的功夫一点一滴地取得的。恩典类似于禅宗里的"顿悟",也就是"因信称义",但是"信"不是指自己得到的信仰,而是上帝给予的信仰。上帝白白赐予你信仰,而不是作为做了善事的回报。如果是作为做了善事而得到的回报,那就不叫恩典,而是应得的奖赏。在被拯救之后,人类恢复了自由意志,但这不再是有可能选择恶的意志,而是追求上帝的自由意志。奥古斯丁最后得出这么一个结论,把早期的选择善恶的自由转变成行善避恶的自由。可以说,他早期和晚期对自由意志的看法完全不同。

到后来的宗教改革的时候,路德宗基本上否认选择善恶的自由意志,否认人有选择恶的自由,认为那不是自由,而是罪恶,只有恩典才能使人摆脱这种罪恶,让人恢复行善的自由,即自由意志。加尔文派也强调自由,但只有行善才是自由,作恶却不是自由。他们提出了上帝的"预定论":自由是上帝的预定,只有选民才有自由,弃民没有自由。但问题是:上帝凭什么决定谁是选民谁是弃民? 既然大家都在罪的奴役之下,上帝凭什么决定哪些人是选民,哪些人是弃民? 加尔文引用保罗在《罗马书》中的教义说,人没有权利提这个问题,正如一个动物没有权利抱怨上帝为什么把他造成动物而没造成人,正如一个陶器不能抱怨陶匠为什么不把它做得更好看一点,人没有权利这样抱怨,那是上帝的自由。[2] 上帝的意志自

---

1 《圣经·约翰一书》,5:19.
2 参见《罗马书》,9:21。

由是绝对的,他要哪些人是选民,哪些人是弃民,没有也不需要有人能理解的理由。

从以上的思想发展历程来看,为意志自由辩护导致的结果是取消了人的选择的自由,人被恶人和恶魔统治而丧失了意志自由,最后把所有希望寄托于上帝的恩典,最后的结果不是为人的自由意志辩护,而是为上帝的恩典辩护,为上帝预定"选民"和"弃民"的绝对自由辩护。神正论曾面临着为了上帝的公正是否允许不必要的恶的问题;现在,出现了类似的问题:难道为了上帝的恩典,为了少数人获救,人类就必须承担如此巨大的罪恶和灾难吗?

四、

"平庸之恶"和"恶的缺乏因"

上面讲到,在恶的问题上,神正论的解释和自由意志的辩护都不能令人满意。那么奥古斯丁能否给我们一些有启发的思想?

我想从汉娜·阿伦特(Hannah Arendt)的《艾希曼在耶路撒冷》一文说起,该文的副标题是:一份关于平庸的恶的报告。[1] 这是她去耶路撒冷旁听纳粹党徒艾希曼(Adolf Eichmann)受审时写的感想。艾希曼是纳粹集中营的军官,犯下滔天罪行,二战后逃跑了,后被以色列的情报员抓获,1962年在耶路撒冷受审。《纽约时报》请阿伦特作记者报道此事。阿伦特不愧是哲学家,她写了一篇非常深刻的论文。她说,在庭审中让她感到惊讶的是,艾希曼这个杀人魔王表现得如此温文尔雅、彬彬有礼,甚至能够一字不差地把康德的"绝对命令"背下来。艾希曼说,我做的就是执行我的义务,义务之外的事情我不懂。阿伦特说,艾希曼的行为好像都是对康德道德思想的实践。好像他只是在执行上级的命令,最多不过是特别热衷,想要升官;但是最令她震惊的是艾希曼的无思想(thoughtless),纳粹犯下的

1　Hannah Arendt, *Eichmann in Jerusalem:A Report on the Banality of Evil*, New York:Penguin Book, 1963.

"绝对之恶"不过是这些无思想的人的"平庸之恶"构成的。不要以为恶就一定是大奸大恶，一个平凡的人，只要他失去了思想的能力，只要他没有了思想，那么他心中的一切善良就会一夜间被摧毁，马上就会做出骇人听闻的恶事。阿伦特说，根据她自己的经历，真正困扰我们的不是我们的敌人的行为，而是我们的朋友的行为，即使是持续一生的友谊，也可以在一夜间被摧毁。有些人平常是好人，但是到了关键的时候，由于他无思想，没有判断是非的能力，在随波逐流中，或在履行责任和义务的名义下，犯下罪恶。因此，恶实际上是一个很平庸的现象，根本不需要什么深刻的理由和原因。

"平庸之恶"的含义是什么呢？从哲学的角度来讲，从形而上学的角度来说，就是不要把恶想得太深刻，把恶的原因看得太高深，挖空心思为恶寻找理由；相反，只有善才值得我们去深思，加以深刻的理解，在实践中去弘扬。用奥古斯丁的话说，只有善才是上帝的创造，在自然界和人的本性中，善处处可见；恶是一种"缺乏"，是"非存在"，是原因的"缺乏因"。奥古斯丁对恶的本体论解释符合阿伦特的"平庸的恶"的观点。这也不奇怪，阿伦特的博士论文写的就是奥古斯丁。奥古斯丁对恶的观点潜移默化地影响了阿伦特。

在《上帝之城》中，奥古斯丁对恶的原因作了更详尽的分析。我们选了一段关于动力因（effective cause）和缺乏因（defective cause）的讨论。恶不是没有原因的，但不能把恶理解为动力因，而只能理解为缺乏因。"缺乏因"这个概念，奥古斯丁只在这个场合下使用过，其他人都没用过。缺乏因是什么意思呢？就是缺乏一个本性、缺乏一个本质而产生的原因。奥古斯丁说，如果恶有一个动力因，那么这个动力因（1）或者有意志，（2）或者无意志。

（1）如果它有意志，且（1a）它是善良意志，那么这个善良意志不可能是恶的动力因；（1b）如果是恶的意志，就有另一个恶的意志作为动力因，那么这样不断地往前推理，就会有第一恶的意志在这个因果序列上作为第一因。这又可以被分成两种情况：（1b-1）恶的第一动力因没有本性，因此不是原因；（1b-2）这个第一动力因有自己的本性，但恶不可能从这个本性中产生，因为一切本性自身都不是恶。但这一本性的变动可能会产生恶，这样又可以分成两种情况：（1b-2-1）如果它不造成伤害，它就不是恶的原因；（1b-2-2）如果造成伤害，那么这也是偶然的

（因为在变动中），和恶没有必然联系，因此也不是恶的动力因。

（2）如果恶的动力因是无意志的，有三种可能性：高于、等于或低于意志。（2a）如果无意志的原因高于意志，那它就是善，善不可能造成恶；（2b）如果无意志的动力因等于意志，那是自相矛盾的，因此，唯一的可能性是（2c）如果恶有一个动力因的话，那么这个动力因是低于意志的。

奥古斯丁接着问：什么样的低于意志的东西可以成为恶的原因呢？那不可能是人的身体或肉体。因为肉体本身并不是恶的，正如黄金本身并不产生恶，但对黄金的贪婪之心产生了恶。只是因为灵魂朝向了低于意志的肉体，才产生恶。意志朝向低于意志的东西，这就是缺乏因。缺乏是什么意思呢？缺乏并不是虚无，而是没有做应该做的事情。应该发生的没有发生，这就叫作"缺乏"。意志应该朝向比自身更高的善，却沉溺于低于自身的肉体，这就是缺乏，处在缺乏状态的意志是恶的原因，是"缺乏因"。

> 生问：奥古斯丁把"缺乏因"与"虚无"相联系。如果恶出自虚无，如果一切被造物都出自虚无，那么恶的"缺乏因"是不是必然的？如果是必然的，意志是否要为恶承担责任？恶的缺乏因是否与"无中生有"的创世论相矛盾？

我承认，奥古斯丁确实对缺乏因作了彻底的解释。人的意志为什么会有这种缺乏因？归根到底，上帝的创造是从无到有的创造，在人的本性当中，"无"和"有"这样两种成分都同时存在。但这一解释与"无中生有"的创造并不矛盾，因为缺乏是"有"朝向了"无"，这恰恰是对创造的悖逆，使上帝创造出来的"有"被"无"所吞没，因此是恶的最根本原因。从根本上说，不管是"无中生有"的创造，还是"有化为无"的毁灭，都没有必然性，前者出自上帝的自由意志，后者出自天使和人的意志的错误选择。人应该赞美上帝创造的恩典，同时对自己的错误负责。

奥古斯丁的解释虽然比较复杂，但是其最根本的就是把恶给平庸化了。宋明理学里有句话，"恶不与善对"，善"以一对万"。就是说，恶不是和善相对立的东西，恶是一个很低级的东西，有一个缺乏因，即在没有任何动力的情况下，在不知不觉的情况下，在没有自觉地选择的情况下，在放弃了自己的思想的情况下，它就悄悄地发生了，并且所发生的后果非常严重。从它的原因上来说，是很平庸的。

不必为恶作本体论的辩护,或者是找到它的一个终极原因,而要警惕日常生活中时刻有可能发生的这种平庸之恶。因此我认为阿伦特的"平庸之恶"或恶的平庸化,阐述了奥古斯丁关于恶的思想的精髓,到现在仍然有启发作用。

　　有的同学问,缺乏怎么能成为恶的原因?例如张三杀了李四,那么原因是张三有冲动或者邪念,如果张三缺乏了杀人的意志,他还能犯谋杀罪吗?我的回答是,关键是看怎么来理解缺乏因。"缺乏"这个概念是从亚里士多德那里借来的,即英文的 privation,希腊文的意思是应该具有但是没有具有,这个概念有哲学上的专门含义。奥古斯丁用"缺乏因"这个概念时,是相对于动力因而言的。"动力因"也是亚里士多德的一个概念,就是一个事物受到另外一个事物的推动。在灵魂之内有不同的因素,一个因素能推动另一个因素。奥古斯丁针对动力因提出了缺乏因,缺乏因是指,恶的原因既不在灵魂的外部,也不在灵魂的内部。不在灵魂的内部,是说自由意志不是邪恶的原因,自由意志本身是善的,是上帝创造的,是上帝绝对自由的影像。但恶的原因也不在意志的外部,不是肉体,因为肉体也是上帝创造的,不是恶的。缺乏因只能从意志和它选择的对象之间的关系去寻找,并且这个关系是不正当的关系。这些是从形而上学的角度讲的。抽象地说,从原则上而言,奥古斯丁的"缺乏因"解释既可以达到神正论的目的,为上帝的公正辩护,因为恶不是上帝创造的;也可以为自由意志辩护,因为恶不在于自由意志,而是自由意志的堕落,自由意志堕落后就不再成其为自由意志了,是被奴役的意志,也就是基督教所说的罪。

　　但是,在道德实践中,在伦理学中,会不会出现什么问题呢?当我们把奥古斯丁对恶的解释运用到人和人的关系,而不是运用到灵魂和肉体的关系时,就会产生问题。因为奥古斯丁在讲不正当的秩序的时候,是在讲灵魂和肉体的关系,也就是说,灵魂朝向自己的肉体,这就是罪或恶。但是我们讲伦理的恶时,主要是讲人和人的关系,而不是灵魂和肉体的关系。基督教在解释罪的时候,主要是用灵魂和肉体的关系来解释。比如,保罗把罪的根本原因解释为灵魂沉溺于肉体,而产生"嫉妒、凶杀、争竞、诡诈、毒恨"等[1]。但是,我们分析一下会发现,这些罪恶

1　《罗马书》,1:29.

是在人与人的关系中产生的,而不是在灵与肉的关系中产生的。一个人如果只是沉溺于肉体的享受,并不一定会去损害别人的利益,比如说去杀人;相反,他关心的只是自己的肉体享受,很可能会为了防止别人的报复或干扰而不去伤害别人。对于沉溺于肉体享受的人,我们只能说他是一个极端的自我主义者和享受主义者,就像中国哲学里面的杨朱的理论。杨朱说,如果每个人都关心自己的享受,只关心自己,不要关心别人,也不要别人关心你,那么天下就太平了。

伦理学所处理的不是人和物的关系,而是人和人的关系。混淆了这两种不同关系,会造成对道德规则的误解。比如,"己所不欲,勿施于人",有人反驳说:这是独断主义的想法,你不喜欢的东西,也让别人也不喜欢,我不喜欢吃肉,要别人也不要吃肉,这是不道德的要求;至于反过来说,"己之所欲,必施于人",那就更坏了,这是强加于人的做法,在政治上更加危险,一个统治者把他对幸福的看法,强加给他的臣民,这就会导致独裁专政。但我认为这些是误解,伦理学的道德规则所讲的不是人和物的关系,而是人和人的关系,即,我不希望别人怎样对待我,我也不这样去对待别人;同样,"己之所欲,必施于人"是说,我希望别人怎么样对待我,我就这样去对待别人。

康德在《实践理性批判》里面说,只有对人而言才有敬重,对物而言没有敬重,我们只是尊重人,而不是尊重一个物体。[1] 奥古斯丁对恶的解释,只是关注于灵肉关系是不够的。他所关注的是人和上帝的关系问题,而不是人与人的伦理问题;是神正论的神学问题,而不是如何行善避恶的社会问题。但他的"缺乏因"的思想,被运用到人与人之间的关系,就可以发展为阿伦特的"平庸之恶"的思想。也就是说,在处理人与人关系时,放弃了一些最基本的原则或做人准则,放弃了自己的独立思考能力。或者一时糊涂,控制不住自己,为了一个小事或一两句话,就吵嘴,甚至杀了人;或者陷入了狂热,顺着集体下意识的冲动,整个社会都陷入罪恶。这些是对奥古斯丁思想的发展,并不是他自己的思想。

---

1 参见康德《实践理性批判》,韩水法译,商务印书馆 1999 年版,第 83 页。

五、

奥古斯丁的政治哲学

在《上帝之城》第 19 卷中，奥古斯丁对"上帝之城"和"世俗之城"这两个概念作了解释。虽然通篇都有关于这两个概念的解释，但第 19 卷中奥古斯丁关于爱与和平包含了一些政治哲学的内容。

> 生问：对奥古斯丁的上帝之城和地上之城的政治理论，历史上有两种不同的解释。一种以天主教和新康德主义为代表，认为"上帝之城"是教会，"地上之城"是国家，含义是中性的。另一派以新教的一批神学家和自由思想家为代表，强调"上帝之城"的末世论特点，认为"上帝之城"是末日审判后的"属灵的爱的共同体"，而"地上之城"是现实的国家，国家是人堕落之后的产物，是"天然的不正义"，是上帝对罪的惩罚。这两种解释，哪一种更符合奥古斯丁本人的思想？应该如何看待奥古斯丁对国家和教会的看法？历史上的政教分离或政教合一与奥古斯丁的思想有无内在联系？

我认为对这两种解释的概括是准确的。第一种解释是中世纪以来的传统，有强调教权、贬低王权的历史背景。20 世纪初，卡莱尔和马库斯等人持第二种解释，一时在奥古斯丁研究中成为主流。但 20 世纪 90 年代以来，伯特、伯内尔、海金等人对主流派的解释提出了挑战。北大博士生夏洞奇在他的博士论文《尘世中的人与权威：奥古斯丁社会政治思想研究》中，对这些人的思想作了比较详细的介绍和分析，他倾向于 90 年代以来的新观点，认为这些观点有较多的文本根据。我也有同感，但我主要关心政治哲学的问题。按照主流派的观点，奥古斯丁的《上帝之城》是非政治甚至反政治的。我觉得这是过头的说法，应该肯定奥古斯丁有一套政治哲学。

波勒（John Boler）在《奥古斯丁与政治理论》[1]一文中说，奥古斯丁没有政治哲学；相反，他的思想是非政治的，甚至是反政治的。他的主要理由是，奥古斯丁

1　John Boler，"Augustine and Political Theory"，in *Mediaevalia*，vol. 4(1978)，pp. 83 – 132.

没有对国家的结构作任何分析,只是谈论国家的世俗的功能;在世俗之城当中,虽然基督徒也要服从,但是基督徒服从的不是世俗的统治者,而是上帝;即使由基督徒当统治者,他们所执行的也是上帝的权威。奥古斯丁的思想之所以是非政治的,是因为他认为政治没有自身的意义,政治只有在和上帝之城的对立当中才有自身的意义,因此,他按照非政治的原则来解释政治,否认国家的正义性,认为真正的正义只存在于天国,在现实当中是没有的。更有甚者,奥古斯丁认为政治本质是统治欲(libido dominandi),是不可避免的恶;政治是对罪的惩罚,不仅是对被统治者的惩罚,也是对统治者的惩罚,因为统治别人的人,自己也是不自由的,不能摆脱上帝的惩罚。所有这些都表达了他的反政治的立场。

我不同意波勒的这些解释。首先,是否能够说,奥古斯丁没有对国家的结构作任何分析,国家的世俗功能没有任何积极的意义?不能这样说。奥古斯丁认为国家有两种功能:第一,对罪的惩罚;第二,维持世间的和平。在第19卷第13章,奥古斯丁从和平这一角度,对"上帝之城"和"地上之城"下了定义:"政治团体的和平在于公民之间的权威和服从的有序和谐,而天上之城的和平存在于喜欢上帝和在上帝之中相互喜欢的人之间的完全有序的、和谐的交融。和平的最终意义是来自秩序的平静,秩序在于把相似和不相似事物放置在各自合适位置的安排。"(教材,159)这个定义找到了两城的一个共同点:和平、秩序、权威和服从。其中:和平是目标,秩序是结构,权威和服从是功能。差别只是在于:上帝之城的和平是永恒的,只服从上帝的权威;地上之城的和平是暂时的,要服从世俗的权威。

奥古斯丁肯定,上帝创造的秩序是权威和服从。这一秩序有三个层次:家庭、国家和天国。在家庭中,奥古斯丁强调子女服从父亲的权威,妻子服从丈夫的权威,奴隶服从主人的权威。国家具有与家庭相似的"权威—服从"结构。在奥古斯丁的语言中,"权威"(auctoritas)具有正面价值,较高事物对较低事物的权威符合上帝创造的秩序。在国家中,上级对下级的权威可以是正当的"治理"(imperare),也可以是"统治"(dominari)。因此,国家既是以不公正的统治对罪的惩罚,又是信上帝的人用爱做的公正的治理。

生问:奥古斯丁把正义完全从国家中剔除出去,论证国家是非正义的,这不同于柏拉图、亚里士多德和西塞罗的政治哲学观点,他是出于什么样的考虑? 既然国家是不正义的,为什么要服从它? 为什么要求信和不信上帝的人同样服从国家?

在第 19 卷的第 21 章,奥古斯丁反驳了西塞罗关于"国家"的定义。按照西塞罗的定义,国家是按照全体人民的共识来行使普遍正义(summa justica)的共同体。奥古斯丁针锋相对地说,地上之城不可能有真正的正义(vera justica),正义不可能是国家的本质。这个观点贯穿全书。比如在第 2 卷第 21 章奥古斯丁说,罗马从来都不是真正的共和国,因为它没有真正的正义。他这样说的一个原因是,古代希腊罗马城邦奉行偶像崇拜,偶像崇拜把统治者变成了神,其背后的政治意义就是人的统治欲的神化。偶像崇拜的习俗当然也可以说是对什么是正义的共识,但是这种共识和强盗团伙的共识没有什么区别。如同庄子说"盗亦有道",奥古斯丁也说,王国是大强盗团伙,一般强盗团伙是小王国(第 4 卷第 4 章)。

奥古斯丁对国家正义观的反驳是直接针对西塞罗的,但与柏拉图和亚里士多德并不见得完全不同。柏拉图在《国家篇》中关于正义的讨论,使人以为正义是国家的无可非议的本质。但我们已经看到,列奥·斯特劳斯认为,柏拉图的主旨是用反讽法解构"正义国家"的,而不是为之辩护。柏拉图关于国家的自然起源("猪的城邦")以及从王制到僭主制的堕落,更接近于柏拉图心目中的国家观。另外,亚里士多德也没有用"正义"来定义国家,他在《尼各马可伦理学》里面谈的正义是一种私德,即给予每个人应该有的东西,是从私人和私人的关系或私德的角度来说的。在《政治学》中,亚里士多德也用人的"自然本性"来解释国家的本原。至于现代人,也不都是把正义作为国家的第一要义。比如,波普尔就批判把正义作为政治的本质,波普尔在他的政治哲学中没有讨论正义,没有把正义当作政治的核心。直到罗尔斯才认为,这是自由主义的一个缺陷,为了弥补这一缺陷,他把正义作为社会和国家的基本要求。现在,人们普遍认为,正义是无可怀疑的政治第一原则。其实,通览从古到今的政治哲学史,并非如此。正义在不同的哲学或政治学体系中有不同的地位和作用。奥古斯丁不用"正义"作为"城"的定义,并不意味着他使用了非政治的原则。

奥古斯丁不把正义作为政治和社会的原则,是出于什么样的考虑?我想首先是出于宗教上的考虑。上帝之城和世俗之城的区分,不是奥古斯丁的发明,在《圣经》里就有了。《圣经》在最后一卷《启示录》里,讲到巴比伦和耶路撒冷这两个大城,早期的基督徒是用巴比伦来影射罗马,认为罗马是世界邪恶的中心,用耶路撒冷来比喻天国,也用了"天上之城"这个概念,到了最后审判的时候,只有虔诚的圣徒才能进入天上之城的城门,其他人都要被拒于天上之城之外。当然,在《圣经》里面用的是比喻,没有指出城邦到底是什么意义。奥古斯丁是用基督教之爱把"城邦"的概念哲理化了。基督教讲信、望、爱,爱是最大的宗教的德性,而"正义"在"四主德"中被看作"全德"。在第14卷第28章,根据宗教德性高于世俗德性的信仰,奥古斯丁用"爱"来定义"城邦":爱上帝甚于爱自己的人民组成天上之城,爱自己甚于上帝的人组成地上之城。但是,在奥古斯丁的政治神学中,"爱"也可以成为政治原则,不要因为他用两种爱来定义两个城,就以为他采取了非正义的标准,也不要因为地上之城由不爱上帝的人组成,就否认了它有任何积极的作用。

在奥古斯丁看来,爱并不是个人的情感,而是人的基本的存在方式。在第14卷第7章,他说,使人爱的是欲望,感受爱的是愉悦,逃避爱的是畏惧,沉溺于爱的是悲伤,这四种爱构成了人的存在之网。他主要谈欲望和愉悦这两种存在方式。欲望是爱的动力,愉悦是爱的感受。他又用了两个词"有用"(uti)和"愉悦"(frui),可欲的东西是有用的,是动力,但不是目的,愉悦才是目的。比如,水果是可欲的东西,吃水果是有用的,但愉悦才是吃水果的目的。

爱也是这样,上帝爱人是因为人是有用处的,但不是人对上帝的用处,而是人对人的用处或人对自身的用处。上帝指定人作为自然界的管家,人对自然是有用处的,人相互间也是有用处的。人由于自身的用处而爱人,这个是一个动力,但是愉悦才是目的,上帝因为人的用处而感到愉悦。同样,人爱上帝,是因为上帝对人是有用处的,这个用处就是永恒的幸福与和平,使人因此而感到愉悦。在上帝之城,人和人之间的爱,也是因为互相有用(对上帝的爱有用),而达到了相互愉悦的目的。

在世俗之城,是为了私利而利用上帝,即偶像崇拜。偶像崇拜并不爱任何的神,而是利用偶像达到自己的目的。比如说,为了金钱或享受而去崇拜一个偶像,希望偶像满足他的私利,这也是一种爱和愉悦,但这不是以真正的愉悦和幸福作为目的。

在第 19 卷第 17 章,奥古斯丁说,地上之城暂时的好处与和平,可以对天上之城有用。关键在于使你愉悦的是什么东西,如果使你愉悦的是永恒的和平,那么你对世俗事物的利用就是正当的;如果为了自己的私利而满足于暂时的快乐,那么你对事物的利用,包括对偶像的崇拜,或者把上帝当作工具来利用,这都是不正当的。

如何利用地上的和平来达到永恒的和平? 不是要用地上的和平来改善地上之城,地上之城的堕落是不可改善、不可救药的,但地上的和平可以作为朝向天上之城的手段。或把爱上帝的群体更好地团结在一起,更好地利用他们的爱来为社会服务,用这种方法让越来越多的人被吸收到天上之城;或使属于上帝之城的群体更好地显示自己的爱心,利用地上的世俗的事物,感受上帝的爱。

我认为历史上的"政教分离"或"政教合一"的现实与奥古斯丁的思想并无内在联系,即使有联系,那也是一定历史条件的产物。奥古斯丁认为,世俗之城等于国家,但上帝之城不等于教会;即使是基督徒当统治者的国家仍然是地上之城。两城的关系不是中世纪以后讲的教会和国家的关系,起码奥古斯丁不是这么理解的。在这一点上,新教的神学家比天主教的神学家看法更准确。中世纪的人都可以利用奥古斯丁的话来为自己的利益辩护,教会可以说奥古斯丁的上帝之城就是指教会,世俗之城就等于国家;神圣罗马的皇帝或者英国、法国的国王也可以说:君权神授,朕即国家,按照基督教的教义统治的王国也是上帝之城。因此,教权主义和王权主义都可以在《上帝之城》中找到理论根据。

在第 1 卷第 35 章,奥古斯丁说得很清楚,在教会里面也有不信教的人,他们伪装和我们在一起,但是他们出了教会以后,就会马上和不信上帝的人打成一片。他说,上帝之城和世俗之城两者的混合,从人类历史的开始不久就产生了。亚当的两个儿子该隐和亚伯,该隐把他的弟弟亚伯杀死了,亚当又生了个儿子塞特。塞特的子孙是最初的上帝之城的子民,而该隐的子孙是世俗之城的子民,但后来两个谱系的后代通婚结合了。洪水之后,挪亚的三个子孙闪、含和雅弗,虽然也各有各的谱系,但爱上帝和爱自己这两群人是生活在一起的,亚伯拉罕的子孙也是如此。在人类历史中,上帝之城和地上之城始终是混合在一起的。只有在最后审判的时候,两城才能从时间和空间上分开,一个在天堂,一个在地狱。但在此之前,两城是在任何地方和组织里共同生活在一起的两群人,国家中有上帝之城的子民,教会中也有世俗之城的子民。只要上帝之城和地上之城没有最终分开,上帝之城就需要依靠地上之城(国家)所维持的和平达到自身的目的。另一方面,国家里真正爱上帝和他的同伴的人,不管在教会之内还是在教会之外,都会通过"爱的治理",维持地上和平,为上帝之城的最终来临服务。国家既然包含着上帝之城的子民,就不可能没有政治上的正当性。上帝之城中的子民在国家中的作用不完全是消极的服从,也是积极的爱的治理或服务。

至于奥古斯丁有没有政治哲学的问题,关键在于如何看待政治。奥古斯丁说的出于统治欲的政治,是少数人对多数人的统治,国家根本上就是统治阶级的一种工具,本质上是不公正、不平等的,统治是不可避免的恶,是对罪的惩罚。但是,奥古斯丁还有另一方面的政治观,政治不是统治,而是治理。他要求生活在地上之城的基督徒也要抱着积极入世的态度,要求在世俗之城中的基督徒有更多的服务和爱。但是基督徒对世俗政权的积极态度,并不是为了使政权更强大,而是弱化政权。爱上帝的群体可以替代国家的一些功能,使惩罚罪的统治越来越没有必要性,最大限度地降低不必要的恶。奥古斯丁所说的"城"(civitas),兼有社会和国家的意思,又等同于"人民"。他所说的具有积极意义的政治,是指用人民社会替代国家统治的社会治理方略,这里包含"最小政府"的思想。奥古斯丁的政治主张不是改善国家,而是净化和壮大上帝之城,其结果是国家间的和平和社会的有序、和谐。从这几点我们看到,奥古斯丁对国家和社会有比较系统的看法,是有一套政治哲学的。

托马斯·阿奎那《神学大全》的神哲学

　　《神学大全》是托马斯写的最后一部著作。托马斯·阿奎那 50 岁左右就去世了,他在一生中写了很多书,很多著作都是在 1251 年获得学位并在巴黎大学任教之后写的。他从事教学,并且承担很多教学管理的任务,后来教皇还任命他创办修会的神学院。在这二十多年的时间里,他写了很多书,《神学大全》这本书从 1266 年写到 1274 年。托马斯·阿奎那写完《神学大全》之后,他的思想发生了变化,于是拒绝再写任何东西。他的领导对他说,"你还有很多承诺过的写作计划还没完成",催促他继续写作。但他说:"我不能再写了,因为我感到我以前写的东西都是一堆稻草。"这里面当然也包括《神学大全》。托马斯·阿奎那在第二年就去世了,人们解释说,也许是他以前太理性了,后来得到什么灵感,获得神秘的启示,因此洗手不干了。

　　《神学大全》这本书分三个部分:第一部分谈上帝,第二部分谈人,第三部分谈教会。第二部分又分两个部分,每一部分都包含了很多问题,每个问题里面又包含很多小问题。《神学大全》有标准页码,引用《神学大全》时不需要指出是什么版本多少页,哪个出版社,只要引用标准页码就行了,这和引用柏拉图、亚里士多德、康德的著作是一样的。《神学大全》标准页码的形式是这样的,例如,"1a,1,2"表示 1 部 1 题 2 款,"2a,1ae,7,8"表示 2 部 1 分部 7 题 8 款。每一题都是按照同样的程式,第一部第一题的主题是神学的性质和范围,第一题又分为 10 款。第一款的问题是,除了哲学科学之外,我们是否还要研究更进一步的学问。首先提出问题,然后是"objection"(反题),即作出否定的回答,每一个否定的回答都有证据。第一款这里举了两个否定理由,即反面理由,有时候否定理由是很多的,并且每一个否定理由后面都有证据,或者是来自《圣经》的证据,或者是来自权威人士包括教皇和神学家,例如奥古斯丁。然后是"on the contrary",讲正面的理由,但是正面的理由一般都比较短。接着是"I answer",是托马斯自己的回答。一般来讲,托马斯同意正面的理由,不过有时也调和了正面的理由和反面的理由。他作了回答之后,还有"reply",就是对反面理由的回答。反面理由有几个,他的回答就有几个。整本书全都采用同样的程序,所以看起来很繁琐。读者如果不想那么繁琐,也有简单的阅读办法,可以重点看"I answer"的部分,这是托马斯自己的观点。但是如果要看论证的细节的话,就不能这样,因为有些反面理由和托马斯对反面理由的回答,也是很有意义的,反映了中世纪神学或哲学的不同观点之间的重大分歧。《神学大全》有一部分在香港有中译本,收录在《基督教历代名著集成》里面,但选得很少。武汉大学的段德智教授翻译的《神学大全》是全本,2013 年由商务印书馆出版。

一、

托马斯·阿奎那是不是有独创思想的哲学家?

生问:罗素在《西方哲学史》中对托马斯·阿奎那有这么一个评价,认为托马斯·阿奎那最重要的著作是《反异教大全》(又名《异教徒驳论辑要》),《神学大全》的重要性几乎与前书相等,"但它却不太让我们感兴趣,因为《神学大全》的议论不以基督真理为前提者较少"。我想,这样说的原因可能是因为罗素认为阿奎那更多的是一个神学家,而不是一个哲学家,所以在他的哲学史中,阿奎那所占的篇幅只是小小的一节。而老师在《西方哲学简史》中对阿奎那的介绍就比较全面和详尽,不仅涉及上帝存在的证明这样的神学思想,还涉及阿奎那的一些哲学观点,阿奎那把亚里士多德学说运用于神学理论的建构时也有很深入的讨论。作为学习西方哲学的我们,应该如何看待他在西方哲学史上的地位?在哲学上,除了他的学说与亚里士多德主义的关系之外,他的独特之处和对西方哲学的贡献在哪里?

　　我认为这些问题涉及对托马斯·阿奎那哲学的整体评价。罗素认为,托马斯·阿奎那不像苏格拉底那样,苏格拉底在心中是没有结论的,是在探索真理,而托马斯·阿奎那在做哲学之前实际上已经知道了真理,这个真理就是基督教所宣称的真理,他只不过是在为教义提出论证。因此罗素认为这不是哲学,而是特殊形式的辩护。有一个研究阿奎那的专家安东尼·肯尼(A. Kenny)反驳罗素的说法。他说,对于一个写了六十多页的文章来证明一加一等于二的哲学家来说,对阿奎那的这种评价和他本人的做法很不一致。[1] "写了六十多页的文章来证明一加一等于二的哲学家"就是罗素,罗素在《数学原理》这本书中,试图给数学公理找到逻辑的证明,而不是用经验证明,罗素写了六十多页来证明一加一等于二。我们大家都已经知道,一加一是等于二,但罗素本人还是写了这么多篇幅来证明。安东尼反问,阿奎那在《神学大全》里面做的也是这种证明的工作。当时大家都认为上帝存在是真理,但怎么证明这点? 证明这点的意义在当时也许不亚于在 20 世纪用逻辑分析的方法证明一加一等于二。不同的时代有不同的问题,我们不能仅仅用探索未知的结论,或者在做哲学之前有无结论这一个单一的标准,来判断一个学说是否哲学。证明大家相信的东西,或者怀疑、批判大家相信的东西,这两者都可以是哲学,不能用一种排斥另外一种。我们在前面提到过,奥古斯丁认为,信仰就是用赞同的态度来思想,相信结论是正确的也许并不重要,但要提出一个证明,这个证明的过程也许比结论本身更加重要。在哲学当中,主要并不是看结论,关键是看过程,不管是批判的过程还是证明的过程。另外,哲学的批判或者怀疑也是有一定的前提的,这些前提也是信念,不相信任何东西,就没有哲学的批判或怀疑。

　　这又涉及另外一个问题:怎么看待托马斯·阿奎那在哲学史上的地位? 托马斯·阿奎那延续了亚里士多德的传统,正如奥古斯丁延续了柏拉图主义的传统。那么,除了恢复和阐述了亚里士多德的哲学之外,托马斯·阿奎那对西方哲学有没有自己的独特贡献? 基督教哲学仅仅是在神学上对柏拉图和亚里士多德哲学的运用,还是在哲学上有什么独特的贡献,并且影响到近现代哲学? 这些也是西方哲学

1　参见 A. Kenny, *Aquinas*, London, 1969, p. 21。

史界争论的问题，涉及如何理解基督教哲学的概念、对中世纪哲学的评价、神学和哲学的关系、信仰和理性的关系等一系列问题。在研究托马斯·阿奎那的专家当中，有同样的争论：托马斯·阿奎那究竟是神学家还是哲学家？有的人认为他是神学家，他们从信仰的立场对他表示赞赏。比如，毛利尔（Maurer）说："在《神学大全》当中，哲学和其他世俗科学的水转变成了神学的酒。"这是一种赞赏的态度。反过来，有些人，包括罗素，站在理性的立场上，批评托马斯·阿奎那是神学家而不是哲学家。另外，研究托马斯·阿奎那的专家吉尔伯（Gilby）也对《神学大全》这本书提出了批评，认为《神学大全》不是哲学著作，因为从风格上讲，《神学大全》的语言非常粗糙。我们从《神学大全》的英文版也能看出来，语言非常简单，与之对应的拉丁文版语言也非常简单，很少有修饰和细致的变化。吉尔伯说："如果要把《神学大全》当作宗教哲学的大辞典的话，从这个大辞典里得出的观念就像冷冻食品的味道一样，更适合文化水平较低的信徒阅读。"[1]当然普通人也不会看这样的书，主要还是神学家来读，他们对《神学大全》的印象不至于那么糟糕。

我认为，托马斯·阿奎那和奥古斯丁一样，对西方哲学有独特的贡献。在我写的哲学史里面，中世纪哲学占了很大的篇幅。我的观点是：西方哲学史应该由古代哲学、中世纪哲学和近代哲学组成，形成三足鼎立的态势。以前讲哲学史的时候，从古希腊哲学一下跳到近代哲学，中世纪是个黑暗时期。比如，黑格尔的《哲学史讲演录》对希腊哲学和近代哲学进行了详细论述，而对中世纪哲学论述很少，他写道："我们要穿上七里靴，快速地跨过这个时期。"哲学史漠视中世纪的贡献是片面的。

> 生问：整个基督教哲学是把柏拉图主义和亚里士多德主义应用于神学，还是在哲学史上有独特的发展，并影响到近代哲学？这一问题大得有些空泛。但自文艺复兴以来，知识界强调回到古典，中世纪的地位确实受到贬低。

如果要看中世纪哲学对近代哲学的影响，我们应该看到，与近代哲学直接联系的不是希腊哲学，希腊哲学是通过中世纪哲学影响到近代哲学。具体地说，近

---

1 B. Davies, *The Thought of Thomas Aquinas*, Clarement，1992，p. 17.

代哲学每一个重要的哲学家，从笛卡尔开始到莱布尼茨、斯宾诺莎，包括英国的经验主义和康德，他们的哲学中并没有太多的希腊哲学思想，他们所讨论的问题，所反驳的观点，基本都来自中世纪哲学家。例如，康德批判传统形而上学的时候，指出传统的形而上学有三个对象：灵魂、上帝和世界。这三个对象在希腊哲学中并不十分突出，而是中世纪哲学家明确提出的主题。康德所谈的二律背反，其中一个是时空是有限的还是无限的。这个争论在中世纪就有了，而希腊人还没有提出这两种观点的对立。属于 17 世纪的哲学家就更明显了，例如笛卡尔，他的问题都是针对经院哲学，在实体、欲望、意志和物质等问题上，笛卡尔和经院哲学有密切的关系。另外，斯宾诺莎论证上帝，建立以上帝为出发点的公理体系，和经院哲学的论证方式非常相近。几乎每一个近代哲学家，我们都可以找到他和中世纪的联系，不管是他提出的问题，还是他的观点或是批判对象，都包含在中世纪哲学当中，而与希腊哲学没有直接联系。所以，必须肯定中世纪哲学在西方哲学史上的连续性，不是从希腊哲学跳跃到近代哲学，而是要经过中世纪哲学的阶段。

西方哲学界有人认为中世纪只有思想而没有哲学，他们避谈基督教哲学这个概念，认为基督教哲学都有神学的色彩，不能算纯粹的哲学。如果说奥古斯丁有什么哲学的话，那也是他所利用的柏拉图主义和新柏拉图主义；托马斯·阿奎那也是这样，他利用了亚里士多德的哲学，但没有创新。这个问题涉及基督教哲学的合法性问题。就像我们现在讨论中国哲学的合法性问题，有人认为"基督教哲学"是不合法的概念，所谓的基督教哲学，除去神学内涵之外，实际上只是柏拉图哲学或者亚里士多德哲学而已，没有任何新的哲学内涵。这些有信仰的哲学家，他们在阐述柏拉图主义或亚里士多德哲学的时候，你只能说他们在阐述柏拉图主义或亚里士多德哲学，而不能说他们在做基督教哲学。即使他们有哲学创新，也不能说是基督教哲学。当我们承认奥古斯丁或托马斯·阿奎那是哲学家的时候，并不是因为他们信仰基督教，才把他们叫做哲学家，正如很多数学家、物理学家信仰基督教，但是他们的研究成果不能被叫做"基督教数学""基督教物理学"。

应该怎么理解"基督教哲学"这个概念？我认为基督教哲学的意义是，承认基督教神学家从信仰出发，但同时对哲学作出了希腊哲学所不包含的独特贡献。吉尔松为基督教哲学的合法性辩护，他认为基督教哲学从信仰出发，但信仰不只是起束缚、规范的消极作用,还起到积极建构的作用,有些哲学问题如果没有信仰的话,是提不出来的。有些中世纪哲学家虽然在柏拉图或者亚里士多德思想的基础上探讨问题,但是由于他们有了信仰,就发现了新的问题。例如,奥古斯丁对恶的解释就不同于普罗提诺的解释。奥古斯丁面临为基督教的全知全能全善的上帝辩护和为自由意志辩护的任务,他的论证比普罗提诺更加深入,从此以后,恶的问题就成为一个哲学问题。莱布尼茨甚至认为,在哲学当中有两个最重要的问题,即必然性的问题和恶的问题。而在柏拉图或者苏格拉底那里,恶并不是一个重要的问题。苏格拉底说无人有意作恶,没有特别强调善恶的严重性;奥古斯丁则从信仰的角度看到了恶的问题的严重性和重要性,把恶当作重要的哲学问题来谈,并且用理性的方法来阐述。

托马斯·阿奎那有何独特的哲学贡献呢?我们可能马上会想到他对上帝存在的证明,即"五路"。"五路"引用了很多亚里士多德的思想,动力因、因果序列、目的论、第一推动者,都来自亚里士多德的物理学。但亚里士多德并没有为神的存在辩护的问题,神是在物理学之后形而上学指向的一个终极关怀。也就是说,神不是需要证明的问题,而是最后要达到的理论上的归宿或心灵的最高境界。

另外,亚里士多德没有"存在"概念,整个希腊哲学都没有"存在"概念。那么,存在(existence)的问题最早是怎么提出来的呢?是在托马斯·阿奎那的第三个证明中,他要证明存在的必然性。如果事物都是偶然存在的话,那么这个世界就可能无物存在,但是我们知道世界确实是存在的,那么偶然存在的原因是必然存在,一个必然存在又以另外一个必然存在为原因,最后的原因是自因,那就是上帝。他把"存在"概念和"上帝"概念联系在一起。这个证明就提出了存在的必然性问题。这也是海德格尔提出的问题:世界上为什么总是有物存在而不是一无所有?莱布尼茨也提出过这个问题。

海德格尔说,人这样的存在者,对自己的存在有了体验,才提出关于存在的问题。但在中世纪时,人们是因为对上帝的存在有了体验才提出存在问题。"存在"概念是从托马斯·阿奎那开始的。在他之前的安瑟尔谟也提出了本体论证明,但是本体论证明只涉及概念的问题,是建立在对 being 概念分析的基础上。康德就是从这个方面来批判本体论证明的,他认为 being 并不包含着存在,being 只是一个系词。托马斯·阿奎那也是如此反对安瑟尔谟的本体论证明的,他认为本体论证明是先天证明,先天证明只分析概念的意义,推导不出存在,存在是在我们的语言和思想之外的东西,指向的是实在。要跳出 being 的概念,就要有存在的概念。Being 是拉丁文的 esse,这是一个意义最广泛的概念。托马斯·阿奎那没有满足于 esse,而是创造了一个新词 ens,后来,这个词慢慢变成了 existence。托马斯·阿奎那写了著名的论文,标题把 ens 和 esse 对举,现在翻译为《论存在与本质》。吉尔松认为这是哲学中一个存在主义的革命,因为这篇论文提出了现代存在主义的观点:存在先于本质,存在高于本质。这是托马斯·阿奎那最先提出来的。他认为上帝是 esse,而 esse 是一个动词,是创造过程,是个 to be,所以上帝是个纯粹的活动,不能把上帝看作静态的实体。上帝的存在就是他的本质,正如海德格尔讲人的存在就是他的本质。上帝是个纯粹的活动,在上帝的创造物中才有存在和本质的区分。存在和本质意味着潜在和现实、质料和形式的区分,上帝创造出来的东西首先是一个潜在,或者说是一个尚未实现的潜在的本质,上帝赋予它存在,它就变成了现实的东西。第一步是天使,天使有潜在和现实的区分,上帝赋予天使以形式和现实存在;第二步到了包括人在内的有形实体,除了现实和潜能的区别之外,人或其他实体还有质料和形式的区分。实体有三个等级,最开始是上帝这个最高实体,存在和本质结合在一起;第二个等级是已经有了存在和本质区分的精神实体,体现为现实和潜在的区别;在最后的等级,存在和本质的区别体现为现实和潜在、形式和质料的双重区分。托马斯·阿奎那以存在和本质的关系为总纲,把亚里士多德混在一起谈的形式、质料、潜在、现实等组成了有层次的系统。托马斯·阿奎那区分的等级和层次很清楚,更重要的是本质和存在的区分,这是他对西方哲学独特的贡献,是亚里士多德所没有的东西。他之所以能够作出这一区分,和信仰有关系,因为他相信上帝就是创造者和创造活动。

下面,我们选以下四个主题来讨论这些问题:一是托马斯·阿奎那论哲学和神学的关系;二是上帝存在的"五路"证明;三是托马斯·阿奎那关于人的学说。关于人的目的、德性、幸福的伦理学解释,与亚里士多德的《尼各马可伦理学》有同样的话题,并且还谈到了欲望、意志和理智之间的关系,对人的灵魂的不同功能作了分析;四是关于自然法或者自然律的思想。

二、_____

关于哲学和神学的关系

　　生问：阿奎那在第一部分关于神学与哲学关系的问题上，强调神学可以
利用哲学，而且提出，对同一对象可以从不同的角度加以研究。但在第八款
中，他却强调神学的原则来自神启的权威，不待论证；而次等学科——哲学的
原则可以用神学来论证。这时变成了神学对哲学原则的入侵。这种论证方
式的不统一造成了一定的困惑。请问：阿奎那所说的神学对其他真理的原则
的论证到底意味着什么？又何以可能？

　　《神学大全》一开始是谈论哲学和神学的关系问题。但托马斯没有用"神学"
（theologiea）这个词，而是用"圣学"（sacra doctrina）。因为在他看来，哲学和神学
（我们现在所说的神学）有共同的研究对象，都是对神的研究，都是 theo（神）logy
（学）。但两者研究的方式不同，用托马斯·阿奎那的话说，formality（形式性）不
同。Formality 指把思想材料组织在一起的方式，也就是证明的方法。托马斯·
阿奎那的"神学"概念和一般讲的神学不大一样。在现代神学中，有自然神学（na-
ture theology）和教理神学（dogmatical theology）的区分，托马斯·阿奎那的"圣
学"相当于教理神学，而他所说的"哲学"相当于自然神学，两者都符合亚里士多德
的"科学"（episteme，sciencia）的标准。按照亚里士多德的说法，任何科学都是证
明科学（demonstrative science）。所谓证明，首先是亚里士多德的三段式证明，是
从前提到结论的演绎推理；但任何三段式都不能证明自身的前提，对前提的证明
不能用演绎推理，而要用辩证推理。经院哲学所谓的辩证法就是亚里士多德的辩
证推理，在正反两方面的论证中，确定其中一个为真。"论证"（argument）是对前
提的证明，证明了前提为真后，再用它们去推导结论的真，这是演绎（deduction）。

　　托马斯·阿奎那根据亚里士多德的科学观，得出了圣学和哲学是关于同一真
理的两门科学的结论。他说，判断一门学问是不是科学，不是根据它的研究对象，
而是根据它的方法。不管是哲学还是圣学，都是关于神的学问，但两者用了不同
的方法，哲学的前提是人的自然理性可以论证的，而圣学的前提要靠上帝的天启

才能得到论证。托马斯·阿奎那关于同一个真理的两门科学的说法，与当时流行的"双重真理论"不同。"双重真理论"认为：基督教的神学和亚里士多德的哲学是相互平行的双重真理。但是阿奎那认为这是同一个真理，只是两门科学在研究它。托马斯·阿奎那反对两个极端：一个极端是认为哲学和神学是完全分开的，是关于两个真理的；另一个极端是不承认哲学的独立性，哲学必须要服从神学。托马斯·阿奎那承认哲学和神学是两门科学，这样哲学就有了相对于神学的独立性，这也可以说是基督教哲学内部的进步。基督教哲学有不同的阶段，在奥古斯丁阶段，基督教哲学就是哲学，神学和哲学是不分的。到了 12 世纪经院哲学开始的时候，强调哲学服从神学，即"哲学是神学的婢女"。托马斯·阿奎那虽然还是使用这个口号，但他更多的时候不是强调哲学服从神学，而是强调两者的独立性。到了 14—15 世纪，哲学相对于神学的独立性越来越大；到了近代，哲学彻底从神学中分离出来。这是哲学获得独立的进步趋势，在这一趋势中，托马斯·阿奎那关于神学和哲学关系的论述是关键环节。

第一题第八款的问题是：圣学是不是论证性的（argumentative）？这还是在为神学的科学性辩护。反对意见说，圣学的前提是认同信仰的权威，而不靠理性的论证。托马斯·阿奎那反驳说，任何论证都有对权威的认可。注意，"论证"的意思是正反两方面意见的争论。他说，只有争论双方达成了某种共识，才能争论得起来。他说："就哲学科学而言，较低的科学既不证明它们的原则，也不与否定这些原则的人争论，而把原则留给较高的科学，而最高的科学是形而上学。形而上学可以与否定它的原则的人争论，但反对者要作一些让步，没有让步就不能争论。"（教材，180）这里没有用神学来证明哲学的意思，而是说在哲学范围之中，较高科学要对较低科学的前提进行证明，而对第一哲学——形而上学的前提的论证，要服从一定的共识。他用哲学的科学性来类比圣学。他说，圣学的前提是信仰，而对信仰的服从是一切论证的基础，因此，信仰的权威使得圣学成为论证性的科学。他是从哲学与圣学的类比来说明两者的前提的论证性，没有用圣学来侵入哲学。

但这里确实有让人觉得模糊的地方。对于圣学的信仰前提，大家比较清楚；但形而上学的争论双方都承认的共识是什么，托马斯·阿奎那语焉不详。不过，在其他地方,他引用了阿拉伯哲学家阿维森纳的论述。阿维森纳认为,任何人都有关于"存在"的概念,为此,他设想了一个"空中飞人"的思想实验:设想一个人一直漂浮的空中,眼睛被蒙蔽,没有关于任何事物的概念,甚至不知道自己有没有身体,但他必定有"存在"的概念。这就是形而上学的首要对象,正是从每一个人必然具有的"存在"概念出发,关于存在什么的争论才能开展。阿奎那和阿维森纳都要证明上帝存在,但"上帝"概念来自天启,是圣学的前提,而"存在"来自自然理性,是哲学的前提,两者的结合就产生了"上帝必然存在"的结论。

托马斯·阿奎那虽然没有用圣学去侵犯哲学,但他认为圣学高于哲学,哲学要为圣学服务。在第一题第一款里,他说,要获得关于神的真理,非同小可,涉及人类的拯救,如果只有哲学而没有圣学的话,就意味着只有少数哲学家才能获得拯救,而大多数不懂哲学的人,他们没有能力或者时间从事哲学,就不能获得拯救。托马斯·阿奎那认为不可能是这样的,为了大多数人能够获得拯救,除了哲学之外必须要有圣学。另外,哲学的理性是会犯错误的,经常不确定,不足以使相信它的人获得上帝的真理。再者,实践哲学只告诉人们如何达到世俗的、暂时的幸福,但只有圣学才能使人获得上帝的至福。这些反映了托马斯·阿奎那和希腊人对哲学所持的不同态度。希腊哲学家对哲学持精英主义的态度,认为只有少数人才能从事哲学,哲学是最高的智慧,只有少数人才能接近神,这种观点在亚里士多德和柏拉图那里都有体现。但托马斯·阿奎那没有这种精英主义的哲学观,他也承认哲学是少数人的事业,正因为它是少数人的事业,所以为了拯救的目的,大多数人更需要的是圣学,更需要信仰所确定的神学,而不是仅仅靠理性所能得到的智慧。这是一个根本的分歧。

在第一题中,托马斯·阿奎那一共分了10个问题来讨论哲学和神学的关系,这10个问题有不同的侧重点,有时是为圣学辩护,有时是为哲学或自然神学辩护。阿奎那当时是中间派,既反对用亚里士多德主义来否认信仰,又反对传统的保守神学家抵制新传入的亚里士多德主义。简单地讲,第一款,他反对哲学家或者激进的亚里士多德主义企图否认圣学的必要性;第二款,他反对激进的亚里士多德主义否认神学是科学的观点;第三款,讨论神圣的学问是不是一门统一科学,这是反对保守的神学家,他们要把研究神的神学与研究人的哲学分开;第四款,讨论圣学是不是一门实践科学,这是反对狭隘的神学观,把圣学的对象限定在教会的活动范围内;第五款,提出哲学和神学是两门科学,但是总的来讲,他还是认为神学比较确定,能被大多数人接受,而哲学的自然理性容易犯错误,要费很多时间来探讨,因而神学更高明;第六款,反对激进的亚里士多德主义的观点,肯定圣学也是智慧;第七款,反对保守神学家的一种神秘主义立场,认为上帝不能只是用神秘的体验来感受,同样也可以用证明的方法来研究;第八款,采取中间立场,说明圣学和哲学的前提是可以论辩的;第九款,反对保守神学家的否定神学,否定神学认为只能用否定的方法来说明上帝的真理,只能说明上帝不是什么,而不能肯定地说上帝是什么;第十款,涉及人本主义还是神本主义的问题,是从人的观点看神,还是从神的观点看人。托马斯·阿奎那采取了一种中间的观点,认为人和神之间有类比关系。总之,托马斯总是在两种不同的观点之间保持着一种中道,采取中间的立场。从《神学大全》一开始,我们就可以看到托马斯的这种倾向,他既是神学家又是哲学家,想调和哲学和神学。我们一开始讨论的问题要做一个非此即彼的选择题:托马斯·阿奎那究竟是哲学家还是神学家?而《神学大全》的一开始就否认了这样的问法,不是非此即彼,而是亦此亦彼,托马斯·阿奎那的哲学是神哲学。

三、

关于上帝存在的"五路"证明

生问:阿奎那在哲学史上开创了不同于奥古斯丁和安瑟尔谟的另一种证明上帝存在的方法,即他作了先天证明和后天证明的区分。但这两种证明方式仅仅是方法上的不同吗?还是有更深刻的考虑?在对上帝的理解上,阿奎那与奥古斯丁和安瑟尔谟有何不同?

应该从更深的层次上,从对上帝的不同理解上,来看先天证明和后天证明的区分。关于先天证明和后天证明的区分,有这样一个问题:"上帝的存在是不是自明的?"反题认为上帝的存在是自明的,托马斯·阿奎那则认为上帝的存在不是自明的。在反题二,他实际上复述了安瑟尔谟的观点,"上帝是一个整体,不能想象比他更伟大的东西,只要理解了上帝这个概念,那么你就必然要肯定上帝的存在",这就是托马斯·阿奎那所要反对的观点。

那么我们看看他是怎么回答的。他回答说:我们不知道上帝的本质,所以对上帝本质(能想象比他更伟大的东西)的陈述不是自明的,必须要通过我们知道得更多的东西来证明,但是我们知道得更多的东西是感性世界的事物。凭着感性,我们知道得更多,但是我们不知道感性事物的本性,或者说,我们感觉到的东西并不是我们理解了的东西。我们感觉到很多东西,但对它们的本性知之甚少。他的这种说法反映了柏拉图主义和亚里士多德主义的分歧,反映了中世纪实在论和唯名论的分歧。亚里士多德认为任何知识都来自感觉,非常强调感觉的作用,凡是包含在理智之中的东西都首先包含在感觉当中,但是感觉还不能抽象出被我们所理解的共性,只有后来一步一步地抽象,包含在感觉当中的这些本性和共相才被揭示出来。柏拉图主义的观点是知识要靠理性把握,用心灵的眼睛去看理念,通过理念来把握感觉世界。

我们看到托马斯·阿奎那和安瑟尔谟也有这两种方法论的区分。安瑟尔谟认为,不需要借助任何感觉世界的证据,只要用你的理解力来理解"上帝"这个概念的意义,就可以知道上帝是存在的。但是托马斯·阿奎那认为这样不行,必须从感觉出发,从最熟悉的事物出发,然后才能追溯到最高的东西,即上帝的存在。他在回答中说,可能我们听到"上帝"的名字时,不会想到它的意思;即使你知道"上帝"的名字的意义,也只能说明上帝是存在于思想当中,而不是实际存在的。这和康德反驳本体论证明是很相似的。康德分析"God is"时,说"上帝"是一个概念,is 是连词,连词是把这个主词和后面的谓词连接起来,is 是连接作用,只是在思想里面把两个概念给联系在一起,不能证明上帝存在,因为存在不是一个系词,存在不在我们思想当中,概念才存在于我们思想当中。系词只是连接"上帝"这个概念和我们头脑里面其他概念的关系,但是系词并不表示上帝的存在。

康德的反驳对奥古斯丁和安瑟尔谟等人有效。奥古斯丁把上帝的存在理解为 esse(being),《圣经》中的"我是我所是"这句话,他引用了三十多次。安瑟尔谟的先天证明也是从分析上帝的 esse 开始的。但托马斯·阿奎那说，当理解"上帝"这个概念的意义的时候，只能说上帝"是"什么，上帝的"是"（esse）只是存在于思想当中，不能说存在于实际当中。实际当中的存在是什么呢？他在这里没有说，但是他在《论存在与本质》中说，实际上的存在就是一种纯粹的活动（act）。因此，他不用 esse 表示上帝的实际存在，而是用了一个新词 ens。按照亚里士多德的观点，活动就是一种完全的现实性，没有任何潜在的因素，是纯粹的现实性。在活动那里任何可能性都是现实性，可以把任何可能性都变成现实，因此它是一种活动，而不是一种能力，能力还有没被实现的含义，而活动完全被现实化了。这样的一种活动不可能完全存在于人的思想当中，因为人的思想仅仅是这种活动的很小很小的一个方面。因此如果证明上帝的活动仅仅存在于人的思想当中，还不足以证明上帝是一个纯粹的创造活动。从上面所述内容来看，托马斯·阿奎那的方法论和存在论都和安瑟尔谟的本体论证明不同。

生问：在阿奎那的五个证明中，我认为第五个证明最根本，最具有决定意义，可以说是其他几个论证的基础和归属。其实，阿奎那把原因、必然性、目的性、完善性都归结为因果论，即，从现实的一切关系出发，必然有一个完善的、最终的智慧存在来控制万物和世界。他把上帝存在的证明建立在因果联系上，似乎表示了对因果关系确定性和必然性的笃信。后世的休谟对因果关系的怀疑，如果运用到上帝存在的"五路"证明，是否有效？还是休谟的因果关系和阿奎那的因果关系根本就属于不同理解，不能用休谟的怀疑去质疑阿奎那？

康德在《纯粹理性批判》里面把以前关于上帝存在的证明分为三类，第一是本体论证明，是从安瑟尔谟开始的，一直延续到笛卡尔和莱布尼茨；第二是物理学证明；第三是目的论证明。康德认为本体论证明更为根本，因为物理学神学证明和目的论证明都可以被归结为本体论证明，如果本体论证明被驳倒，那么后两个证明也就失去了根基。但这个理由不充分，因为他没有考虑到，本体论证明是先天证明，而其他的证明是后天证明，先天证明和后天证明是两种不同的思路。康德说，"是"不包含"存在"，存在不是属性，这些道理托马斯·阿奎那都知道。康德讲的后两个证明就是托马斯·阿奎那讲的"五路"。这五个证明的思路看起来是一样的,实际上还是有区别的。第一、二、三个证明就相当于康德讲的物理学神学证明,第四、五个证明就相当于康德讲的目的论证明。

在第一部第二题中,托马斯提出了"五路"。他讲证明可以用两种方法:第一个方法是,已经知道原因,然后推导这个原因会产生什么结果;第二个方法是,通过结果,追问它的原因,这种证明是后天的。如果我们更熟悉结果,我们就从结果出发。在托马斯·阿奎那看来,上帝是离我们非常遥远的原因,上帝的本质不是自明的,我们不知道上帝的本质,我们不能从最高的原因出发,只能从上帝造成的种种结果出发,从结果追溯到最后的原因,这是后天证明。接着,托马斯·阿奎那在第三条里提出了"五路"。"五路"是他的一个总结,在他之前,亚里士多德实际上已经提出几个证明,中世纪的阿拉伯哲学家,例如阿维森纳、阿维诺斯,还有犹太的迈蒙尼德,都已经从不同的角度分别提出了两个或三个证明,但是托马斯·阿奎那的贡献是把所有这些证明都集中到了一起。

这里还有些问题。我们来分析一下,这"五路"看起来都是从结果追溯原因,思路好像是一样的,或者如这位同学所说,都是建立在因果关系的基础之上的。但是后面两条谈的并不是原因和结果的关系。前面三条是谈原因和结果的关系:第一条是讲所有的运动都有推动者;第二条是讲动力因,任何一个事物都有动力因;第三条是存在的原因,偶然存在以必然存在为原因,一个必然存在以另一个必然存在为原因,最后追溯到一个不以其他必然存在为原因的必然存在,也就是自因。但第四条和第五条不是在讲原因和结果的关系。第四条是在讲完善性的系列,世界上的事物都形成了完善的系列,某一类事物比其他事物更加完善。这就涉及托马斯·阿奎那讲的种和属的关系:在同一个种里面,有些属比其他属更加完善,更加接近属的定义;在不同的属里面,有的属比别的属更高。当时种和属的区分不像现代生物学的种属概念,现代生物学到 18 世纪才开始形成这样一个博物学的传统。种属概念在亚里士多德那里已经有了,后来形成了完善性的概念,托马斯·阿奎那的种属概念实际上是按照完善性的程度来分的。他把事物按照完善性的程度分成高低不同的种,在种里面分成高低不同的属。根据这个种属划分就有高低不同的完善性,一切种属都朝向最高完善性,就是上帝,这已经不是因果关系，而是种属的完善性与最高完善性的关系。第五条是目的的系列，一个事物都是以另外一个事物为目的，目的也是一个系列，所有的事物都有最终目的，这个目的就是上帝。我们可以看到，前三条还可以看作宽泛意义上的因果关系，第四条和第五条已经不是因果关系了，更高完善性和更低完善性不是因果关系，高级目的和低级目的也不是因果关系，而是柏拉图讲的分有的关系。分有也有一个系列，但不是因果系列，而是分有不同程度的系列。

那么，托马斯·阿奎那的因果概念和休谟的因果概念有什么不一样？第一个证明讲的运动的推动力和第二个证明讲的动力因是现代意义上的因果关系，第三个证明里的必然存在、第四个证明里的完善性、第五个证明里的目的，到了近代都不叫原因了。推动力和动力因在空间上和时间上有先后关系。从这一点上说，托马斯·阿奎那的因果关系与休谟的因果关系有相似性。但休谟对因果关系的怀疑不是针对托马斯·阿奎那的，因为他们有不同的问题。休谟的问题是：经验科学有没有必然性？而托马斯·阿奎那的问题是：所有的经验是不是必然有一个最终的原因？休谟的因果关系是人内心的心理联系，托马斯·阿奎那的因果联系是人心之外的实在关系。但休谟不只否认了人的意识之内的任何关系，也否认了人的意识之外的上帝存在。他不需要用对因果关系的怀疑来否认上帝的存在，他只要问一个问题：我们有关于上帝的感性印象吗？没有。因此上帝不是经验的对象，更不是经验的原因。这就足够了，至于对因果关系的更细致的怀疑，是针对当时的自然科学的。

生问：托马斯主义是不是仅仅就是亚里士多德主义，是不是也有柏拉图主义的因素，柏拉图主义和亚里士多德主义在托马斯主义里面是什么关系？

我们一般都说托马斯主义就是经院哲学里面的亚里士多德主义，但我们要知道这样一个历史事实，中世纪的亚里士多德主义包含很多柏拉图主义的因素。第一个原因是，当时在把亚里士多德的著作从阿拉伯文翻译成拉丁文的时候，有些新柏拉图主义的著作也被误作亚里士多德的著作翻译过来，后来人们才发现作者是新柏拉图主义者。这是历史事实所造成的误解。第二个原因是，柏拉图主义毕竟在亚里士多德主义传播之前就有了很长的历史，基督教哲学早期接受的希腊哲学主要就是新柏拉图主义。在罗马帝国后期,逍遥派的亚里士多德的学说已经不是显学了,当时的显学是斯多亚派和新柏拉图主义,甚至伊壁鸠鲁派都要比亚里士多德主义更加流行。所以早期基督教与希腊哲学接触的时候,并不是和亚里士多德主义打交道,基督教哲学的传统和新柏拉图主义有更直接、更密切的联系。只是到了 13 世纪,亚里士多德的著作通过阿拉伯世界进入拉丁世界之后,才逐渐被基督教的神学家所接受,但是那个时候柏拉图主义已经有很深厚的传统,所以他们在理解亚里士多德主义的时候,就不可避免地掺入了很多柏拉图主义的因素。第三个原因是,从理论上来说,柏拉图和亚里士多德不是根本对立的。举个例子,亚里士多德在《形而上学》的一开始就批判分离学说,即反对把形式和质料分离开来,认为形式可以单独存在,但是到了《形而上学》的最后,亚里士多德的神学不是也分离开来了吗? 在到达了最高的神的时候,即从本体论到达神学的时候,神就是没有质料的纯形式、没有潜在的纯活动,这里质料和形式就分离开来了,只不过亚里士多德的分离是一个终结和归宿。而在柏拉图那里分离一开始就出现了,柏拉图在区分知识和意见时,就已经把理念和可感世界区分开了。但在其他很多方面,柏拉图和亚里士多德并没有冲突和对立。正是由于这三方面的原因,中世纪所理解的,以及托马斯·阿奎那所理解的亚里士多德主义有很多柏拉图主义的成分,其中一个很重要的成分就是分有说。我们在上面说过,"五路"当中的第四、第五就是采用了分有的思想。上帝是最完善的,其他事物都是对上帝的完善的分有,不同程度地分有了上帝的完善性。目的论证明也是一样,上帝是目的本身,其他事物都是分享了上帝的目的性,所以其他事物在一定程度上是目的,在另外的程度上又是手段。

生问:阿奎那讨论了大量语言问题,如神学是否使用比喻,《圣经》是否允许一词多义,对《圣经》语言的分类,如字面意义、隐喻、说教、类比等,这些都不可避免地涉及语言哲学的一些基本问题,如指称的问题。中世纪对《圣经》的诠释传统是否对现代哲学的语言学转向有独特的影响?

我认为,当然有重要影响。语言分析哲学为什么从英国开始? 这与经院哲学的传统有关。经院哲学传统在欧洲大陆受到猛烈批判,但英国哲学家没有特别批判经院哲学,可能是因为英国的经院哲学家,如罗吉尔·培根、邓·司各脱、奥康等,有经验论、唯名论的倾向,而近代英国哲学继承了这一传统。另外,英国的经院哲学比托马斯主义更注意逻辑和语言的意义问题,对语词的分析比阿奎那更为细致。这些都形成了一个哲学传统。读霍布斯和洛克的书,可以看到他们的经验论和唯名论与语言意义分析的联系非常紧密。这是英国人做哲学的风格,这种风格来自经院哲学的传统。

至于托马斯·阿奎那对语言哲学的贡献,最著名的是对"类比"问题的讨论。第十三题第二款的问题是:"是不是所有的名称都能被用作上帝的实指?""实指"表示不是在比喻意义上空洞地使用的,而是说上帝真正地、实在地就是第一推动者、动力因、必然存在者、完善的存在、目的,如同这些名称所指称的那样。托马斯·阿奎那这样论述是为了反对当时的否定神学。否定神学认为,人类使用的名称都不能运用于上帝,例如说人是善的,但是不能说上帝是善的,因为善以及其他的名称都不能指称上帝。这个问题实际上涉及名称和名词短语是不是都有指称的问题。这是现代语言哲学讨论的大问题。

生问:在阿奎那那里,既然种(genus)、属(species)是被造物,那么它们与上帝是什么关系?尤其是在单义和多义的讨论中,种属居于什么地位?

托马斯·阿奎那在第十三题第五款中讨论了单义和多义的问题。他的问题是:当我们用同一个词来表述上帝和被造物时,这个词是单义的还是歧义的?比如说上帝的"善"和人的"善",是不是歧义的?再比如,物理学的推动者、动力因和神学所讲的推动者、动力因,是不是有同样意义?如果没有,那么从经验事物的特征推导出上帝的存在,就犯了混淆概念的错误。托马斯·阿奎那认为,指称上帝的词和指称人的词既不是单义,但也不是歧义,而是类比。亚里士多德在《形而上学》里面讨论 being 的意义时说,being 有很多意义,这些意义是类比关系。例如,健康有很多意义,但有一个中心意义(focal meaning),指身体的状态;同样,being 的中心意义是实体。

托马斯·阿奎那讲类比有他的独特之处。类比不只是语言的关系,还指称着实在的关系,这种实在关系就是柏拉图所说的分有学说,类比就是分有的不同程度,例如 a、b,如果 a 是个理念,那么 a 是百分之百的完满,而 b 如果是可感事物,介于"是 a"和"不是 a"之间,可以说分有 a 一半的完满性,这就是类比的意义。类比是比例的意思,是按照分有程度的比例。按照分有的学说,既然任何事物都是上帝创造的,那么不同的种属都在不同程度上分有了上帝的属性和存在,只是分有的程度不一样,比如人分有的程度比天使低,但比动物高。在动物的种属中,也分有了上帝不同程度的完满性,用语言来表示就是类比。我们之所以可以通过经验的、后天的方法和现象来认识上帝,就是因为我们可以用描述经验的语言来类比上帝,而类比的哲学基础就是柏拉图的分有学说。分有是从高到底的连续等级,被造物和上帝不是两极,而是被世界的秩序安排在一个等级秩序当中。这里,托马斯·阿奎那结合了亚里士多德的等级连续性思想和柏拉图的分有思想,这也是他把亚里士多德主义和柏拉图主义结合在一起的一个例子。

最后,托马斯·阿奎那的"五路"证明有没有问题?我看是有问题的。首先一个问题是他关于等级秩序的想法。我们看到,"五路"的前三个是关于因果关系的序列,后两个是关于完满性的序列。两者有一个共同的特点,就是把世界的等级秩序想象为有限的、线性关系,这是古代人的世界图式。现代的世界图式不一样,比如,因果关系不是线性的,而是网状的,可以一因多果或一果多因,也可以是相互作用、既没有第一因也没有终结原因的。完满性也是如此,没有一个单一的标准,比如,一些物种生活在地球上几亿年,十几亿年,而人类才有几百万年的历史,不能说人类比其他物种有更完满的适应性。"五路"通过单一的线性的关系,推导出一个起点或终点,把这个起点或终点称为"上帝"。这是古代人的简单的线性思维方式,是建立在古代人对世界图式的想象的基础之上的。

还有一个问题。我们可以看到"五路"证明的最后都有一句说明:第一个证明结尾是"第一推动者是我们每一个人都理解的,就是上帝";第二个证明结尾是"第一个动力因,所有的人都会把第一动力因叫作上帝";第三个证明的结尾是"所有的人都会把自因说成是上帝",第四个、第五个证明也是如此。但为什么第一推动者、第一动力因、自因、最完善的存在和目的性本身就是基督教所信仰的上帝呢?亚里士多德认为第一推动者是神,但不是基督教所信仰的上帝。这就是帕斯卡讲的问题:哲学家的上帝不是亚伯拉罕的上帝。是托马斯·阿奎那完全混淆了哲学家的上帝和基督教所信仰的上帝，还是他认识到这是通过两个不同的途径认识到的同一个真理？他关于神学和哲学的区分蕴含着这样的思想：哲学家和神学家的理性证明和基督教的信仰所认识的是同一个上帝，通过不同的科学和不同的方法所认识的是同一个真理。但是对这样的潜在的结论，他还要继续证明，并不是在第二题第三款就讲完了，实际上他到第十三题还在继续上帝存在的证明。但这些证明仍然是哲学的理性证明，而基督教信仰的上帝是"三位一体"的上帝，托马斯·阿奎那认为，"三位一体"是理性不能证明的，属于天启和信仰。如果不能把第一推动者、第一动力因、自因、最完善的存在和目的性等于"三位一体"的上帝，那么他所证明的上帝不一定是基督教信仰的上帝。

四、

托马斯·阿奎那的伦理学

　　生问："最终目的"似乎是阿奎那非常重视的问题。他说："人是被造的宇宙的一部分，不是最终目的，而是朝向上帝的。"（教材，197）究竟怎样以上帝为目的？怎样才算达到了最终目的？

这个断语有亚里士多德的背景，但托马斯·阿奎那补充了神学的内容。我们知道，亚里士多德以幸福为人的最终目的。托马斯·阿奎那在讲幸福的时候，他的论述与亚里士多德很相似，认为可以通过哲学家的思辨来达到幸福，但是他又加了一条，说最高的幸福不是哲学家思辨的幸福，而是通过虔诚的信仰，获得上帝的恩典，最后达到至福。这种通过信仰甚至神秘的途径才能达到的，就是"至福"（bliss）。达到了至福就达到了最终目的。

　　生问：阿奎那把德性分为习惯形成的德性和上帝灌输的德性，认为这两种德性都是必要的。但问题是，上帝灌输的德性是否平等地给予每一个人？如果是，那么作这样的区分没有多大意义？如果不是，又有新的问题：上帝根据什么来灌输德性？如果根据上帝的意志，那么习惯养成的德性就不重要了;如果是根据人的行为,那么上帝的灌输就不重要了。

我认为,这些问题太理性,可能是托马斯·阿奎那始料未及的,但后来的宗教改革家确实是按照这样的逻辑提出问题,向托马斯主义提出了挑战。托马斯·阿奎那在讲德性的时候也接受了亚里士多德的观点,认为德性就是好习惯。他也区别了理性的德性和实践的德性,理性的德性包括理智、科学和智慧三个等级,实践的德性包括记忆和谨慎两种。除此之外他还增加了神学德性,有信、望、爱三种,比亚里士多德对德性的区分更系统。他把神学增加到亚里士多德的伦理学中。在上述德性中,他认为神学德性是上帝灌输的,而理性的德性和实践的德性都是后天的习惯。至于上帝根据什么给予人以信、望、爱的问题,他采取了折中的路线:一方面出于上帝的恩典,一方面出于人自身的善功。后来的宗教改革家强调"因信称义":信仰来自上帝的恩典,善功是信仰的结果,而不是获得信仰的原因。他们也遇到上帝根据什么给予一些人恩典,而不给予另外一些人恩典的问题。我在讲奥古斯丁时曾提到这个问题。他们认为对于上帝的意志,无理可说,弃民没有权利向自己的创造者抱怨为什么不把自己造得更好一些,为什么不给予信仰的恩典。这个回答是有点不讲理,但我们要看到,它所针对的是托马斯主义的折中路线。在宗教改革家看来,折中路线更没有道理,更不符合逻辑,而且淡化了信仰;他们的回答虽然也不是理性的,但至少强化了信仰,因而是比托马斯主义所代表的罗马教会更好的解决方案。

生问:托马斯·阿奎那是如何看待人的欲望的?他在对幸福的讨论中,欲望是作为幸福的反面被涉及的,他有没有更深入的讨论?

在托马斯·阿奎那的伦理学中,有不少心理学分析,如对欲望和爱的关系、欲望和理智的关系都有很多详细的分析。托马斯·阿奎那并没有把欲望看作应该否定的一个心理活动,认为欲望和爱、意志、理性一样都是动力,人必须要有动力才能求知、求爱、求真。他分析得很详细,欲望有生理上的,也有心理上的,心理上的欲望既有感性的又有理性的,理性的欲望里面既有理论的又有实践的。欲望的特点是朝向可欲对象,生理欲望的强烈对象是酒,心理上的感性欲望的对象是异性,实践理性的欲望的最强烈对象是权力,理论理性的欲望的最强烈对象是智慧。

因此他从最底层的欲望分析起,把哲学上所讨论的不同层次的对象都包括进去了。

五、

自然律的观念

生问:托马斯·阿奎那是如何证明自然律的原则是自明的? 自然律是可变的,还是不可变的? 他的回答好像有点矛盾。在第九十四题第五款中,他说"自然律的第一原则是不可改变的",但他又承认自然律在一些情况下可以改变。

托马斯·阿奎那继承了希腊人的自然律思想,他认为自然律是自明的,既然是自明的,就不需要证明。他和希腊人一样认为神是自然律的制定者。虽然托马斯·阿奎那和希腊人对神有不同的理解,但对他们而言,神的至善足以保证自然律的善,不需要更进一步的证明。自然律的自明还有另一层意思:它的原则直接显示在人心之中,每一个人有一种自然的能力,能够感受和接受自然律。这种能力就是良心。自然律的第一原则是向善避恶,这是我们的良心告诉我们的。为什么向善避恶是第一原则? 托马斯·阿奎那的理由是,只有向善避恶才能自我保存和繁殖后代,才能组成社会。从世俗内容来讲,自然律就是人的一种自然本能,这种自然本能包括:自我保存、繁衍和教育后代、组成社会、认识上帝。这些都是"向善避恶"的第一原则的自然延伸,因而被称为自然律的第二性的原则。

第九十四题第四款的问题是:"自然律是不是对所有人都是相同的?"托马斯·阿奎那的回答是,"我们必须说自然律作为一般性的原则对所有人都是相同的"(教材,216);但他又说,自然律的原则在大多数情况下是同样的,但是在某些少数情况下是不一致的。也就是说,既有不变,又有变化。为什么如此? 因为自然律的原则是不变的,但人们执行它们的方式是可变的,这是因为人的良心会犯错误。关于良心,他用了两个不同的词汇,一个是 conscientia,一个是 syneidesis。

这是两种不同的良心：syneidesis 是不会错的，能直接感知到向善避恶的原则，类似于孟子讲的良知良能，是人的天生的善性；conscientia 则是良知良能的运用，要对具体的事例加以判断，并得出如何向善避恶的结论。在把第一原则运用到具体环境中，进行判断和选择时，conscientia 和其他功能（例如欲望或意志）结合在一起了，有时和认知功能也发生联系，这些具体环境使 conscientia 变得可错。因此，自然律作为第一原则是不变的，但是运用于具体情境时也会出错，或者由于受到欲望、意志的干扰，或者由于情况太复杂，作出错误的判断。

在接下来的第五款中，托马斯·阿奎那讨论了自然律是否可以变化的问题。如果变化是指增加了新的原则，他持肯定态度，因为自然律需要很多人为法律的补充，才能在具体情况下得到正确的执行；如果变化指自然律的原则被废止了，他否认这种变化。他说，自然律的第一原则是不变的，第二原则可以被延缓执行，比如，在一些情况下，自我保存或繁殖后代的要求服从社会的需要，个人要作出生命和家庭的牺牲，等等。

自然律在托马斯·阿奎那的法律体系中不是最高的法则，最高的法则是永恒律，是上帝的意志。自然律是人凭着良知良能所能感知到的第一原则，是法律的基础。法律是成文法，自然律是不成文法。成文法又包括民法和神法，民法处理人和人的关系；神法，包括教会法，处理人和神的关系。自然律的理论为当时的民法和教会法建立了基础，使法律不需要直接诉诸上帝的意志。

自然律是近代自然法的源头。到了近代，自然法成为政治学和法学的根本观点。自然法是由托马斯·阿奎那发扬光大的。尽管在古希腊哲学中，例如在亚里士多德那里，已经有了关于自然法的论述，在斯多亚派那里可以看到更详细的论述，但只是到了中世纪，特别在托马斯·阿奎那那里，自然法的思想才更丰富。《神学大全》专门有一部分来讨论自然法，可以说是托马斯·阿奎那的政治思想或伦理思想中很重要的一个内容。只是自然法的重要性被凸现出来以后，到了近代人们才会对这种思想进行改造，变成近代政治学说的基础。因此研究自然法，托马斯·阿奎那的这个环节是不可逾越的。

第九讲

笛卡尔的《第一哲学沉思录》

一个公认的评价是,笛卡尔是近代哲学之父。这是一个很高的评价。有些人读了笛卡尔的《第一哲学沉思录》,可能会感到失望,觉得他的哲学的创新性不是很明显:和中世纪哲学家一样,笛卡尔也谈上帝,碰到不可解决的问题时,他把"上帝是不可能欺骗我们的"作为解决问题的方法。从很多方面来看,一些人说笛卡尔并没有彻底脱离中世纪的经院哲学。确实是这样,从历史的连续性来看,我们可以在笛卡尔的思想中找到很多和经院哲学相同的地方。研究中世纪哲学的著名哲学史家吉尔松专门写了一本书,讲笛卡尔和经院哲学的关系。那么如何看这个问题呢?

一、

笛卡尔的方法论自觉

生问:正如罗素所说,"笛卡尔认识论的建设部分远不如他的破坏部分有趣。……'批判的怀疑'方法在哲学上非常重要,尽管笛卡尔只是三心二意地运用它",笛卡尔得到的结论也许并不是很精彩,也不是很重要,但这种方法本身却产生了深远的影响,也是他的哲学之精髓所在。

我认为,罗素的话有两个问题:第一是把笛卡尔的方法完全等同于批判的怀疑方法;第二是说笛卡尔只是"三心二意"地运用他的方法。从方法论来看笛卡尔体系的创新性,这无疑是正确的解释,但他自觉地把新的方法论运用于哲学体系的建构,这不是"三心二意"能够做到的。可以说,笛卡尔是对方法论有自觉的第一个近代哲学家。在他之前,只有少数几个哲学家能有这样的自觉。在古代,柏拉图对辩证法的重视,就是他的方法论的自觉。亚里士多德在《工具篇》的一系列论文中,提出了"证明科学"的观念,这实际上也是亚里士多德的方法论。到了中世纪,对方法论的自觉和经院哲学的诞生是分不开的。基督教早期的教父哲学并没有明确的方法论。比如,奥古斯丁虽然是很伟大的基督教哲学家,但他并没有对方法论作出自觉的反思和论述。12世纪经院哲学的诞生和方法论问题紧密联系在一起,是自觉地把辩证法运用于神学的产物。经院哲学的辩证法不是我们现在讲的辩证法,也不是柏拉图的辩证法,而是亚里士多德讲的辩证逻辑,属于"证明科学"的范畴。亚里士多德的证明科学是从原则出发进行演绎,从而推导出结论,演绎的过程叫"证明",演绎的体系叫"证明科学"。关键在于如何证明第一原则?亚里士多德提出了两种证明:一种是从感觉出发,进行归纳和抽象,但亚里士多德认为这还不够严密;另一种是用辩证法来证明第一原则,把一个原则的正面和反面都考虑到,然后用逻辑或经验的方法,来看正面或反面是否能够成立,在正反两面的比较当中,看哪一个更正确,哪一个会引向荒谬的结果。如果可以证明其中的一个必然引向荒谬的结果,那么它的反面就必然为真。这有点像柏拉图的对话和辩论,亚里士多德把它称作"辩证推理"。

经院哲学是从这么一个问题开始的:辩证法能不能被应用于神学?换个说法就是,神学的命题有没有真和假?比如《圣经》里的信条、教父的结论、教皇下的谕旨,是不是有真假的问题?经院哲学肯定它们有真假的问题,没有不加怀疑地把神学命题当作真理接受下来,而是用辩证法加以论证。经院哲学的开山之作就是阿伯拉尔的《是与非》(*Yes and No*),尽管阿伯拉尔被教廷谴责为异端,但是这本书对经院哲学影响很大,因为阿伯拉尔在书中举出了158个神学命题,他认为每一个命题都有"是与非"这两种答案,并且每一种答案都可以在《圣经》、不同教父的论述或教皇谕旨里面找到证据。比如个人的灵魂是否不朽,回答"是"有很多论据,并且这些论据都是权威的论断;回答"否",同样能找到权威的论证。阿伯拉尔把这些问题提出来了,但是他没有讲怎么解决。我们看托马斯·阿奎那的《神学大全》,以及同时代的其他大全或论辩集,都是采取同样的形式写成的:首先有一个命题,然后列出否定的理由,接着对肯定的理由进行论述,再对否定的理由逐条进行反驳,这是典型的辩证法的方法。经院哲学要贯彻辩证法的方法论,所以有固定的程式,就像中国的八股文一样。

从 14—15 世纪开始,经院哲学开始走下坡路,特别是到了文艺复兴时期,经院哲学的固定程式基本上被打破。当时的哲学家在写哲学论著的时候,采取比较自由的方式,包括采取柏拉图对话的方式和散文、寓言、诗歌等形式。尽管文艺复兴时期的很多思想突破了经院哲学和神本主义,但是文艺复兴时期不是哲学的原创时期,因为这时还没有方法论的自觉,也没有在方法论自觉的基础上建立的完整的哲学体系。近代哲学是从对方法论的批判和反思开始的,在笛卡尔之前还有弗兰西斯·培根。培根批判了亚里士多德的三段论和演绎逻辑的方法,他指出这种方法不适合自然科学,是发展自然科学的障碍,要发展自然科学需要一种新方法、新工具,这就是归纳法。但是培根没有在对这种方法论反思的基础上建立哲学理论。培根的哲学中精华部分就是方法论,但是正如他所指出的那样,方法论仅仅是一个工具,关键是用这个工具建立一个什么体系和理论大厦。他说明了他的方法,也说明了人类知识大厦的科学性质,但是他自己没有用他的方法建立一个科学的理论,也没有建立起哲学体系。笛卡尔就不一样了,他本人是个数学家和科学家,更重要的是,他还是个哲学家,有一套自己的方法论,并且用这种方法论,自觉地与经院哲学的演绎逻辑和辩证法区别开来。虽然他没有像培根一样明确地批判过时的方法论,而只是非常简单地从正面表达了自己的观点,但是如果把他的方法和经院哲学的方法对比一下,就会发现二者是完全不一样的。

笛卡尔至少在三个地方谈到他的方法论:《方法谈》、一个谈规则的短文章以及《哲学原理》的开始部分。他的方法论有不同的说法,最主要的有四条。第一,我们决不接受我们没有确定为真的东西。这就把真理问题转变为知识确定性的问题。到了现代哲学,"确定性"成了真理的代名词。第二,把每一个需要考察的难题分析到可以适当地加以解决的程度,这是从复杂到简单进行分析的过程。但哲学分析不同于化学分析,化学分析把化合物分析到最简单的元素,是从整体到部分的分析。但是哲学里面的分析是从复杂到简单,而不是从全部到部分,是从不清楚、不确定的概念或命题,一步一步分析到清楚、确定的概念或命题,从语言分析哲学的角度讲,就是要把一个复杂命题分析到我们可以确定为真的地步为止。第三,在分析的基础上,从我们可以确定为真的思想开始,按照从简单到复杂的顺序,一步一步地综合,不能省略任何一个步骤,最后解决那个复杂的问题。第四,要把一切情况尽可能地列举出来。不管是分析也好,综合也好,在第一、第二个、第三个步骤中,都要尽可能地考虑到一切情况。这就是方法论的四个要点。

可以看出,这种方法不是形式逻辑的方法,和形式逻辑的要求没有直接的关系。那么它和什么样的科学有关系呢?笛卡尔说,这种方法和数学有关系,因此他把他的方法论叫做"普遍数学"。普遍数学不是我们现在讲的数学,而是希腊人讲的数学。希腊人的数学有两个最基本的观念:度量的观念和顺序的观念。就是说,数学考察一切可以度量的事物,不管是数字也好,线段也好,都有一个基本的度量单位,然后用基本度量单位来衡量其他对象,比如,在代数里面,这个基本度量单位就是 1,但是不是每一条线段都对应于一个数字,在不承认"无理数"的合理性之前,这是一个大问题。

笛卡尔是解析几何的创始人,他对数字和线段的对应关系,对如何按照数学公理的顺序建构一个数学体系,有透彻的理解。但这种数学的方法怎么运用到哲学上呢?哲学考察的是无所不包的事物,形而上学作为第一哲学,是考察一切存在物的。存在物和数学对象不一样,数学对象是同质的。例如,在代数中,舍去了事物的其他性质,只考虑数量特征;几何学舍去了事物的其他特征,只考虑线条和形状;线段和数字之间,通过解析几何,也能建立起同质的联系。但不同种类的存在物,从上帝到各个不同种属的事物,从精神到物质,这些异质的事物,用什么来度量?还有一个问题是关于顺序的。顺序在数学当中体现为分析和综合两种方法,比如几何学用综合的方法,是从最简单的公理开始,从公理到定理到定义,推导出一个个复杂图形的关系,这是从简单到复杂的综合过程。顺序在数学当中也有分析的过程,如数学分析。在数学当中,因为研究对象属于同一个系列,从简单到复杂和从复杂到简单,这两个过程是可逆的,可以从一开始采取分析的方法,也可以从一开始采取综合的方法,这并不能影响数学构造的结论。但是在不同系列的不同事物当中,分析和综合不是一个可逆、可互换的关系,必须确定从分析开始还是从综合开始,然后解决如何从分析过渡到综合,或从综合过渡到分析。分析和综合之间的过渡关系,实际上是解决不同系列、不同性质的事物之间的相互关系问题。

从方法论上说,笛卡尔的方法论及其运用和经院哲学有根本的不同,确实可以说他是近代哲学的第一人。不是说近代的哲学家都接受笛卡尔的结论,但是他们都接受了笛卡尔的范式。后来罗蒂在批判近现代哲学时说,近现代哲学家都是在"康德-笛卡尔范式"中思考的,笛卡尔第一个提出了这个范式,康德的范式又在笛卡尔范式的基础上提出来。我不同意罗蒂用"自然之镜"的说法来概括这个范式。从方法论的角度来看,这个范式有这样一些特点。第一,笛卡尔的范式把分析和综合作为基本的关系。以前的形式逻辑方法论不存在分析和综合的关系,最多只是演绎和归纳的关系。笛卡尔首先提出了分析和综合的关系问题。近代哲学家虽然有主张分析为先和主张综合为先的分歧,但都把分析和综合的关系问题放在首位。欧洲大陆方面的笛卡尔、斯宾诺莎、莱布尼茨和英国经验主义的霍布斯、洛克、休谟都讨论过分析和综合的问题。他们不仅仅讨论方法论的问题,后来还提出了分析命题和综合命题的区分,这就从方法扩展到了判断的内容。康德最后的先天综合判断的提法,可以说是对近代关于分析和综合的关系问题的一个总结。第二,笛卡尔提出以清楚明白的观念为标准,来衡量不同性质的事物。近代哲学家对观念有不同的解释。比如,休谟认为简单观念来自简单印象,简单印象和笛卡尔讲的清楚明白的观念有很多相似性;洛克讲的感觉和反省也是如此。尽管哲学家们使用不同的概念,但是他们都承认在我们内心当中用来确定为真的标准不是外在的,而是内在的,近代的哲学家都没有用外在的标准来衡量理论的真假。第三,欧陆的哲学家,特别是唯理论者,基本上都把自我意识当作知识的核心、源泉和基础,这是他们共同的特点。"我思"就是自我意识,自我意识在哲学当中的重要性是从笛卡尔开始的,认识论中建构的作用是从笛卡尔开始的。在笛卡尔以前,人们一般都是讲灵魂,但是古代和中世纪讲的"灵魂"和现代人讲的"自我意识"有很大的不同,可以说是两个根本不同的概念。第四,怀疑方法的运用。把以前人们信以为真的东西重新进行考察,进行批判性的考察,这也是近代哲学家普遍使用的方法。

笛卡尔的方法论反映出来的最基本特征,都表现在近代乃至现代很多哲学家的思想之中。例如,现象学和笛卡尔的关系很密切,从唯理论到先验论,再到现象学,都可以看到笛卡尔的影响。

二、

从方法论到哲学体系

生问:笛卡尔的方法论的怀疑不是对实存的怀疑。他一开始就确信有绝对的真理,毫不动摇关于永恒的本质和真理的信仰。从这个角度看,他还是属于古代和中世纪的思想家。

我认为,笛卡尔的目的确实是要用他的方法论达到关于实存的真理,但这只是说他按照新的方法论建立了他的体系,不能因此说,他的方法和体系与古代和中世纪的不一样。要读懂笛卡尔的沉思,要理解他的思想体系,就一定要了解他的方法,他的沉思的整个结构都是从他的方法那里来的。笛卡尔的方法是先分析、后综合,先把复杂的思想分析为简单的思想,然后从简单对象一步步构造出复杂对象,从思想的系列过渡到实在的系列。他的哲学体系是运用方法论原则的典范,是用他的工具建立起的一个理论大厦。

《第一哲学沉思录》是他按照普遍数学的方法而建构起来的思想体系。从结构上来看,沉思一和沉思二是分析的过程。对任何不能确定为真的东西的怀疑,对任何一个不可靠的理由的怀疑,就是在进行分析。沉思一是普遍的怀疑,普遍怀疑就是从复杂到简单。沉思二是找到了一个可以确定为真的东西,即"我思",或者自我意识,从而达到了分析的最后结果。沉思三是找到了一个共同的度量,或者说是判定真理的标准,即清楚明白的观念。清楚明白的观念的原始模型是我思,如果它和我思同样地清楚明白,那么它就是真的观念。它在哲学中所起的作用就好像数学里的共同度量的单位,用它来衡量其他的对象。运用这个度量,笛卡尔引出了上帝的观念。上帝的观念不是最简单的可确定为真的思想,也不是分析的结果,而是从最简单、最清楚明白的"我思"出发进行综合得到的第一个结果,也就是说,上帝的存在是需要证明的,这种证明是从简单到复杂的综合。沉思三证明的是实在的上帝,是一个真实存在的无限者,是一切有限事物的终极原因,而不仅仅是自我的清楚明白的观念。这样就从思想的系列过渡到了实在的系列。不管怀疑,还是"我思",还是"清楚明白"的真理标准,还是上帝的观念,都是在思想中的分析和综合,但在找到了上帝这一个实在的终极原因之后,就可以从这个原因推导出物质世界这个结果了。用上帝来保证物质世界的可靠性,是在实在的系列中的综合。沉思四是一个插曲,解释错误是怎么可能的。沉思五讨论物质世界,用上帝的存在来保证我们所感觉到的物质世界或者外部世界的真实。最后的沉思六讨论人。人的存在是思想和实在这两大系列的最后综合:心灵属于精神序列,身体属于物质序列,最后是身体和心灵的二元论。身体和心灵的二元论好像是分裂的,但是在笛卡尔那里并不重要,因为从他的方法论来说,两个体系最后要有一个综合。笛卡尔认为他达到了这个综合,即身体和心灵同时存在于人之中。笛卡尔从无一遗漏的分析(普遍怀疑)开始,最后达到了无可怀疑的综合(身心共存),这一建构从他的方法论的原则来看是完满的。我们应该承认,笛卡尔的体系是完整的,是方法论自觉的产物。现在的问题是,笛卡尔的体系是不是自洽的,有哪些可以推敲的地方?

三、

笛卡尔哲学和信仰的关系

生问:笛卡尔的哲学与宗教信仰的关系很暧昧。在"致神圣的巴黎神学院院长和圣师们"的信中,笛卡尔的用语也体现出对宗教权威的恭敬和谦卑,并且一再强调上帝存在对宗教信仰的不可置疑,他所作的思考只是为宗教信仰作证明,"不过这个理由不能向不信教的人提出,因为他们会以为我们在这上面犯了逻辑学家们称为循环论证的错误"。如果这封信所说的是笛卡尔的真实心态,那么《第一哲学沉思录》是一种在神学信仰的关照和权威统治下进行的哲学思考,他的目的是用"自然的"而非"神学"的理由来证明上帝存在和灵魂不朽。当然,也有人认为笛卡尔这样做只是逃避宗教迫害的权宜之计而已。罗素的意见是:"笛卡尔是懦弱胆小的人,但是说他不想惹麻烦好清静无忧地搞研究,这或许还比较温和和尽情些。他一贯奉承耶稣会士,不仅当他受制于这些人的时候如此,移往荷兰以后也如此。他的心理隐晦莫测……认为他的正统信仰不过是权宜之计的人也是有的。这固然是可能对的看法,但我以为这并不是一项可靠的意见。"不知老师如何评价上述看法?

我认为,笛卡尔本人的信仰是虔诚的,并且确实对宗教权威,包括对神学家和主教,表现出非常谦恭的态度。《第一哲学沉思录》有个很长的前言,用谦卑的话来表明他的动机。现在争论他讲的话的动机是不是真诚,没有太大的理论意义。现代解释学认为,我们不能用动机来判断一个作者的思想,文本一旦在历史中流传,它的意义就不再由作者决定了,我们更多要看他的文本实际上产生了什么历史效果。

笛卡尔哲学的历史效果可以从理论和实践两个方面来看。从理论上看,他从根本上改变了中世纪的哲学前提——上帝。我们看到,托马斯·阿奎那的《神学大全》一开始讨论上帝,认为哲学和神学一样,是研究上帝的科学,上帝是确定不移的出发点。但是在笛卡尔的《第一哲学沉思录》里面,确定知识的阿基米德点不是上帝,而是"我思"。笛卡尔的性格是很小心谨慎,他不是一个批判家,而是用非常冷静和理性的语言来正面阐述他的观点,避免与宗教势力以及经院哲学家和神学家发生正面的冲突。笛卡尔的表述有信仰上的原因,也有性格上的原因,但不能说他的哲学仍然是受信仰控制的,是和经院哲学一样的。我们可以看到,他提的第一原则"I think, therefore I am",为什么一下就传播开来了?其实并不完全在于它的思想的深刻性,而是它的修辞学的力量。它所取代的,是《圣经》里的一句话"I am who I am",上帝就是上帝,这是你必须信仰、不容置疑的。但是笛卡尔讲"I think, therefore I am","I am"需要理由,理由就是"I think"。很多哲学观念的传播都需要修辞的力量,就像德里达讲的那样,哲学是一种写作,哲学的思想需要有修辞的写作来传播,用修辞来增强它的力量。如果笛卡尔讲了很多,但提不出一个与经院哲学直接对立的明确的原则,也不会传播开来。现在,只要提到"I think, therefore I am"这个命题,人们马上就想到其与《圣经》的教导和经院哲学传统不一样,一下子颠覆了以前哲学的基础。然后在"我思"的基础上,重新证明上帝。上帝不再是经院哲学那里的第一原则,而变成了第二性的东西。

　　从实际的社会效果看,笛卡尔《第一哲学沉思录》以及他后来的《哲学原理》等书,在经院哲学当中引起了强烈的反响。《第一哲学沉思录》后面附有六组反驳,其中四组来自神学家或经院哲学家。当时大学的讲坛基本上被经院哲学家所把持,不管在欧陆还是在英国,近代哲学家都不是大学教授。虽然经院哲学当时已经衰落,在理论上提不出什么新的东西,但是在好几个世纪里,即从 16 世纪到 18 世纪法国大革命以前,大学的讲坛都为经院哲学家所把持。和法国启蒙运动直接批判基督教神学不一样,笛卡尔的哲学没有采取直接批判的态度。笛卡尔那个时代的哲学家提出根本不同的思想时,往往采取小心谨慎的态度,而不进行正面的批判,也许是出于策略,也许出于信仰,但这个并不重要,我们要看他们这样做的实际效果。笛卡尔一方面构建了一个新的体系,另一方面保持了与经院哲学的历史连续性,包括术语和论题——上帝存在、人的心灵、精神实体、物质实体。在《哲学原理》这本书中,笛卡尔从"实体"概念开始,给"实体"下了一个定义:实体就是自因。严格意义上只有一个实体,这个实体就是上帝。实体有两个属性,一个是广延,一个是思想;体现广延和思想的东西分别是物质和心灵;物质和心灵是第二性的实体,是从第一性的实体中派生出来的。另外,《哲学原理》这本书的写法很像经院哲学的那种写法。笛卡尔哲学和经院哲学保持着连续性,所以可以和经院哲学对话,在《第一哲学沉思录》后面附有反驳,笛卡尔也进行回复。这是理性的对话,和启蒙运动的批判不相同,启蒙运动的激进批判使用了完全不同的语言,最后导致了"武器"的批判。笛卡尔的思想仍然是批判的"武器",正因为他和经院哲学之间可以进行对话,他的思想才可以在经院哲学把持的大学里传播开来,形成了笛卡尔主义思潮。笛卡尔主义很快在荷兰和法国的少数大学里面占据一席之地。

　　总之,从理论的和实际的结果来看,笛卡尔哲学起到与经院哲学相抗衡的开创新思潮的作用。不管笛卡尔的个人信仰怎么样,他的思想都起到了动摇当时宗教势力思想基础的效果,最后还导致了更激进的批判即启蒙运动。

四、

普遍怀疑是否可能?

生问:笛卡尔说,"自幼年起就把一大堆错误的见解当作真实接受过来",因此产生了怀疑一切的思想。他的怀疑脱胎于对自然的怀疑,但在形而上学领域内求真的活动以自然的生活为起点,不可避免地在逻辑上有缺陷。既然还没有建立起绝对真的东西,那么你如何判断、用什么来判断"一大堆错误的见解"的错误?

我认为,笛卡尔的怀疑起源于对常识的怀疑,但对常识的怀疑不是以自然的生活为起点,而是属于形而上学的求真活动。亚里士多德说哲学起源于对自然现象的"诧异",进而一步提出了形而上学的问题。"诧异"就是不满足于神话世界观对自然现象的解释。休谟对因果关系的怀疑是反常识的,按康德的说法,这一怀疑动摇了传统形而上学的基础。笛卡尔也是从怀疑常识开始的。常识就是我们自幼年以来接受的一大堆信以为真的东西,虽然不能说常识全部都错了,但其中肯定有错误的成分。虽然开始时还没有一个标准,还不知道哪一些是正确的,哪一些是错误的,但可以肯定的是,常识作为一个整体,不能作为知识的基础,也不能依靠常识来建立知识的大厦。笛卡尔觉得知识的基础都不可靠,不能在旧的基础上建立体系,所以要建立一个新的体系就要把基础先清理干净。他说那句话的意思是,旧知识所依赖的常识的力量太强大了,错误太多了,一定不能不加怀疑和批判地接受它们。

生问:笛卡尔说:"只要我在那些东西里找到哪怕一点点值得怀疑的东西,我就把它们全部抛弃掉。"难道仅仅因为我们在被感觉欺骗的时候,就把它们全部当作怀疑的对象吗?这是不是太极端了?比如他讲的蜡块的例子,蜡块感觉到温度高了会熔掉,颜色会改变,因此他就否认我们在正常情况下对蜡块的认识,这种怀疑是不是正确的方法?

我认为,笛卡尔是在基础论的框架内讲这话的,他在说这话之前有个很重要的说明。为什么哪怕有一点点可疑的东西,就要把它们全部抛弃掉?因为他要重新寻找一个基础，这个基础不容许有一丝错误，否则在这个基础之上建立的大厦就不可靠，所谓"差之毫厘，谬以千里"。正是出于基础论的需要，他提出了严格的要求：只要有被欺骗的任何可能，都不能放在基础里。为什么到了后来，在第五个沉思里，他又把抛弃掉的可感的物质世界又请回来了？这是因为这时的基础已经牢固了，可以确定可感的物质是真实、可靠的，可以容纳在知识体系里面。但是知识的基础部分在没有搞清楚之前，都要保持怀疑态度。这可以说是一种悬搁，即后来现象学的悬搁，不是从根本上否定，而是悬搁起来。对知识的基础的这种要求是合理的，特别是在知识发生大变革的时代。很多后现代哲学家批判基础论，认为知识根本就不需要这样一个基础，但他们忽略了当时历史的环境，即笛卡尔的时代需要基础论。我们现在不能不看当时的历史条件而一概地把基础论作为错误学说来批判和反对。也许，现在我们找不到什么永恒不变的牢固的知识基础，但在近代自然科学奠基的时代，在人类知识发生根本变革的时代，人们确实要寻找新的知识基础。基础论为人类新知识提供论证和保障，在近代起到了推动历史进步，促进人类知识进步的作用，它的历史地位是不能被否认的。

生问：笛卡尔提出了三个普遍怀疑的原因：感觉的不可靠、梦境和精灵。这三种怀疑理由中的每一种都可以作为怀疑一切的理由，还是每一种只作为怀疑知识的某一部分的理由？

感觉的不可靠、梦境和精灵，是怀疑不同知识的三种理由，并且有一个递进的关系，后面一个怀疑比前面的怀疑更激进、更彻底。但它们都针对一个共同的对象，那就是感觉的对象。第一，感觉的不可靠性所针对的是感觉的外在对象。一个很简单的理由是，我们的感觉会有错误，有时我们会有幻觉，只要有一丝错误，我们就不能把关于外在对象的知识放到知识的基础部分。第二，梦境的虚幻所针对的，是我对我自己身体的感觉。我对我自己身体的感觉基本上不会有错，例如我现在掐我的胳膊，感觉到疼，这些事实不能被怀疑。但是，想象你在做梦的时候，你的身体也同样栩栩如生，同样会感到害怕、痛苦、忧伤。你在清醒时看到你穿着大袍在读书，但你在做梦时也会产生同样的感觉，有时梦境确实难以和真实的经历相区别，如梦游。笛卡尔自己就有这样的经历。笛卡尔为什么要从事哲学？有一天晚上他做了个梦，梦见一个天使打开一本书，开始书上没有字，后来每一个字都很清楚。经历了梦境之后，他感觉上帝给了他一个使命，要他建立一个新的知识体系。他感觉自己梦中的身体和梦醒之后的身体，是难以区分开的。[1]中国哲学里面有"庄周梦蝶"的寓言，讲的是同样的道理。可能只有少数人才会有这样奇特的经历。但是，不要忘记笛卡尔的规则：只要有一点点可疑之处，就不能当作知识的基础。这就是为什么不能把对自己身体的感觉当作知识的基础。最后，有人问，数学知识应该不能被怀疑了吧？笛卡尔认为，数学的公理好像是自明的，但这些来自自明直觉的命题仍然是感觉的对象，是不可靠的。比如，"一加一等于二"来自我们感觉到的事物，如幼儿园老师用一个苹果加一个苹果的例子来教儿童这个道理，但从来没有人给出一个数学证明。直到 20 世纪初，逻辑主义才提出：为什么一加一等于二？并给出了非常复杂的证明。再比如欧氏几何的平行线公理，看起来是自明的，但这只是在平面上才是这样，在球面或者凹面上，通过直线外的一点，可以作不出平行线，也可以作出无数条平行线。代数和几何学的公理都是建立在感觉的基础之上的，因此不能放在基础的部分。

我们看到，普遍怀疑是一个递进的过程，都是对感觉的怀疑：首先是对感觉的外在对象的怀疑，其次是对感觉的身体对象的怀疑，再次是对在感觉的基础之上形成的抽象原则的怀疑。休谟和笛卡尔的怀疑都是怀疑，但是他们的指向是不一样的。笛卡尔是对感觉的怀疑，最后走向理性主义；休谟是对理性主义提出挑战，最后走向自然主义。

　　生问：笛卡尔的"邪恶精灵"的论证非常别扭。他把凡是清楚明白的东西都当作真实的，但我们对精灵没有清楚明白的思想，为什么要用对邪恶精灵的模糊想象，来论证清楚明白的数学和逻辑的不可靠呢？

我认为，所谓"清楚明白"的真理标准是以后才确立的，而且指的是天赋观念。但笛卡尔在这里怀疑的是来自感觉的观念。他并不认为数学的公理，如"一加一等于二"、欧几里得的平行线公理，是天赋观念。至于他为什么要用"邪恶精灵"的

1　参见冯俊《笛卡尔第一哲学研究》，中国人民大学出版社 1989 年版，第 6 页。

欺骗作为怀疑的理由，我可以给你们一个相关的现代解释。当代分析哲学家普特南（Putnam）提出了一个"缸中之脑"（brains in a vat）的论证，把笛卡尔的怀疑用现代科学的方式提了出来。设想把大脑放在充满营养液的大缸里面，大脑可以凭借营养液存活。一个邪恶的科学家知道大脑的什么部位会产生什么感觉，就像笛卡尔说的邪恶精灵。他用电极刺激大脑的各个部位，刺激大脑的一个部位，会产生红色的感觉，刺激大脑的另外一个部位，会产生疼痛的感觉，刺激大脑的某个部位，还会产生一加一等于二的思想。他把人的感觉看作缸中大脑受到外部刺激而产生的反应，和笛卡尔的怀疑实际上是一样的。但是普特南说，缸中大脑可以有与正常的人脑一样的感觉和思想，但还缺少一种思想，那就是："我是缸中大脑。"不管这个邪恶科学家刺激缸中大脑的哪一个部位，它都想不到"我是缸中大脑"，大脑里面没有这么一个部位能产生"我是缸中大脑"这个思想。所以普特南说，人的意识不是缸中大脑，和缸中大脑有本质的区别。[1]

"缸中大脑"的思想实验否认把人的意识等同于大脑的一个机能。我们现在经常听说，意识只是大脑的机能，这个思想实验说明了意识不可能等同于大脑的机能。意识在很多方面等同于大脑的机能，但自我意识不是。笛卡尔说：我不可能怀疑我正在怀疑，这个说法和普特南讲的缸中大脑不会想到自己是缸中大脑，是相反相成的道理：一个是说没有自我意识的思想是可以怀疑的；一个是说自我意识，或"我思"是不可怀疑的，因此自我意识是思想的阿基米德点，可以作为我们的第一原则和基础。

五、

"我思"的意思

　　生问：笛卡尔的第一原则"Cogito, ergo sum"一般被翻译成"我思故我在"，王路认为应翻译为"我思故我是"。我同意这一说法。因为笛卡尔在文

1　参见 H. Putnam, *Reason*, *Truth and History*, Cambridge University Press，1981。

中是讨论"我"是什么的问题,用他的话来说,"我"是一个思想的东西,"就是在怀疑、理解、理会、肯定、否定、愿意、不愿意、想象和感知的东西"。

王路在《是与真》中指出,being 的意义为"是",无论巴门尼德、柏拉图、亚里士多德、中世纪的哲学家,还是笛卡尔、康德、黑格尔、海德格尔,都在谈论"是",并由此谈到逻辑上的"真"的意义。[1] 我的观点是要根据语境来决定 being 翻译为"存在""是"还是"有"。在这个语境中,我同意王路的观点,笛卡尔讲"I think, therefore I am",我也主张翻译成"我思故我是"。笛卡尔的问题不是"我"是否存在,以及"我"为什么存在,而是"我"到底是什么。即使在对我身体的感觉产生怀疑时,他也不是说我这个人不存在,不是否认身体的存在,而是要悬搁对我的身体的感觉。"我思"也不是证明"我存在"的理由,更不是在说"我身体可能不存在,而我的思想必定存在"。这个命题不是存在论的命题,而是知识论的命题:"自我"是什么,"自我"的本质是什么? 我在《西方哲学中的十大误解》一文中认为"我思故我在"是一种误解,正确的译法是"我思故我是"。这和王路的观点是一样的。

再比如,贝克莱说的"to be is to be perceived"被翻译为"存在就是被感知",也是一种误解。贝克莱所说的"to be"不是"存在",而是"所是"。他的意思是:所是的东西就是被感知到的东西。要判断一个东西是什么,只能根据感知来判断,你感知到它是什么,你才能讲它是什么东西;你感知不到的东西,它就不能被描述成任何东西。在这些语境里面,我们都要把 being 翻译成"是",而不是"存在"。然而,不是所有地方都要翻译为"是",海德格尔讲 Sein 的时候,明确地指出,Sein 的首要的、基本的意义就是 existence,即"存在"。黑格尔讲 Sein 的时候,既不是讲"存在",也不是讲"是",而是讲"存有"。

生问:思考是不是一定要有对象? 如果一定要有的话,没有对象就没有思考,对象在逻辑上先于思考而存在,"我思"如何能够成为第一原则? 如果思考不是必定有对象,那么"我思"又如何可能?

笛卡尔在这里确实语焉不详,没有区分我思和我思的对象,没有明确地指出:

---

1 参见王路《是与真》,人民出版社 2003 年版,第 46—70 页。

我思到底是主体还是对象。后来的哲学家提出了对象意识和自我意识的区分：对象意识以外在东西为对象；自我意识以意识本身为对象。康德说自我意识或自我也就是笛卡尔的"我思"。"我思"不是对象意识，而是对对象意识的意识。用日常语言表达，"我思"就是"我知道我在怀疑""我知道我在思想""我知道我在感觉"，等等。笛卡尔实际上是把主句"我知道"省略掉了，因为那是不言而喻的前提。在日常语言中我们也不会说"我知道我在看什么东西"，我们只会说"我在看什么东西"。如果没有这样一个前提，如果我不知道我在看一样东西，不知道我在想一个东西，那么我还能说，我在看或者我在想什么东西吗？笛卡尔也是这么说的：如果我不知道我在怀疑，我还能说我在怀疑吗？"我知道我在看、在思、在怀疑"，这就是"我思"。

20世纪的分析哲学有一个公案。摩尔举了一个例子说明外部实在是不可怀疑的："我知道我有两只手。"后期维特根斯坦写了《论确定性》，他说这句话摩尔讲错了，我们只说"我有两只手"，但从来不说"我知道我有两只手"，因为我有两只手是确定的，最确定的东西——"我知道"，恰恰不用说。维特根斯坦说"我叫维特根斯坦"，但他从来不说"我知道我叫维特根斯坦"；如果要加上"我知道"，那恰恰说明他知道的东西是可怀疑的，它的反面是可以成立的。对于那些反面根本不能成立的东西，他根本不会说"我知道""我相信"等等。维特根斯坦从语言哲学角度对确定性的思考，可以解释笛卡尔为什么说"我思"是"我在想，在看……"，而省略了"我知道"的前提。总的来说，"我思"的特征是：第一，反思性的自我意识；第二，确定无疑的；第三，正因为是确定无疑的，所以是隐蔽的，或者说，不是我们日常语言的部分，却是我们意识活动的基础，是表达意识内容的日常语言的前提。

生问：笛卡尔说，"我"就是指称"具有这个思想的实体"。但是这样会带来另一个问题：不同的思想都包含"我"，比如"我似乎看到红色""我很高兴"，如何确定这两个思想中的"我"是同一个实体？即，"我"所指称的对象的同一性问题在笛卡尔的理论框架中如何解决？另外，如果"我"指称思想的实体，那么如何解释"我坐着""我有两只手""我有一本书"中的"我"？

我认为，如果理解"我思"不是对象意识，而是自我意识，"我"的同一性就好理解了。对象意识是感觉和意识的内容,随着对象的变化和主观条件的变化而变化。如果没有自我意识,那么意识确实像休谟所说,"自我"只不过是一束知觉流,而不是固定的所指,这一分钟的"我",不是下一分钟的"我","我"极有可能是一种连绵不断的知觉。当笛卡尔说自我是一个实体时,他的意思是要说,在一切意识活动中,自我保持着主体性,在意识内容的变化中保持自身的不变,尽管"自我"反思的对象千差万别、千变万化,但反思的主体始终是"我";换句话说,在"我知道 p(p 代表一个命题)"的句式中,尽管命题 p 的意义不断变化,但"我知道"的意义始终不变。

另一个问题是,为什么"我"不能是身体活动的主体呢? 比如,"我坐着"和"我有一本书"中的"我"不也是主体吗? 在《第一哲学沉思录》的附录中,我们可以看到,当年伽桑狄(P. Gassendi)正是这样反驳笛卡尔的。他问道,为什么不能说"我行走,故我存在"呢? 我想,笛卡尔的回答是,我的身体是被我感觉的内容,"我坐着""我有两只手""我有一本书"都是我的感觉内容,它们也都是"我思"的对象。"我"是所有感觉(包括对自己身体感觉)的主体。笛卡尔会说,"我坐着"只是"我觉得我坐着"的省略。同理,"我有一本书""我行走"等,只是"我知道我有一本书""我感到我行走"等的省略。只是在省略了"我知道""我感到"时,才会把对身体的感觉等同为身体活动,我们才说"我"是身体活动的主体。这是日常语言的表达,是常识,背后隐藏的哲学道理仍然是"我思"的主体作用。

六、

关于"清楚明白"的真理标准

生问:笛卡尔在沉思三中说:"凡是我们领会得十分清楚、十分明白的东西都是真的。""清楚明白"只是个人的主观评价,我领会得清楚明白的东西如何保证别人也领会得清楚明白? 反过来也是一样。"清楚明白"如何能成为"我们"的共同标准呢?

我认为,当笛卡尔说"清楚明白"是"我们"共同的真理标准时,他实际上是以"自我意识"的普遍性为前提的。从这个前提出发,他的推理是:既然每一个人都有"自我"的清楚明白的观念,他也会有其他一些与"自我"同样清楚明白的观念。从笛卡尔到康德的近代哲学家都相信"自我意识"的普遍性,即每个有理性的人都有同样的"自我意识"。他们以全人类的名义探讨知识论的问题,正如科学家探讨人类知识的态度一样,因此没有想到"自我"有没有人称区别的问题:"我"的"自我"与"你"的"自我"是否不同? 如果相同,为什么? 如果不同,"自我"如何认识"他人"? 直到 20 世纪的现代哲学家才提出了这些问题。现代哲学家认识到,"自我"是单称第一人称的概念,而不是"我们"的集体概念;哲学家以"自我意识"为中心的知识论不能代表人类知识,而是一种"唯我论"(solipsism)。维特根斯坦和胡塞尔都谈到哲学"唯我论"的问题。维特根斯坦认为,"自我"是我的语言的界限,哲学"唯我论"是正当的、不可避免的;胡塞尔则殚精竭虑地避免"唯我论",他提出著名的"主体间性"(inter-subjectivity)概念,用这个概念说明,不同主体的"自我"之间有着共同性。话说回来,笛卡尔的"自我"可以说是"主体间性",但他把认识主体的共同性当成了不证自明的前提。实际上,这个前提是有问题的,现代哲学并没有能够证明这个前提,现代心理学也没有解决这个问题。

> 生问:笛卡尔说,与"我思"同样"清楚明白"的观念是真的,如何能将其他观念与"自我"相比较呢? 这种比较是否也算是个人的感觉的判断呢? 如果它是理性的推理,推理的根据是什么? 笛卡尔诉诸"自然的光明",我觉得"自然的光明"的感觉成分远远大于理性成分。

我觉得我们在这里的确看到了笛卡尔难以应付的困难。他提出把"清楚明白"的观念作为真理的标准,这个标准是由"我思"建立起来的,但笛卡尔并没有把其他观念与"我思"一一比较,看看哪一些是清楚明白的,哪一些不是。毋宁说,他是把"我思"作为一类观念的代表,与其他类别的观念区别开来;他的方法是把观念归类,而不是作观念间的比较。因此,在说了"与'我思'同样'清楚明白'的观念是真的"这句话之后,笛卡尔紧接着提出了观念的三分法:天赋的(innatas)、外来的(adventitias)和虚构的(factas)。外来观念和虚构观念都不可能是清楚明白的,只有天赋观念是清楚明白的。从来源上说,天赋观念和外来观念都有外在来源,而虚构观念是没有外在来源的,是"我"自己虚构或创造出来的,比如把不同事物的形象拼凑在一起,创造出人头马、美人鱼等观念。天赋观念和外来观念的区别是什么? 笛卡尔使用了经院哲学的术语,说天赋观念是"卓越地"(éminement)存在于上帝之中,而外来观念是来自感觉对象的观念,而不是"形式地"(formellement)存在于外部世界。"形式地"指不但存在于观念之中,而且存在于现实之中;"卓越地"指超越了观念和现实的存在。笛卡尔用这一区分说明:天赋观念不是来自外部世界,而是存在于上帝之中,是上帝赋予人类的;而外来观念也不是来自外部世界,而是由于人的"自然的倾向"和意志的作用。外来观念指来自感觉的观念,笛卡尔不否认感觉的对象是外部事物,但他否认感觉能够真实地反映外物。他和当时的很多哲学家一样,实际上区分了"第一性的质"和"第二性的质",他多次以"蜡块"为例说明这两种性质的不同。外来观念相当于外物的"第二性的质",如蜡块的色、香、味、硬度等感觉到的性质,笛卡尔和当时的其他哲学家认为这些性质带有个人感觉的主观性,因人、因条件而变化,因此这些观念是不可靠、不真实的。与此相反,蜡块的广延及其形状、数量等"第一性的质"是真实的性质,不以人的感觉和认识的主观条件为转移。

笛卡尔与洛克等经验论者的区别在于,他认为广延的观念不可能来自感觉,不属于外来观念,而是天赋观念,是上帝赋予我们的。在沉思五中,笛卡尔说:"我非常清楚地认识到,一切知识的可靠性和真实性都取决于对于真实的上帝这个唯一的认识,而在我认识上帝之前,我是不能完满地知道任何其他事物的。"注意,在说这些话时,上帝存在已经被证明了,他这样讲起码没有逻辑上的错误。但在还没有证明上帝的存在之前,笛卡尔实际上已经把真理的标准归于上帝,也就是上面讲的"一切知识的可靠性和真实性都取决于对于真实的上帝这个唯一的认识"。因为真理的标准是清楚明白的观念,而清楚明白的观念是天赋的,是上帝所赋予的观念。这里就有了一个逻辑上的漏洞:你在没有证明上帝存在之前,怎么能说清楚明白的观念是天赋的呢? 虽然"天赋"是一个模糊的概念,但它的意思不是"自然生成",笛卡尔明确地说,外来观念出自人的"自然倾向",而天赋观念来自"自然之光",这句话的意思来自奥古斯丁的"光照论",指上帝之光留在人的心灵上的印记。"自然之光"的提法隐晦地肯定天赋观念是上帝赋予的。这里有循环论证的错误。因为笛卡尔在后面紧接着讲,"上帝"是一个清楚明白的观念,并从这个清楚明白的观念来证明上帝的存在,但在前面已经说天赋观念,即上帝赋予的观念都是清楚明白的观念,上帝的存在已经预设在清楚明白的观念之中,然后再用这样的观念来证明上帝的存在。天赋观念和上帝存在的证明之间存在着循环论证。这是笛卡尔体系中的一个逻辑漏洞。

七、

关于上帝存在的证明

生问：笛卡尔关于上帝存在的证明与安瑟尔谟的本体论证明有何不同？为什么会有这样的不同？为什么笛卡尔需要论证上帝存在？

我认为,笛卡尔和安瑟尔谟都是从"上帝"的观念中引申出上帝的存在,这被称为本体论证明。这个概念是康德提出来的,安瑟尔谟和笛卡尔并没有把自己的证明叫做"本体论证明"。康德为什么把这叫做"本体论证明"？他是从 being 这个概念的词义分析出来的。Sein 或者 being 是本体论研究的对象,从这个概念引出上帝的存在,因此康德称之为"本体论证明"。从思想引申出存在,在这点上,笛卡尔和安瑟尔谟是一样的。不一样的地方是,笛卡尔引入了一个因果关系来说明上帝是一切存在的原因,从观念的序列过渡到存在的序列。安瑟尔谟证明的要点是,我们有上帝的观念,这个观念本身就包含着存在,也就是说,如果我们理解了"上帝"这个观念的意思,我们也就理解,上帝不仅仅是存在于我们头脑中的观念,也是真实的存在。安瑟尔谟用逻辑的方法推导出了这么一个结论。笛卡尔则认为,"上帝"的观念与上帝的存在之间的关系不仅是逻辑关系,而且是因果关系：上帝的存在是原因,人的心灵中的"上帝"观念是结果。他的证明是由果溯因,首先肯定我们有"上帝"这个清楚明白的观念,然后追问这个观念的原因。他用"原因的真实性不能小于结果的真实性"为由,证明"上帝"观念只能来自比这个观念更加完满的真实存在，即存在的上帝。

我们知道，托马斯·阿奎那是用由果溯因的系列来证明上帝的存在的，他认为这是他的"后天证明"和安瑟尔谟的"先天证明"的不同。笛卡尔的本体论证明也是"先天证明"，他没有把因果关系看作是后天的经验。他认为"原因的真实性不能小于结果的真实性"的原理是自明的先天真理，"上帝"的主观观念与上帝的客观存在之间的结果与原因的关系也是先天的。这样，他把安瑟尔谟的本体论证明与托马斯·阿奎那的因果关系的证明结合起来。这种结合有着时代的特点。笛卡尔是近代科学的创始人之一，他注重的是因果关系，而不像经院哲学家那样注重逻辑关系。

笛卡尔的上帝存在的论证，在他的体系里面起到一个转换的作用：从观念的序列转到存在的序列。笛卡尔需要上帝作为枢纽，来完成这个转换。他首先在"上帝"观念和上帝的存在之间找到因果关系，然后再在上帝的存在和物质实体之间找到因果关系，于是，上帝起到从思想观念过渡到物质世界的联接作用。可以说，上帝存在的证明是他的理论所必需的，是理论建构的需要，而不是为了宣扬信仰，因此不要过多地看上帝本体论证明的宗教作用。

> 生问：笛卡尔生活在基督教传统中，"上帝"观念的真实性对他来说是毋庸置疑的，而且具有无限完满性，而"自我"观念只具有有限的完满性，不可能产生"上帝"的观念，其根据就是原因的真实性不可能小于结果的真实性。因果关系的这种应用是否恰当？无限完满的"上帝"的观念如何能够存在于有限的"自我"观念之中？

我认为，笛卡尔当然利用了当时普遍流行的对上帝的虔诚信仰，而且他本人也有这样的信仰，但在哲学中重要的是信仰是否合理，而不是信仰是否虔诚。他在上帝存在的证明中涉及基督教信仰的一个重要问题：上帝的无限性和人的有限性的关系。安瑟尔谟和托马斯·阿奎那都没有想到这个问题，是后来的邓·司各脱提出了这个问题。他指出托马斯·阿奎那的"后天证明"只适用于有限的因果系列，但上帝是无限的，在任何有限的系列之外，既不是有限系列的起点，也不是其终点，因此"后天证明"是无效的。

笛卡尔的论证过程是："自我"是有限的观念,这是指它的能力有限,范围有限,但不是说"自我"没有一个关于无限的观念。借助于基督教的信仰,笛卡尔肯定我们有一个清楚明白的无限者的观念,这个观念就是上帝。但"自我"思想的无限的上帝只是观念而已,笛卡尔的问题是:产生"无限者"观念的原因是什么? 他使用了排除法:这一观念不可能是"自我"虚构出来的,因为有限的"自我"不可能是产生"无限者"观念的原因;它也不可能是外来事物的观念,因为外来的事物也都是有限的事物,有限的事物也不可能是"无限者"观念的原因。答案只剩下一个:这个观念是天赋的,并且产生这个天赋观念的原因,至少与这个观念有同样的真实性,因为原因的真实性大于或者等于结果的真实性,只有"无限者"存在,才能产生"无限"的天赋观念,由此也就证明了无限的上帝的存在。

笛卡尔把因果关系运用到存在与观念的关系,这当然不是自然科学的证明。科学中的因果关系是经验事物之间的关系,在当时属于机械论的范畴;笛卡尔的上帝存在证明因果关系应用于上帝存在与"上帝"观念的关系,完成了从观念系列到存在系列的过渡。在存在系列,他只是用上帝来保证"广延"观念与物质实体的对应关系,然后用心理学的猜测来解释心灵和身体的对应关系。在哲学史上,笛卡尔对因果关系的这种应用具有历史性的意义。斯宾诺莎后来更明确地说,广延和思想的对应关系不是因果关系,而是上帝这个唯一的原因所产生的结果,这个思想就来自笛卡尔,是笛卡尔主义的发展。

第十讲

帕斯卡的《思想录》

　　选帕斯卡的《思想录》是个例外，因为帕斯卡的思想不是西方哲学史的主流。人们可能会问，帕斯卡的《思想录》不算是最重要的经典，为什么还要选它呢？我的理由是，西方哲学史上还有一个非理性主义的传统。在西方哲学史上，虽然非理性主义在黑格尔之前不是主流，但是在现代西方哲学当中就成了主流，我们要知道它的源头，就要读一些代表西方哲学史中非理性主义的著作。

　　近代的非理性主义的发展线索有下面两个特点：

　　第一，它带有怀疑论的色彩。但是这种怀疑论又不同于古代希腊哲学中的怀疑论，例如学园派的怀疑论和皮罗主义的怀疑论。古代的怀疑论主要是用理性的论辩和方法反对希腊哲学的理性主义，从知识论的角度，否认我们有认识真理或者获得确定知识的可能性，是"理性的自杀"。非理性主义的怀疑论可以说是近代怀疑论的特点。这种怀疑论在法国有一条线索，从法国的文艺复兴开始到启蒙运动，从蒙田到帕斯卡，到18世纪的佩里，再到卢梭。卢梭的社会政治哲学不属于怀疑论范畴，但卢梭对启蒙运动所讲的科学理性、工具理性都抱着深切的怀疑，他提出良心和道德情感的目的是为了和启蒙运动提出的科学理性相抗衡。这个传统在现代被萨特和后现代的福柯、德里达、德勒兹等人继承。我们可以看到，法国近代哲学开始于怀疑论的哲学传统，是从对理性的怀疑走向非理性主义。这些哲学家对宗教的态度不一样，有的是温和的有神论者，有的是理神论（自然神论）者，有的是无神论者，帕斯卡是一个坚定的有神论者。撇开理性和信仰的关系不谈，他们都对理性——不管是经验主义的理性，还是理性主义的理性——抱有怀疑。但是这种怀疑并不是反对和完全排斥理性。从词义上看，非理性主义者（non-rationalism）不等于反理性主义者（irrationalism 或 anti-rationalism）。反理性主义者是反对理性的，而非理性主义者只是要限制理性，认为理性是有限的，有很多重要的、有价值的事物在理性范围之外。不过非理性主义者同时肯定了理性在它的自身范围内的有效性和对人的积极作用。后现代主义者也不能说是反理性主义者，只是对理性重新作解释，认为理性应该在更广阔视野当中才能得到说明和理解。

第二，对理性的怀疑态度涉及人的问题，把人放到中心的位置。当他们讲到理性的有限性时，不只谈人的认识活动，也考察了人的情感、道德、宗教信仰和日常生活等，对人的活动进行了很广泛的考察。这和近代以来的认识论中的理性主义很不一样，可以说是在两个不同范围内探讨人的问题。理性主义者运用了科学知识和科学解释，很有力量，但是科学认知活动毕竟只是人的活动的一部分，科学家也只是人的群体的一小部分。非理性主义者则进入了理性主义者没有涉足的更大的领域，在这些领域里揭示出了更多的思想。

一、

《思想录》的系统性问题

帕斯卡的《思想录》可以说是反映了上述的非理性主义传统，并且处在这个传统的源头之处。帕斯卡和笛卡尔是同时代的人，都是法国人，但是他们代表了西方哲学中两个完全不同的传统。我们读了笛卡尔之后，现在再来读帕斯卡，会有更多的体会。虽然帕斯卡和笛卡尔都是数学家和科学家，但两人的哲学思想是截然相反的。我们在《思想录》中可以看到，一些段落是直接针对笛卡尔的，甚至点名批评笛卡尔。帕斯卡的《思想录》不是一个系统性的论著，而由一个一个思想片断组成；笛卡尔的《第一哲学沉思录》则是一个很完整的系统，我们可以用解释学的方法来说明这个系统，从一个起点开始，再返回这个起点，与黑格尔的否定之否定的循环和解释学循环有相似之处。

类似于《思想录》这样的思想片断在西方哲学中还有一些。现在一些人在讲中西哲学差别的时候，说西方哲学都是系统的论著，中国哲学只是不系统的思想片断。我认为这种说法太简单化了,固然可以说《论语》《老子》在形式上是由一个个思想片断组成,但是中国哲学中也有系统的论著,如《孟子》《荀子》;《大学》和《中庸》虽然很短,但每段都是环环相扣的,也是一个系统论述。因此不能说中国哲学没有系统论著。反过来,也不能说西方哲学都是系统论著,例如前苏格拉底的残篇、柏拉图的对话、帕斯卡的著作,还有现代的尼采和维特根斯坦的著作,都不是系统的论著。从另一个方面来说,即使是以片断方式写成的著作,后人也不是不能作系统化的理解和解释的。思想的系统和不系统很大程度上是一个解释学的问题,而不是一个简单的文本形式的问题。一个看起来是由不系统的片断所组成的文本,经过适当的解释,也可以被解读成系统的思想。对维特根斯坦思想片断,可以做这样的系统性研究,为什么对《论语》《老子》就不能做同样的研究呢? 哲学史是对中西哲学文本的重构,对柏拉图的对话,我们也可以重构成一个个系统的论证,现在的分析学派就是这么来解读柏拉图的。

目前我还没有看到对帕斯卡的系统解读,而对尼采的系统解读有很多。我认为对帕斯卡是可以进行系统解读的。《思想录》的片断长的有三四页,短的只有几句话,我选择比较长的篇幅,集中选了几个问题,这些问题是整个《思想录》前前后后都谈到的问题。我觉得这些问题之间是有联系的,把握了这些主要问题之间的内在联系,也就能够全面、系统地理解帕斯卡的思想。《思想录》主要关注的问题有下面几个:第一个问题是一开始就讲到的几何精神和敏感精神的区别;第二个问题是有限和无限的问题;第三个问题是人性的问题;第四个问题是对上帝的信仰和上帝存在的证明;最后一个问题是他的历史神学的思想。这五个问题不是并列的,我们可以找到其内在的联系,由此我们也可以找到整个《思想录》的内在线索。就像孔子讲"吾道一以贯之",我们也希望对帕斯卡《思想录》作一以贯之的解读。

二、

信仰的神秘和理性

生问:老师在《思想录》导读中谈到帕斯卡经历了一个"激情之夜"的神秘

体验。为什么帕斯卡突然会有这样的转向？老师能不能详细谈谈那个神秘的"激情之夜"究竟发生了什么事情，使得帕斯卡突然转向宗教和神学？

我认为，既然是神秘的体验，就很难用语言讲清楚"为什么"会有这样的体验，那是人所不能控制的。1654年11月23日那个神秘的夜晚改变了帕斯卡的一生。那个晚上发生了什么，我们并不知道。我们之所以知道有这么一个激情之夜，是因为帕斯卡把他在那个晚上的经历和灵感写了下来，写在一个羊皮纸上，并且把这个羊皮纸缝在内衣口袋里珍藏着。一直到他死了之后，人们才从他的身上发现了这些文字。要理解《思想录》，不能不先读这些文字：

> 神恩的1654年，11月23日，星期一，圣克莱门节，约晚10点半到午夜12点半，
>
> 激情
> 亚伯拉罕的上帝，以撒的上帝，雅各的上帝
> 不是哲学家和经院学者的上帝
> 确定。确定。情感。喜悦。祥和。
>
> 耶稣基督的上帝。我的和你的上帝……他只有按照福音书教导的方式才能见到。
>
> 人的灵魂的壮丽……喜悦，喜悦，喜悦，喜悦的泪水……这是永恒的生命，惟一的真神，以及你送来的神，耶稣基督……我离开了他；我逃离了他，改过，十字架上受难。让我永远不要与他分开……我不会忘记你的道。阿门。

这一神秘的体验不但被他用这些文字记载下来，而且在以后的七八年时间里，他做了更多的笔记来表达他的这些体验。这些笔记后来被整理为《思想录》这本书。要理解《思想录》，首先要联系一下帕斯卡经历的"神秘之夜"的体验。

至于说在那个神秘体验之后，帕斯卡"突然"转向了宗教和神学，我认为不能这样说。首先，帕斯卡转向宗教和神学不是"突然"的，而是有迹可循的。他生长在一个虔诚的天主教家庭，他的妹妹是詹森派的修女。早在1646年，帕斯卡就接受了詹森派的基本教义，这被称作"第一次皈依"。1653年，詹森派被教皇谴责为异端。那时，帕斯卡可能就出于对詹森派的同情而关注神学问题了。他在1654

年秋天搬到了离妹妹所在的修道院很近的住所,10 月写了《罪人的皈依》的论文,表达了忏悔的心情。正是在这一系列宗教活动和思想的背景中发生了 11 月 23 日的神秘之夜,那应被看作帕斯卡的"第二次皈依"。另外,帕斯卡由科学转向宗教和神学也不是完全的。1654 年之后,他积极参与詹森派反对耶稣会的活动,写了《致外省人信札》。但他并未完全放弃科学研究,他在旋轮线研究等方面取得了重要的成就。对于他和同时代的许多人来说,当一位成就卓越的科学家和做一个虔诚的基督徒并不是矛盾的。

> 生问:罗素否认"神秘之夜"的体验对帕斯卡的思想有任何积极作用。他说:"他将自己杰出的数学理智奉献在他的上帝的祭坛上,因而将一种残忍归给了上帝,而这种残忍不过是帕斯卡那由于疾病引发的精神折磨的放大而已。"这样说看似有理,却不免偏颇。我们应该放下傲慢和独断,尝试着理解帕斯卡的思想中理性和信仰的关系。

是的,罗素的话确实失之偏颇。如果说帕斯卡对上帝的信仰是"由于疾病引发的精神折磨的放大而已",那么尼采对基督教信仰的激烈攻击岂不是也是"由于疾病引发的精神折磨的放大"? 这样来评价哲学家的思想,就像一个蹩脚的精神病理学家这样解释人的行为:一个人把另一个人推下水去,是因为这个人的精神受到压抑而要发泄不满;一个人把一个溺水者救了上来,这是因为他被压抑的冲动得到了升华。罗素的话是可以解释一切相关现象但到头来什么也没有解释的似是而非之谈。

帕斯卡在"激情之夜"得到的灵感在《致外省人信札》和《思想录》中得到更多的体现。经常被人们提及的是,他所信仰的上帝是"亚伯拉罕的上帝,以撒的上帝,雅各的上帝",而不是"哲学家和经院学者的上帝";"上帝只有按照福音书教导的方式才能见到"。当时大学讲坛上的经院学者,以及大学以外的笛卡尔、斯宾诺莎和莱布尼茨等近代哲学家,他们都只是相信上帝的存在,而不是相信与信徒有个人交流的上帝,如《旧约》里那个与以色列人的祖先有誓约的耶和华,如《新约》福音书里的历史上的耶稣。哲学家所证明的是上帝的存在,而不是基督教所信的"三位一体"的上帝,更不是基督徒祈祷的"我的上帝""你的上帝"。

没有一个哲学家能把"上帝的存在"等同于"上帝本身"。托马斯·阿奎那讲得很清楚,上帝的"三位一体"不属于自然神学的范围,也就是说,上帝的"三位一体"不是理性所能证明的信条,是教理神学的不可证明的前提。耶稣基督是道成肉身的圣子,也是理性所不可证明的。信仰主义者经常用帕斯卡的关于"基督教的上帝不是哲学家的上帝"的论断反对理性主义者。在基督教内部始终存在信仰主义和理性主义的张力,例如,早期的教父德尔图良提出了"雅典还是耶路撒冷"的问题。雅典代表了基督教内部要返回希腊哲学来证明上帝的存在的理性主义倾向;耶路撒冷则代表了耶稣门徒的《福音书》的教导,在《福音书》里面,耶稣的门徒是渔夫而不是哲学家。帕斯卡再次提出了两种不同的上帝,可以说是基督教内部信仰主义和理性主义张力的继续。这是理解帕斯卡的非理性主义的一个关键所在。

帕斯卡是否只是一个反理性的信仰主义者?我认为也不能这么说。例如在第 253 段,他说:"两个极端:排除理性和仅仅承认理性。"他要避免极端。在第 265段他说:"信仰确实告诉我们感觉所不能告诉的东西,但是它和感觉所见并不是相反的,它高于感觉,但不是和感觉相反。"第 282 段讲理性和直观的关系,最后说:"上帝用直观的方式给有些人输入宗教,这些人是非常幸运的,他们很正当地信服了。但是,还有些人并没有宗教上的直观,而是通过理性的推理获得信仰,不过,他们也要等待上帝给他们以精神上的直觉,否则信仰只是人间的,而无益于拯救。"帕斯卡认为信仰需要宗教直观,但是这种直观可以用两种方式获得:一种是像加尔文派所说的选民,是上帝直接给予的;另一种是先接受理性,但还不够,还需要等待上帝来给予精神上的直觉。从这些话可以看出,帕斯卡不反对理性,但觉得理性对信仰的作用十分有限,一定需要宗教直观或精神直觉的指引或补充,才能有真实的、发自内心(heart)的信仰。

三、

关于几何学精神和敏感性精神的区分

生问:几何学精神和敏感性精神的区分是不是理性和感性的区分?帕斯

卡区分几何学精神和敏感性精神的依据是什么？理性和感性的分裂在哲学
中是一个学理问题，还是一个实践问题？这种区分和中国哲学的"情"和"理"
的区分有什么可比之处？

我认为，帕斯卡在《思想录》一开始就作出了几何学精神和敏感性精神的区
分。帕斯卡的这一著述是由思想片断构成的，不像康德等哲学家那样用词严谨，
自始至终都会用同样的词语来表达观点。相反，他的术语和用词比较随意，文学
性比较强，他选择不同的词汇表示同样的思想，而这些不同的词汇没有严格地定
义，给我们的理解造成了一些困难。帕斯卡以后讲敏感性精神的时候，用了其他
一些词，例如 heart，feeling，passion，intuition 等，这些词都和敏感性精神相关；当
他以后讲几何学精神时，更多是用 reason，有时用 reasoning。我们先规范用语，
"几何学精神"和"敏感性精神"实际上分别代表"推理"和"直观"这样两种能力。

我认为推理和直观的区分与感性和理性的区分是这样的交叉关系：

推理 vs 直观

感性 vs 理性

推理要经过很多步骤才能得到结论，而直观只需要一步就可直接得到结论。
推理好像属于理性，直观好像属于感性，比如哲学里经常讲"感性直观"。但是这
两对概念有交叉关系，理性有两种：一种是推理性的，叫推理理性（discursive rea-
son，或 reasoning）；另一种是直观性的，叫理智直观（intellectual intuition）。康德
认为人只有感性直观，不可能有理智直观，上帝才能有理智直观。但在胡塞尔的
现象学中，理智直观就成了一个关键的范畴，即范畴直观。例如对系词"是"的直
观，"树是绿的"，树和绿都可以看到，但是你怎么能看到"是"呢？"是"的意义不是
通过推理得到的，当你看到"树是绿的"这句话时，你能立即把握这句话的全部意
义，因为你能直接把握"是"。我们是通过感性直观把握"树"和"绿"，通过理性直
观把握"是"。另外，感性和推理也有关系，并不是说所有的推理都是理性的。我
们的感觉是通过各个感官例如听觉、嗅觉、视觉所得到的，除此之外，我们还有通

觉(general sense),通觉把各个具体的感觉进行推理、综合和判断。莱布尼茨认为动物也有通觉,狗也懂得逻辑中的排中律,例如,在狗的面前有两条路,如果狗感到一条路走不通,它肯定会走另外一条路,即使它不知道另外的这条路能否走得通。莱布尼茨还举了一个例子,当狗看到人举了一个棒子,虽然它没有感到疼痛,也叫着跑开了。莱布尼茨认为这也是一种推理,狗知道棒子打在身上会引起疼痛。当然这不是理性推理,而是感性推理,人和动物的区别就是人的通觉要比动物更加敏锐。帕斯卡讲到直观或敏感性精神的时候,认为敏感性精神既包含理性,也包含感性。虽然他用 passion 和 feeling 这样一些感性的词来说明直观,但直观和理智并不对立,只是与推理相对立。

区分推理和直观对于帕斯卡来说主要不是一个学理问题,而是一个实践问题,区分的根据是贴己的体验,而不是哲学的论证,因此,他不大注意概念的分析和论证。帕斯卡原来是数学家和物理学家,他的思想一直遵循着几何学的精神。但是经过了"激情之夜",他具有了一种敏感性的精神,即对宗教有了直观的把握和洞见,能敏锐地感觉到、领悟到信仰的实质。

至于中国哲学中的"情",不同的时期有不同的含义。孟子所说的"情"是道德"四端",良知良能。但到后来,"情"和"性"分开了,"性无不善""情者妄邪"(李翱《复性书》)。宋儒倾向于把"情"等同为"人欲",与"天理"相对立。这些是在道德形而上学层面的区分,而帕斯卡的区分是为了把科学理性和宗教信仰区别开来。中西的不同思想有不同的时代特征和背景,针对的问题不同,不可笼统地比较。顺便说一下,比较哲学要有方法论的基础,否则就会产生主观任意的比较,如把托马斯·阿奎那和朱熹比较,把路德或笛卡尔和王阳明比较,把萨特和庄子比较,很是牵强。如果把"情"和"理"的关系比作帕斯卡的"直观"和"推理"的关系,结果也一样。

生问:帕斯卡把习惯和天性等同起来的说法,是不是实际上取消了天赋观念,并走向了偶在论?比如第205节说:"当我思索我……沉没在既为我所不认识,而且不认识我的无限广阔的空间之中,我就极为恐惧而又惊异地看到,我自己竟然是在此处而不是在彼处。为什么是在此时而不是在彼时,是谁把我放置在其中的呢?"

帕斯卡不仅把推理和直观当作人的两种认识能力,而且把它们当作人性的两个部分。第 365 节说:"人的全部尊严在于思想。"思想既是优越的,也是卑贱的。如果把思想当作人的天性,不能说帕斯卡完全否认了天赋观念的说法。只不过他认为思想的天性是可错的,有缺陷的,可以改变的,而不像笛卡尔,认为思想的天性是正确无误的。他认为任何天赋的东西都是可以被毁灭的(第 93 节);习惯可以改变我们的天赋,成为新的天赋原则(第 92 节)。因此他说:"天性不过是第一习惯,正如习惯是第二天性一样。"(第 93 节)帕斯卡认为,只要承认人性和动物性有区别,就要承认人性是在社会当中形成的,是一种自然形成的习惯。"自然"指天性、天赋,"习惯"是后天的。如果一种习惯是自然形成的,与天性不相冲突,就像亚里士多德在《形而上学》中讲的,是从小自然而然地培养起来的,就可以被认为第二天性。帕斯卡并没有说直观是天赋的,而推理是后天形成的;或者说理性是天赋的,感性是后来在社会中形成的。他认为推理和直观都是人的天赋能力,但是这两种天性又是我们生活的习惯,在不同的范围中有不同的用途。例如,数学家和物理学家更多地把推理或几何学精神当作习惯,这种习惯也成为他们的本性;而宗教家或者虔诚的信徒会把直观、激情(passion)当作习惯性的本能。

至于帕斯卡的偶在论,应该放在无限和有限的关系中理解。第 205 节只是用时空的无限来衬托人的无能为力。但无限和有限的关系不是必然和偶然的关系。无限意味着无限多的可能性,而不是只能以一种方式实现的必然性。人可以直观到上帝无限,并在心里引起宗教情感,但人没有认识上帝的必然性的能力。既然谈不上必然性,也就不能谈偶然性了,因为"必然性"和"偶然性"是一对概念,没有必然,也就无所谓偶然。

四、

有限和无限

生问:第 72 节说:"在事物自身或上帝之中的永恒性也应该使得我们的

短暂生命惊讶。"这是不是在说无限性？如果是的话，事物自身的无限和上帝的无限是什么关系？如何理解第233节"无限—无物—我们的灵魂被投入肉体之中，在这里它发现了数目、时间、度量。它就据此进行推论，并称之为自然、必然，而不能相信别的东西"？

我觉得帕斯卡不仅仅谈上帝的无限。在第72节，帕斯卡用很长的篇幅谈到人在宇宙中的关系。他主要谈的是宇宙的无限性。宇宙有两种无限：一种是无限的延伸，一种是事物的无限分割；前者是宏观上的无限，而后者是微观上的无限。与这两种无限相比，人都是有限的，或者说人在宇宙中的地位是有限的，但是人可以把握无限。这在哲学上有不同的说法，如德谟克利特说过：虽然我不知道细节，但是我可以从整体上把握。还有一种说法：人可以认识事物的核心和本质，虽然人不可能是无限的，但无限的边缘部分不足为道，我们只要认识本质和中心就可以了。帕斯卡批评了这些说法，他像现在的解构主义那样来解构整体，解构中心，解构本质。

另一方面，帕斯卡也不认为人只是无限宇宙中的一个可怜的、卑微的生物，与其他生物没有区别。他认为人的理性要保持一种中庸和中道，在有限和无限中保持平衡，否则的话就会失衡，或认为有限的理性能把握无限，或认为无限中的有限微不足道。理性的正当用途，就是中道，在有限和无限中保持平衡。帕斯卡说："在两个极端当中的中道，存在于我们所有重要的东西当中。"他认为，我们要承认超常的、极端的性质都在我们的理性范围之外，我们的理性只能认识大无限和小无限之间的东西，这些是对人类最有用、最有价值的东西。我们应该满足于对这些中间状态的认识，不要试图寻找绝对的确定性和稳定性，因为那将意味着去把握无限性的终极，这是有限的人达不到的目标。他的一个论证是：我们的理性总是被各种各样的阴影所分裂；相对于无限，所有的有限都是一样的，所以我们就不要再进行比较。牵强附会地讲，帕斯卡的这个道理很像庄子的齐物论：所有事物和道相比都是相同的，不能说哪一个事物更高贵，哪一个更低贱。

帕斯卡用这个论证来批评科学理性的因果关系，他说，如果把所有的事物都看作因果链条的环节，就会有问题。虽然我们在世界上区分出原因和结果、创造物和被造物、直接的和间接的等，但还有其他的因果环节是我们看不到的，它们是属于微观的无限。就像休谟所说的，吃面包可以使我们长胖，但是面包里面的营养素我们是观察不到的。同样，帕斯卡也认为，在因果关系中，我们只是分出了两个相对的部分，这只是大致的区别，两个部分里面还可以细分，这种分析可以无限地进行下去，在任何被区别出来的前因后果之间，有无限多的中间环节，原因和结果是通过很多细微的要素连接起来的，中间的环节我们是认识不到的。这说明了因果关系的有限性。

当然，帕斯卡也认为因果推理是起作用的，我们应满足于因果推理，不必通过无限的细节来找到因果关系的必然性。也就是说，有限的理性只能把握两个极端的中道；理性是一种推理，在中间环节进行推理，不会超越到极端。虽然理性推理不能知道全体和本质，但是我们可以有一种直观的能力，确实可以接触到和我们生活最密切的全体和本质，而不只是在中间状态进行推理。帕斯卡用有限和无限的关系，一方面证明了有限的理性不能把握无限，另一方面说明了无限与我们息息相关，需要敏感性精神来感悟和体认。如何感悟和体认无限的上帝，我们等会儿会谈到。现在我们先来看相对于无限世界的有限理性。

帕斯卡并不是说理性不好。在第82节，他专门讨论了想象这一能力。想象不属于理性，而是一种欺骗的能力，不是欺骗别人而是欺骗自己。他说，想象是理性的敌人，是自负、骄傲的力量。真正的、健康的理性要保持在适中的范围内，而想象却要超出理性的范围，到达理性所不能承担的地方。比如，哲学中的感性和理性的区分就是想象的产物。当想象要扩展理性的时候，它就要设立一个对立面，把感性当作对立面，极力摆脱感性的限制，让理性凭着想象作无拘无束的遐想和思辨。哲学家之所以要作感性和理性的区分，是想象让理性摆脱感性的束缚。他说，错误的最有力的原因是感性和理性之间存在的战争，而这种战争是不应该存在的，是不正常的。健康的或者崇高的理性自然会保持在自身的范围之内，不会和感性或直观相矛盾。当想象介入之后，就挑起了感性和理性之间的战争。

第233节的那句话首先说明了正当的理性是如何对待无限的，这就是，理性与感性相结合（"灵魂被投入肉体之中"），找到适中的推理工具（"数目、时间、度量"),认识极大与极小之间的中间状态("无限—无物")。但如果把这种十分有限的认识当作是唯一的真理("称之为自然、必然,而不能相信别的东西"),那就是受了想象的欺骗了。

五、

人性论

　　生问:综观全书,"幸福"与"不幸","卑贱"与"伟大","可贵"与"可悲","生命"与"死亡"等对子,出现频率甚高。比如,第437节:"我们希望真理,而在自己身上找到的却是不确定。我们追求幸福,而我们找到的却只是可悲与死亡。我们不可能不希望真理和幸福,而我们却既不可能得到确定也不可能得到幸福。"在《思想录》中,帕斯卡反复展示了一种并列矛盾的表达方式,以"既……又……"的模式,说出了人的尴尬或两难处境。这些地方所表达的不是面面俱到,而在凸显一方——人的负面形象。这是不是一种以此言彼的手法:人的不幸,更显示了上帝的必要? 或许可以归结为这样的一条路径:由假幸福的可悲到真幸福的伟大,由人到耶稣基督。

　　我认为,当然可以这样来理解帕斯卡关于人和上帝关系的思考。要注意的是,我们不能说帕斯卡完全以上帝为思考对象;相反,帕斯卡在《思想录》的前半部分都在讨论人的问题,而不是讨论上帝。即使在讨论宗教和信仰的时候,也是谈与人亲近的上帝,从人性中找信上帝的理由。在第144节,帕斯卡使用了"人学"(study of man)这个术语。我在《西方人学观念史》中说过,帕斯卡自觉地注意到,人学是一切科学应该关注的对象。在西方观念史中,虽然很多思想都和人有关,但很少有人关注和使用"人学"这个概念。帕斯卡说:"我曾经在抽象科学上花费了很长时间……当我开始人学研究的时候,我就发现这些抽象科学是不适合于人的……研究人学的人比研究几何学的人更少。正是由于不懂得研究人,所以人们才去学其他的知识。"(第144节)这里所说的"人学"和"抽象科学"的对立,与"直观"和"推理"的对立有关。推理式的理性既不能认识上帝,也不能认识人自身。用直观或"敏感性精神"来认识人,这才是人的最可宝贵的思想。正如第 146 节里说:"人全部的尊严和优点就在于他能思想,人全部的责任就在于他应当思想。思想的秩序是从自我开始,从自我的创造者和归宿(end)开始。"帕斯卡所说的思想是对人、上帝以及人和上帝关系的思考,而不是对生活的盘算,不是"只想着跳舞、吹笛、作诗、赌赛等,想着打仗,当国王,而不想什么是当国王,什么是做人"。如果要思考如何做人,那就涉及人究竟是什么的问题了。

在谈到人是什么的问题时,帕斯卡为什么要用"既……又……"的矛盾表达式呢? 其中的一个根本道理就是人的局限性,这个道理是建立在前面讲到的有限和无限的关系之上的。他认为,人如果不认识到自己的有限,他们就不会向无限低头;即使人向无限低头,他们还要模仿无限,向无限靠近。这就是他为什么要提倡理性的"中道"。同样,就人的道德本性而言,也有一个善和恶的"中道"。帕斯卡说人一半是天使,一半是野兽,这是"中道",不是恶。因为如果人能够知道人一半是野兽,就不能说是恶。天使和野兽一起是善和恶的调和,不是恶。恶是什么呢? 当人是野兽的时候却想象自己是天使,这就是恶。相反,如果认识到人既是天使又是野兽,并且知道什么时候是天使,什么时候是野兽,这就是善了。这是帕斯卡对善和恶的独特看法。正因为帕斯卡认为人既是天使又是野兽,所以人性有两重性。他说:"人是有思想的芦苇。"即人像芦苇一样,既是有思想的,又是软弱的、无知的。但人的两重性既不是恶也不是善,关键在于你怎么看待自己。

人为什么会在表现为禽兽一面时把自己想象为是天使呢? 关键在"想象"。帕斯卡认为,想象总是会诱使理性犯错误。想象是人的错误的认识能力,而与此相当的人性的弱点是"自爱"(selflove)。在第 100 节,帕斯卡说,人的自我本性(nature of this human Ego)就是只爱自己,只关心自己。人要是承认自己是禽兽,知错能改,善莫大焉。恶在于因为自爱而不愿意承认错误。

自爱有两种表现,一是不愿意公开承认自己的错误,一是对别人阿谀奉承。关于第一种自爱的表现,帕斯卡举了天主教的秘忏制度,教堂里有一些小房间供人向神父忏悔,忏悔的人见不到神父,神父代表天主来接受忏悔。这是非常秘密的,只有忏悔人和神父知道,神父会保守秘密。这种秘忏制度就是顾惜到人的自爱。这里顺便说一下,帕斯卡是一名天主教徒,属于詹森派。在宗教改革运动中,天主教的秘忏制度受到指责,新教认为这种制度是腐败的根源,耶稣会也主张忏悔之后不必真心改过。帕斯卡说,正是由于这种制度,欧洲的大部分地区都来反对天主教教会,但这些反对是不对的,因为没有考虑到自爱这种人性的弱点。如果忏悔必须公开,那就不利于人承认错误;如果悔而不改,那就不是真心地承认错误。

另一种自爱是以己度人,深谙指出别人的缺点必然招致怨恨,因此隐瞒真相,奉承别人。正因为人性的自爱弱点,人总是通过制造幻觉来维持自身的美好形象,把自己的缺点掩盖起来,自己不愿意看到,也不愿意别人看到。安徒生的"皇帝的新衣"的故事深刻地揭穿了人类的这一弱点。美国的卡耐基是一个大富翁,他总结了他的成功之道,其中一条就是对人说好话,任何时候都不要说别人的缺点,并且说好话要说得巧妙,要让人觉得说的都是他真正具有的优点。这确实是一条成功之道,因为这抓住了人性的弱点,奉承话顺耳,忠言逆耳。一些领导说欢迎批评,实际上真正讲到他的缺点,他也会不高兴;即使他会改正,也很难真心感谢说了真话的人,心里总有隔阂,一有机会还是要报复。这就是明明是野兽却要装扮成天使的恶。

六、

关于"上帝之赌"

被称作帕斯卡的"上帝之赌"的中心内容,是第 233 节的下面这些话:

"上帝存在,或者是不存在。然而,我们将倾向哪一边呢? 在这上面,推理不能决定什么。某种无限的混沌把我们隔开了。这里进行的是一场赌博。……你不得不赌。这一点是没有选择的,你已经上了船。既然非选择不可,就让我们来看什么是对你最不利的。你有两样东西可输:真和善;你拿两样东西当赌注:你的推理和意志,你的知识和幸福;而你的本性要躲避两样东西:错误和不幸。既然你在进行的选择具有必然性,不管选择哪一方都不会损害你的推理,这一点是确定的,但你的幸福呢?让我们来权衡赌上帝存在的得失。让我们评价这两样机会:如果你赢了,你赢得一切;如果你输了,你毫无损失。因此,毫不犹豫地赌上帝存在吧。"

大家对帕斯卡的论证有什么问题吗?

> 生问:帕斯卡在赌上帝存在和不存在的时候,为什么多次提到"输赢的几率是相同的"? 这是不加证明的前提,还是一个未知数? 我觉得帕斯卡的思想中已经有了"上帝存在"这个先入为主的想法。由此也导致了这样一个问题:帕斯卡究竟是用自己发明的概率论方法证明上帝的存在,还是仅仅用"上帝存在"作为概率论的一个小小的例子?

注意"你拿两样东西当赌注:你的推理和意志,你的知识和幸福"这句话。当帕斯卡说,赌上帝的"输赢的几率是相同的"时,他是在说用"推理"和"知识"为"赌注"的情况,即试图用推理来证明上帝的存在。从安瑟尔谟、托马斯·阿奎那,到笛卡尔都是这样做的。帕斯卡早在康德之前就看到,推理既可以证明上帝的存在,也可以证明上帝的不存在。两个推理证明为真的概率相等,都是50%,因此,帕斯卡说"不管选择哪一方都不会损害你的推理"。

"输赢的几率是相同的"这句话指的是既可能为真也可能为假的不确定性。这种不确定性的概率必然不能用经验来证明,但也不是不加证明的前提,或先入为主的想法,而有这样一个理由:人的推理步骤是有限的,而上帝是无限的,在有限的推理和关于无限的结论之间,有着"无限的混沌",即推理之外的不确定性。在第233节一开始,帕斯卡谈到,人的精神和上帝的差距,人的正义与神圣的正义的差距,"比一与无限之间的差距更为巨大"。上帝的无限性和他以前讨论的有限和无限的问题有联系。帕斯卡一直认为,推理是把握不了无限的,他以数学为例,认为在数学和几何学中都处理不了无限性问题。我也举一个例子来支持帕斯卡。现代数学哲学中有这样一个讨论:在圆周率的小数点后面的无限序列中有没有7777这样一个序列?目前算到数万位都没有发现有这样一个7777的序列,但是不是可以说在无限序列中就没有7777这样一个序列?肯定或否定地回答为真的概率都是50%。如果数学解决不了无限系列中的未知性质的问题,推理就更不能证明无限上帝是否存在的问题了。

既然用推理和知识解决不了这个问题,那么就要下人所具有的两种"赌注"中的另外一种,即"意志"和"幸福"。这两者都涉及人的利益的得失。赌上帝存在或不存在,有下面一个利益得失的博弈表:

	存在	不存在
信	∞	损失极小
不信	−∞	得利极小

∞代表无限的幸福,−∞代表无限的受难,这是讲来世。如果你信上帝,并且上帝真的存在,那么信仰上帝的人在来世享受永恒的幸福;如果你不信上帝,而上帝却存在,那你就惨了,要受永恒的惩罚。这是拿"幸福"为赌注的得失。至于拿"意志"作赌注的情况,信和不信上帝的人都是按照自己的意愿来生活的,不过信仰者要有一定的宗教义务,要花费一些精力、时间,少一点物质享受,如果你是禁欲主义者,那么牺牲就更多一些。如果上帝并不存在,那么信上帝好像是没有回报的付出,是损失,但与无限的幸福相比,这些损失极小;而不信上帝的人没有任何约束,可为所欲为地享受今生的快乐生活,但与无限的受难相比,这些利益极小。

就这场"赌博"的得失而言,赌上帝存在的人的得远远大于失;而赌上帝不存在的人的失远远大于得。两相比较,当然要选择上帝存在。即使输赢的几率是相同的,但是在输了以后的损失和赢了以后的获得之间有无限的差距,一个近乎无限小,一个近乎无限大。帕斯卡不是用输赢的几率,而是用输赢的得失的对比来说明必须要赌上帝的存在。可以说,帕斯卡是用概率论来证明上帝存在。

> 生问:实用主义哲学家詹姆士指责帕斯卡的"上帝之赌"说:"似乎人们必须是无思想地、机械地行动,才能进行有神论的赌博。"[1]他说,帕斯卡之赌鼓励人们不忠于信仰,靠赌博来决定信仰,而把证据抛在一边,而且伤害到人的

---

1 W. James, *The Will to Believe and Other Essays in Popular Philosophy*, Scholar Press, 1986, p. 57.

推理能力。我认为,这个反驳似乎不构成对帕斯卡的威胁,因为它并不回避信仰的证据问题,一遍又一遍地说明信仰上帝的合理性。

我认为是这样的。我们要注意詹姆士等人批评的针对性,他们反对把上帝当作打赌的对象。这种批评想当然地把赌博看作无理性的行为。但阅读原著就可以知道,帕斯卡所说的"赌博"是以概率论为基础的理性行为,相当于后来的博弈论。只是帕斯卡没有用"概率论"这个词,而说上帝之赌是用"自然之光"进行选择。这是因为,概率论当时还不是数学的分支,帕斯卡没有把它列入"几何学精神"或推理范围,而是当作"敏感性精神"或直观范围。赌上帝存在的概率计算确实不需要什么推理,而是一种直观,但它是理性直观。由此可以呼应前面所说的理性直观和感性直观。买彩票也是一个概率计算的理性直观的例子。如果所下的赌注只是 10 元,而可以赢几百万、几千万,我们看到,即使只有几十万分之一的概率能够获奖,还是有很多人买彩票。如果获奖的概率增加到 50%,买彩票的人岂不是更多了吗? 赌上帝存在就好像用极小的代价买有 50% 概率获奖的、有无限多奖金的彩票,这难道能说是无理性的吗?

> 生问:我觉得打赌的信仰不怎么像是真实的宗教信仰。因为宗教总是要求无条件的信仰和委身,而帕斯卡的"上帝之赌"不过是为了安全和获得天国的报酬,这仅仅是一种利益交换而已。

我承认,确实有一些人指责帕斯卡的论证显得过于利己主义。首先,我们要承认,宗教不是不讲利益回报的。基督教相信上帝对信徒许诺的利益,《旧约》里的上帝和以色列人有"誓约"关系:以色列人以一种特别的方式建成以色列国,在这种方式下,上帝应许他们具有迦南地,而他们则奉上帝为主。《新约》中,耶稣说:"凡为我的名撇下房屋,或是弟兄、姐妹、父亲、母亲、儿女、田地的,必要得着百倍,并且承受永生。"[1]基督教讲的信上帝所得到的回报不仅在天国,而且在今生。只是这并不是物质利益和肉体享受,而是精神上的、道德上的崇高。

我刚才说到,如果上帝不存在,承担宗教义务是没有回报的付出,算是一些损

---

1 《圣经·马太福音》,19:29.

失。严格地说,即使上帝不存在,承担宗教义务的生活也不是损失,因为它使人高尚;反过来说,无拘无束、随心所欲的享受也不是什么利益,因为它损害了人的身心健康。因此,对"上帝之赌"的正确解释应该是:信上帝有无限的利而无一害,不信上帝有无限的害而无一利。既然如此,为什么不赌上帝存在呢?帕斯卡想象了这样一个反驳:"我承认你讲的有道理,我现在不能赌上帝的存在,我感觉到我的手被绑住了,我的嘴被封住了,如果我是被强迫来赌上帝不存在,那怎么办呢?"在这句话中,"我的手被绑住了,我的嘴被封住了"是说被物质享受和肉欲所束缚,不愿放弃今生的物质享受。这些不信的人说,不信上帝在今生获得很多物质享受,而如果信上帝就要失去很多物质享受。这些话说明,恰恰是那些不信上帝的人是利己主义者。信上帝的人甘愿放弃一些物质利益,而在今生获得精神上的利益,即使上帝不存在,他们获得的精神利益也不亚于放弃的物质利益。这不是利己主义的选择,而是精神利益高于物质利益的道德选择。

　　生问:帕斯卡的打赌仅仅局限在无神论与基督教之间的选择,在他选择基督教信仰而不是其他宗教时,他是否给出了充足的理由说明:为何选择的是基督教的上帝,而不是伊斯兰教的真主安拉或佛教的佛陀?

　　我认为这是对基督教中关于上帝存在证明的一个常见的批评,认为这些证明充其量只是证明了有一个上帝存在,但没有证明基督教信仰的上帝必然存在。从安瑟尔谟的本体论证明起,就有了这种批评。但这种批评忽视了对上帝存在的证明,是在信仰的语境中展开的。比如,安瑟尔谟的《宣讲》是两段祈祷,这是全书的语境。在第一段祈祷中他说:"信仰,然后才理解;除非我信仰,否则我绝不能理解。"在第二段祈祷中,他引用了《圣经》的"愚顽人心里说,没有上帝"。卡尔·巴特很注重这些话。他说,安瑟尔谟的证明不过是"理解寻求信仰"的一个例子,不过是要证明:愚顽人否定上帝存在是逻辑上的自相矛盾。也许,我们被"本体论证明""物理学证明""目的论证明"等这些康德概括的名称所误导,误以为安瑟尔谟是因为本体论(即对 esse 的意义的理解)才相信上帝存在,而托马斯·阿奎那是由于亚里士多德的物理学和目的论才相信上帝的存在。恰恰相反,他们的证明所表示的是,本体论、物理学和目的论能够证明,上帝像他们所信仰的那样存在。不能说他们没有证明基督教信仰的上帝,因为他们信仰的上帝根本就不是证明的结论,而是证明的前提。因此,他们在证明的结论中只是说,如此这般的存在者就是我们所说的上帝,而没有必要对"我们所说的上帝"作进一步的论述。当然,其他宗教信徒也相信,伊斯兰教的安拉、佛教的佛陀也是必然存在的。但他们一般不会用同样的方式来证明这一点,因为他们不需要基督教神学的语言,这些证明对他们没有意义。比如,佛教相信因果轮回,怎么会相信佛陀是一个有限的因果关系的起点或终点呢?

同样,把帕斯卡的"上帝之赌"称为上帝存在的博弈论证明,也会产生误解,以为帕斯卡是因为概率论或博弈论的理由而相信上帝的存在。他先讨论了为什么要对上帝存在或不存在作非此即彼的选择的问题。从帕斯卡关于上帝是无限的、不可理解的思想,很容易得到这样的结论:我们可以不理睬上帝是否存在的问题。帕斯卡回答说,如果上帝与我们没有亲近关系(affinity),当然可以采取不理睬的态度。但关键是,上帝和我们有亲近关系。帕斯卡所说的上帝是从亚伯拉罕到耶稣一脉相传的上帝,而不是哲学家的上帝。这个与我们有如此亲近关系的上帝可以回报我们,能够给我们永生。要不要与上帝亲近,是不是需要上帝赋予的永恒幸福? 对这个与人的生活和幸福息息相关的问题,"你不得不赌"。

很清楚,"上帝之赌"的上帝是基督教的上帝。帕斯卡要证明的是,如果上帝能够像《圣经》里所说的那样回报我们,我们就必须相信这样的上帝存在。注意"上帝能够像《圣经》里所说的那样回报我们"这句话,这不是证明的结论,而是证明的前提。这个前提设定上帝能够给我们以永生和永恒幸福,还设定宗教和道德有关系:如果相信上帝,就会得到道德上的净化。如果承认这两个前提,人们自然会倾向于相信上帝存在。帕斯卡的"赌博"更像是直观,而不是推理证明。当然,其他宗教的信徒会说,那两个前提我们也可以接受,我们也可以相信一个和耶稣基督不一样的神或佛的存在。当然理论上有这种可能,但这不是帕斯卡在这里要回答的问题。他在"上帝之赌"中要解决的问题是:要不要相信《圣经》中的上帝存在? 在后来的一些章节中,他说,其他宗教相信的上帝给人以回报的承诺是不可靠的。这样就可以说,"上帝之赌"的前提不适用于其他宗教。

自第七编(第 425 节开始)以后,帕斯卡对基督教的上帝作了一个证明。帕斯卡用了将近一半的篇幅来讲耶稣的降生和升天是一个历史事实。他是如何证明的呢？他用了一个解经学的方法，就是历史神学的方法，对《旧约》作了解释。他认为《旧约》讲的都是历史事实，是可靠的，并且它的预言都是可靠的，后来被证实是真的。例如，《旧约》里面预言了亚历山大大帝和他之后的希腊化时期的政治格局，也预言了耶稣基督的降生、受难，以及与罪犯一起被处死。《旧约》不仅预言了基督教诞生以后发生的事情，还预言了一些世俗的历史。《旧约》是在这些事件发生之前写的，这些事件后来的确发生了。《新约》也是一样。帕斯卡和奥古斯丁一样，把《旧约》和《新约》都解释为圣史，是一系列真实事件的记述。帕斯卡进一步用《旧约》里面的预言来说明《新约》的真实性，来证明耶稣基督就是存在的上帝。

休谟的《人类理解研究》：批评与反批评

我曾在导读休谟的《人类理解研究》时，对休谟的经验主义做了一个内部批评。所谓内部批评，就是"以子之矛，攻子之盾"。我的批评以《休谟的经验论真的摆脱了矛盾吗？》为题，在《河北学刊》上发表。[1] 文章发表后，系里的一些老师为休谟辩护，认为休谟哲学没有我讲的这个矛盾。班上的同学有两种意见：一种意见基本同意我的批评，另一种意见对我进行了反批评。我觉得这样的学术争论很有意思，不但可以锻炼我们的哲学批判能力，而且在批评和反批评的争论中，我们会更仔细地阅读休谟的著作，更好、更全面地理解他的思想。现在我们换一个方式来读休谟。我先讲我对休谟的批评，再介绍同学们对我的一个反批评，以及我对这个反批评的回应。然后把你们讨论的意见提出来，我再针对你们的意见做出回应。希望大家运用批判的方法学习，或批判休谟，或批评我，在批评和讨论中掌握教材里讲到的和没有讲到的哲学思想。

一、

介绍《休谟的经验论真的摆脱了矛盾吗？》一文

先作一个破题式的解释：什么是经验论的矛盾？经验论的矛盾是与自身基本原则的矛盾。这一原则在洛克的著作中已被确立，即我们的一切观念都来自经验，知识不能超出观念的范围。但洛克却没有把这一原则贯彻到底，他承认，我们

1　赵敦华：《休谟的经验论真的摆脱了矛盾吗？》，载《河北学刊》2004(1)。

关于实体的观念并不来自经验,但必须肯定实体的存在。他有一个理由,如果不承认物质实体的存在,那么我们的感觉的外部来源就无法得到说明,我们就不会有关于观念与外物之相对应的实在知识。洛克看到关于实体的知识与经验论的原则之间有矛盾,但他对这一矛盾持宽容和调和的立场。贝克莱从经验论的原则出发,否定了洛克承认物质实体存在的那些理由,但他又论证了心灵实体或上帝实体存在的理由。他使用了双重标准:用严格的经验论原则反对物质实体,用违反经验论的原则推断经验以外的心灵和上帝实体的性质。

与洛克和贝克莱相比,休谟被认为是彻底的经验论者,他的彻底性表现在一以贯之地贯彻经验论的原则,把一切实体,包括物质实体、作为心灵实体的"自我"和上帝,统统排除在知识的范围之外。不但如此,他还认为经验(他称之为"知觉")的来源是不可知的,经验知识的基础——因果关系的必然性也是不可知的。休谟的经验论通常被称为"不可知论"。我们需要明白,休谟之所以持不可知论,不是因为他没有足够的理性能力扩展知识的范围,而是他的理性过于敏锐和严格,要避免任何与经验论原则相抵触、相矛盾的思想,因此他不承认经验之外有任何知识。

我现在要提出的问题是,休谟的思想真的摆脱了矛盾吗?我们所说的矛盾,不是指按照不同的原则而得出的不同的结论,比如,休谟的不可知论与常识和生活之间的矛盾,他认识到那是无关他的学说正确性的外在矛盾,也是可以调和的矛盾;我们指的是内在的逻辑矛盾,内在矛盾是按照同一原则而得出相互矛盾的结论,是不可调和的。洛克和贝克莱的实体观与经验论的基本原则之间存在着内在矛盾。休谟的不可知论避免了与经验论的基本原则之间的内在矛盾,但他的经验论中有没有其他一些内在矛盾呢?如果有的话,这种内在矛盾是微不足道、无关大局的,还是有严重伤害的根本性的矛盾?我的论文就是要回答这些问题。

简单地说,我认为休谟肯定简单印象和简单观念关系时依据了一个假定,这个假定与他否定因果关系必然性所依据的假定是同一个,但他没有意识到这一点,他在《人性论》和《人类理解研究》这两本书的一开始,就暗地里肯定了这一假定,而后在探讨因果关系时,却明确地否定了这一假定。这就是一个矛盾。

首先来看休谟是如何暗地里肯定这一假定的。他的哲学开始于印象和观念的区分。他认为简单印象是简单观念的原型,简单观念是简单印象的模仿。这一看似简单的区分对于经验论具有重大意义。第一,它解决了经验的来源问题。洛克和贝克莱正是因为要解决经验的外在来源问题而不得不假定经验以外的实体。休谟则认为,一切经验的可靠来源是简单印象,至于简单印象的来源,那是不可知的。而且,不知道简单印象的来源并不影响对知识来源问题的研究,因为知识只是观念的联结,知道简单观念来源于简单印象,以及简单观念如何联结的方式,也就知道了知识的来源,没有必要进一步追寻简单印象的来源。第二,它解决了知识的标准问题。观念不需要符合外部对象才是真的,印象是判断观念真假的标准。简单观念总是对简单印象的模仿,因此,简单观念总是真实的。复杂观念却不同,有些复杂观念有相应的复杂印象为原型,它们是知识的对象;另一些复杂观念没有与之相对应的复杂印象,它们是被想象或幻觉任意组合起来的,是虚假的观念或信念,不是知识,如"物质""心灵""上帝"等。

但是,如此重要的区分,休谟只是在书的开始作为一个不证自明的道理提了出来。比如,《人类理解研究》第二章一开始说:"每一个人都会立即承认,人心中的知觉有两种。"(教材,303)《人性论》的一开始也说:"人心里的所有知觉可被分成相互有别的两类,我称之为印象和观念。"但休谟并没有为他的断言给出一个严密的、细致的分析和说明,没有说明为什么是这两类,而不可能有其他种类的知觉,他只是简单地说,这样的分类是非常自然的,"几乎不可能想象或形成这样一个东西,关于它的想法与印象或观念有任何特别的不同"[1]。也许,这两者的区分是按照一个非此即彼的标准作出的。正如休谟所说:"人心中的一切知觉分为两类,而这两类就是借它们的强力和活力来分辨的。较不强烈、较不活跃的知觉,普通叫作思想或观念。""我所谓印象一词,乃是指我们的较活跃的一切知觉。"根据两者"强力和活力"的不同程度,休谟立即得出结论:"我们的一切观念或较微弱的知觉都是印象或是较活跃的知觉的摹本。"(教材,304)这好像是在陈述一个人所共知的心理事实。但哲学家不能满足于常识,休谟在其他问题上常常质疑常识,在此问题上却依从了常识的见解,未作深入的思考。

为什么说简单观念是简单印象的模仿?这是一个值得深入思考的哲学问题。知觉从强烈到微弱、从清晰到模糊是一个心理过程,时间在其中起到关键作用。印

---

[1] 休谟:《人性论》上册,关文运译,商务印书馆1981年版,第67页。

象发生在先，观念发生在后，因此观念才能模仿印象。休谟没有在过去、现在和将来的关系中探讨印象与观念的关系。他用一般现在时态的肯定句表示，任何时间的简单观念都是印象的模仿。他举例说："一个人在感到过度热的痛苦时，或在感到适度热的快乐时，他的知觉是一个样子；当他后来把这种感觉唤在记忆中，或者借想象预先料到这种感觉时，他的知觉又是一种样子。记忆和想象这两种官能可以模仿或摹拟感官的知觉，但是它们从不能完全达到原来感觉的那种强力和活力。"（教材，303）这里，"痛苦"或"快乐"是当下的印象，而"记忆"是对过去印象的回忆（"后来把这种感觉唤在记忆中"），"想象"则是对现在印象的期望（"借想象预先料到这种感觉"）。如果说，记忆是对过去经受的痛苦的复制，那么记忆现在产生的应该是观念；同样，想象现在经受的痛苦将要延续到未来，想象的痛苦是对现在的痛苦的模仿，因此，它应该是关于将来的观念。这里谈及"过去的印象"与"过去的观念"，以及"现在的印象"和"关于将来的观念"这样两组关系。我们用下图表示休谟这句话的意思。

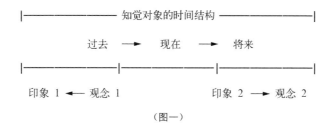

（图一）

从上图可以看出，现在的知觉状态有简单观念1和简单印象2，简单观念1通过记忆指向过去发生的印象1，而简单印象2通过期待指向关于未来的观念2。

现在我们来看一看，为了让"印象比观念更加强烈"这一原理能够成立，休谟必须假定什么。第一，他必须假定印象1与印象2相似，因此现在经历的痛苦（印象2）才能比印象1的模仿（观念1）更加强烈；第二，他也必须假设观念2与观念1相似，因此现在记忆的痛苦（观念1）和现在想象的痛苦一样，都是对同一个痛苦的模仿。这个假定就是：现在发生的知觉（印象2和观念1）的对象与过去发生的知觉（印象1）的对象相似，也与想象中的未来发生的知觉（观念2）的对象相似。这个假定设定了知觉对象（例如这个例子中的痛苦）在过去、现在和将来的相似性，我们称之为关于知觉对象的时间结构的假定。

刚才讲的是对《人类理解研究》第二章的分析。当我们分析第四章时,我们会发现,休谟怀疑因果关系的必然联系,实际上也就否定了上述那个假定。让我们看看他是怎么说的。

休谟说,一切经验的基础是因果关系,他的问题是:"但是,这个经验为什么可以扩展到将来,扩展到我们所见的仅在外表上相似的别的对象;这正是我所要坚持追问的主要问题。"(教材,313)他解释说,由于因果联系是在过去的经验中建立的,要根据过去的经验预测未来,那么就"需要一个媒介"来把这样两个命题联结在一起。第一个命题是:"我曾经看到,那样一个对象总有那样一个结果伴随着它。"第二个命题是:"我预先见到,外表上相似的别的对象也会有相似的结果伴随着它。"(教材,313)能够从第一个命题推导出第二个命题的中间命题是:"所有从经验得到的推理都假定这样的依据,即将来和过去相似,相似的能力将伴有相似的可感的性质。"(教材,316)休谟说:"这个媒介究竟是什么,我承认,那不是我所能了解的。"(教材,314)所谓"不能了解",是说不管用演绎还是用归纳的推理,都不能证明那两点。休谟使用了两个例子。第一个是我们不能确定太阳明天是不是从东方升起,因为我们不能证明"未来必然与过去相似";第二个例子是不能确定吃面包是否有利于健康,因为我们不能证明"相似的能力(面包的营养素)必然导致相似的性质(健康)"。1947年,一个叫韦尔的学者说:"为了简明的缘故,我们可以把休谟的因果关系问题归结为一个最简单的问题:将来为什么和过去相似?"[1]

休谟在这里否认的两方面的相似,归结到一点,就是知觉对象在过去、现在和将来的相似性。我们可用下图表示

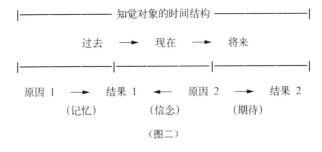

(图二)

---

1 F. L. Will, "Will the future be like the past", in *Mind* 56 (1947), pp. 332 – 347.

　　休谟的意思是说，第一，由于不能证明"将来与过去相似"，发生在过去的结果 1 不会出现在将来（结果 2，如"太阳在明天升起"）。由于不能证明"外表上相似的别的对象也会有相似的结果伴随着它"，发生在过去的因果关系不会分别发生在现在（原因 2）和将来（结果 2）。照休谟的说法，原因和结果是事实的关系，也就是说，它们是印象的对象。否认过去的因果关系必然也发生在现在和未来，这意味着，过去有印象的对象（原因 1 和结果 1），并不必然地发生在现在或将来。

　　比较图一和图二，两者都涉及知觉对象在过去、现在和未来的相似性问题。但根据图一，休谟必须假定过去的印象 1 与现在的印象 2 相似，现在的观念 1 与关于未来的观念 2 相似，这样他才能肯定简单观念总是对简单印象的模仿的恒常联系。根据图二，他否定了已经发生的印象（原因 1 和结果 1）与现在发生的印象（原因 2）以及将要发生的印象（结果 2）之间的恒常的相似性，因此才能否定因果关系的必然性。这就是我要指出的休谟经验论的一个矛盾：他在开始说明经验的性质时暗地里假定了知觉对象在时间中恒常的相似性，而他在追问经验基础时明确地否定了知觉对象在时间中恒常的相似性。

　　当然，这个矛盾不是严格意义上的违反同一律的矛盾，因为原型和模仿的相似关系涉及知觉强度的不同程度，而因果关系涉及性质相似以及时空接近。但是，图一和图二所示的时间结构说明了同样的恒常性：如果两个对象恒常地在过去的知觉中先后出现，那么它们也总会在现在和未来先后出现。这一先后出现的恒常性只与对象的相似性有关，而与相似对象之间有什么样的关系的问题无关。只要过去的印象和观念先后发生，那么相似的印象和观念也会在现在和未来先后发生。同样，只要过去的原因和结果先后发生，那么相似的原因和结果也会在现在和未来先后发生。休谟肯定了前者，而否定了后者，这一矛盾由于他使用不同词语表示知觉对象（印象和观念，原因和结果）和它们的相似关系（原型和模仿关系，因果关系）而被掩盖。我的工作是在不同的语词背后揭露出一个相同的时间结构，从而显示出休谟一方面暗地里利用它，另一方面明确否定它的矛盾。

　　我不是质疑休谟对因果关系必然性的怀疑，我要质疑的是他的思想的一致性。如果休谟要否认因果关系时间结构的恒常性，那他首先就要改变他自己关于印象和观念之间关系的原理。他在建立这个原理时，就已经设定了相似的知觉对象在过去、现在和将来先后发生的恒常性。为什么要设想这一结构会发生重大改变，以至于过去与未来的因果关系不相似呢？换言之，如果休谟是一个彻底的怀疑论者，他不仅要怀疑因果关系的基础，而且要怀疑他自己的第一原则，即简单观念是简单印象的模仿的原则。如果我们从相似对象的恒常时间结构入手的话，那么怀疑因果关系基础的"休谟问题"就不是一个真问题；反过来说，如果"休谟问题"是一个真问题，那么休谟哲学开始提出的区别印象和观念关系的原理就是一个自我否定的原则。

二、

回应《印象与观念之间隐含着因果联系的时间结构吗？》一文

这篇文章的副标题是"对《休谟的经验论真的摆脱了矛盾吗？》的质疑"。作者周萌萌曾上过我的课，她对我的批评提出反批评，我觉得这篇文章具有一定的代表性，赞成她在《河北学刊》公开发表，但这并不表明我认可她的批评。我认为这篇文章没有理解我对休谟批评的要点，它把可质疑的关键点当作无可置疑的前提，再用此前提来批评我。本文作者先批评我疏忽了两个原则，一是印象的当下性原则，二是比较中的同一性原则，然后说原因与结果关系不具备印象与观念之间的同一性原则，因此，休谟肯定观念是印象的模仿与否定因果关系的必然联系并不矛盾。

所谓当下性原则和同一性原则都不是休谟的用语，而是周萌萌自己的概括。从她概括的休谟思想来看，"当下性"指印象的现在时态。其实，所有知觉都是当下的，不仅印象是这样，观念也是这样，记忆产生的观念是现在的回忆，期望产生的观念是现在的想象。这个道理是明显的，没有人会否认或疏忽这一点。但我觉得周萌萌倒是混淆了"印象的当下性"和"印象对象的当下性"这样两个不同的概念。以疼痛为例，大家都承认，疼痛是当下的状态，但谁都不会说，过去没有疼痛。周萌萌说，过去的疼痛只是"当时的疼痛"，比如前天的疼痛，"这种印象就当时而言当然是最强烈最生动的,比昨天甚至今天的任何关于疼的观念都要更强烈更生动"[1]。这个"当然"只是作者的"想当然"而已。不知道作者有没有听说过"痛定思痛痛更痛"这样的话,那就表达了现在对过去的疼痛的回忆(观念)比当时的疼痛更强烈更生动的心理现象。还有"后怕"这样的话,也是说,事后回忆当时的恐怖更感害怕。这样的例子还有很多。休谟假定印象比观念更强烈更生动,只是一个未加仔细审视的"常识观点",没有普遍有效性。现在周萌萌又假定了一个"印象当下性原则"为之辩护,也不能解释某些观念比"最初发生的印象"更强烈更生动这样的事实。

"比较中的同一性原则"指在不同程度的知觉的比较中,"印象和观念指向的是同一对象"[2]。虽然"同一性"是一个太强的逻辑概念,但说休谟设定了不同知觉指向一个对象,基本符合休谟的意思。事实上,我之所以用过去和将来时态表示知觉的现在状态,正是为了说明相似的知觉对象的不同时态。"过去的印象"是指现在回忆起的过去印象的对象,"将来的观念"指期待将来出现的对象。"印象和观念指向同一对象",用我的话来说,就是知觉对象在过去、现在和将来保持恒常的相似性。在这一点上,我和周萌萌并没有实质的分歧。我们的分歧在于,如何理解知觉对象的恒常的相似性或"同一性"的依据。周萌萌说:"观念与印象的同一性在休谟那里的确是预设的,在休谟的时代同一性问题本身还没有成为问题","这是他整个经验论的前提。这个前提本身在休谟时代还没有成为问题,只有到了现代哲学比如胡塞尔的现象学才对这个问题进行了专门的考察"。我要问,难道"在休谟那里还没有成为问题"就不是问题了吗?"现代哲学比如胡塞尔的现象学"(确切地说,从康德开始)之所以提出"在时间之流中我怎么能够知道不同的印象和观念之间有着同一性联系"[3]的问题,难道不正是因为看到了休谟"整个经验论的前提"出了问题吗?且不说康德是如何在时间的图式中解决关于因果关系的"休谟问题"的,胡塞尔也受休谟问题的启发,说:"休谟的《人性论》是纯粹

---

1 周萌萌:《印象与观念之间隐含着因果联系的时间结构吗? ——对〈休谟的经验论真的摆脱了矛盾吗?〉的质疑》,载《河北学刊》2005(6),第 42 页。
2 同上。
3 同上书,第 42—43 页。

现象学的第一个草稿。"[1]康德和胡塞尔都在休谟预设的知觉对象的恒常相似性背后揭示出了知觉的时间结构。我没有用休谟以后的哲学观点来批评他,那是外部批评。我的内部批评是用他对这个预设既肯定又否定的矛盾。

周萌萌说,印象和观念的关系与因果关系是有"本质差别"的"两种时间关系"。[2] 她的理由是:"印象总是在观念之前(从而成为观念的来源),而因果联系显然不具备这种先后的必然性,虽然原因与结果也在时间中前后相续,但正如休谟指出的,我们并不能观察到原因与结果之间的必然联系('因果'观念),我们只能看到原因与结果前后相续('因果'印象),事实上,原因完全可能在结果之后出现(从而因果关系的基础是值得怀疑的)。"[3]

这段话包含了一些对休谟的误解。休谟从不怀疑原因总是在结果之前出现,他从来没有设想过"原因完全可能在结果之后出现"这种可能性,也没有否认前因后果的必然性。"时间中前后相续"是"因果关系"定义的必然之义,前者包含在后者之中,如同分析判断的谓词必然包含在主词之中。休谟既没有把原因与结果之间的必然联系当作"因果"观念,也没有把"原因与结果中前后相续"当作"因果"印象。确切地说,"因果"既不是观念,也不是印象,而是两个印象对象之间的联系,对这种联系的知觉,休谟称之为"信念"。周萌萌显然混淆了"因果关系""原因""结果"这三个概念。

根据休谟的思想,"原因"和"结果"是过去前后相续并在空间上靠近的一对印象对象,如果作为原因的印象对象发生在现在,我们可以根据过去形成的因果关系的信念,想象作为结果的对象也会发生在将来。但休谟说,预期发生的对象只是观念的(想象的)对象而已,而不是印象的(可观察的)对象。他的主要理由如我在前面所说——不能证明将来必定与过去相似。休谟在这里否认的因果关系的这种时间结构,与周萌萌设想的印象和观念对象的"同一性"的时间结构并没有"本质差别"。如果现在不与过去相似,一个印象和它后来的观念如何能够指向同一个对象?如果将来不与现在相似,如何能说当下的印象比想象中的观念更为强烈生动?

1　转引自 R. T. Murphy, "Hume and Husserl", in *Phaenomenologica* 79, Nijhoff, 1980, p. 2。

2　周萌萌:《印象与观念之间隐含着因果联系的时间结构吗?——对〈休谟的经验论真的摆脱了矛盾吗?〉的质疑》,载《河北学刊》2005(6),第 42 页。

3　同上。

如果过去、现在和将来都不相似，不同时态的观念如何都能成为对同一印象的模仿？我把过去、现在和将来的相似的假定称为知觉对象在时间中恒常相似性的原理。我们确实不能指责休谟没有对这一原理作明确的表述，但我们有理由批评他自觉或不自觉地既肯定又否定这一原理。我说休谟经验论的矛盾就在于此。

当然，印象和观念的关系与因果关系的时间结构不完全一样。在图一中，记忆建立了观念1与印象1的相似，期望建立了观念2与印象2的相似；而在图二中，记忆建立的是原因2和结果2之间的关系与原因1和结果1之间关系的相似；前者只是记忆的产物，而后者除了记忆外，还需要信念。同样，在图一中，光凭期望就可建立观念2与印象2之间的相似；而在图二中，除了期望，还需要信念，才能建立结果2与结果1之间的相似。即使有这些差异，两图所显示的过去、现在和将来的时间结构也是相似的，而不是有"本质差别"的"两种时间关系"。对这两个时间结构的相似性和差异性，还有许多细节需要深入讨论。我对周萌萌的文章所作回应，目的也是为了把讨论引向深入。

三、

关于休谟哲学的讨论

生问：我们小组五位同学都阅读了文本材料，各自提出了问题和自己的看法。我们的问题可综合为三个。

第一，简单观念全是从印象产生的吗？

赵老师认为，简单观念来自一个相应的印象，是休谟的"第一原则"。休谟说："一切简单的观念，在它们首次出现的时候，是引自和它们所对应的或者它们精确地表达的印象。"这只是说首次出现的简单观念来源于印象，而一些观念可能并不直接来自印象。在《人类理解研究》中，休谟举了一个例子：一个人已经经验到蓝色深浅不同的颜色，这个人可以形成没有见过的某种深度的蓝色的观念，这种颜色就不来自印象。

第二，印象和观念之间存在着赵老师所说的时间结构吗？

休谟承认过去的观念和现在的印象之间的相似性,但对于未来的观念和现在的印象之间是否相似,休谟并没有作出肯定,而是提出这属于信念问题。印象和感觉经验相关,而观念和抽象概念相关。休谟说:"我们如果想到一种伤处,那我们便不由得思想到由此引起的痛苦。"这个例子和人的情感相关,但它却是观念而不是印象。即使说休谟有关于未来的观念,他的意思也只是说我们关于因果关系必然性的观念是从想象得来的,与人心的某种结构有关,而不能说过去与未来的相似是休谟论证观念与印象关系暗含的前提。再看图二,休谟否认了原因 2 到结果 2 之间的必然性,认为人们之所以肯定其有必然性,只是习惯使然。如果认为可以从原因 2 推出结果 2,事实上已经预设了现在和未来之间的相似性,而这正是休谟所怀疑的。

第三,休谟是彻底的经验主义者吗?

爱丁堡大学的史密斯提出了对休谟的自然主义的解释。徐向东老师也认为,经验主义不是休谟哲学的唯一承诺。休谟对经验主义的使用在某种程度上是工具性的,他的目的是以他自己的方式把经验主义推向他的怀疑论的极端,然后通过审视我们对怀疑论的态度,来最终确立他的自然主义。休谟的自然主义和经验主义同时影响到他对因果关系的论述,因此在某种意义上不能说休谟是一个彻底的经验论者。

我先回应第一个问题。休谟提出简单观念与印象的对应关系,就是为了解决经验的来源这个问题,而这个问题是以前的经验论者没有解决的问题,正是在此意义上,一般说他的经验主义更彻底。既然是讨论来源问题,当然是肯定简单观念第一次出现时来源于印象。但有了第一次,就会有第二、第三、第 n 次出现。当休谟说简单观念是印象的模仿或复制时,他显然是说,n 次出现的都是同一个简单观念,因为它们以同一个印象为摹本。因此,"当它们首次出现时"这个限制性短语是在说简单观念的来源,而不否认以后出现的相似的简单观念与印象之间有恒常的对应关系。这位同学说"一些观念可能并不直接来自印象",当然如此,很多复杂观念就不一定直接来自印象。可能是她把简单观念等同于"首次出现的观念",才认为休谟的话反驳了"简单观念与印象相对应"的原理。至于她引用的例子,恰恰是休谟不认可的。因为紧接着这个例子,休谟说:"只是这个例证是罕见的,几乎不值得我们注意,而且它不起作用,我们不应为它而改变我们的一般准则。"(教材,306)

第二个方面的质疑,取决于这样一个论证:1. 未来的观念和现在的印象之间的相似属于"信念"问题,这是休谟可以承认的;2. 从现在的原因推出将来的结果,已经"预设"了现在和未来之间的相似性,这是休谟要怀疑的。我的问题是:论证 1 的"信念"和论证 2 的"预设"是否有关系,能不能承认一个而怀疑另一个? 这涉及休谟对信念的理解。

关于第三个问题,我已经在之前的论述中做了回答。

生问:我来谈休谟关于信念的理论。休谟认为,人可以以各种方式唤起、分离、结合心中的观念,构想出各种不同的东西,但人们只对其中的一些有信念,其余的则认为是虚构的。休谟说,信念是"与当下印象关联或联系着的一个生动的观念"[1]。又说:"信念不过是比想象单独所能获得的对一个对象的更加生动、活泼、有力、牢固、稳定的构想","信念是人心感到的某种东西,它可以区别判断中的观念和想象中的虚构。它给某些观念以较大的权重和影响,使它们在人心中较为得势,使它们成为我们行为的主要原则"。(教材,322)

休谟对因果关系的推理是信念的一个典型例子。因果推理分两个阶段:第一个阶段是两类印象在当下的感觉或记忆中"伴随出现"和"恒常会合";第二个阶段是一类印象或观念(称为"原因")中的一个个体出现,心灵由于一种"心理倾向"而断定另一类印象(称为"结果")将会出现。第一阶段,出现的是直接的感觉印象,它们具有强烈的生动活泼性,因而我们不怀疑因和果这两类对象的存在。在第二阶段,只有作为原因的当下印象或记忆中的观念出现,人们只是凭借心理习惯想到与原因有关的另一个观念,这就是关于未来结果的观念。这个观念不是记忆中的观念,而是超越感觉和记忆的新观念,人们对这一新观念有信心。问题是这一信念是如何形成的? 休谟借助于"转

1　休谟:《人性论》上册,关文运译,商务印书馆 1980 年版,第 96 页。

移原理"说,记忆中的印象的生动活泼性被转移到新观念中,使这个观念也较为生动活泼,因而人们相信这个观念的对象也必定存在。

休谟一方面怀疑因果推理的必然性,另一方面用习惯来解释因果推理的形成,肯定对因果关系的信念是"自然倾向""自然的本能"。于是在休谟的体系中出现了怀疑论与自然信念的对立,而对立的两方面对休谟来说都是不可舍弃的,休谟的自然主义是对怀疑主义的反动,虽然它可以部分地抵消怀疑主义,但不能消灭怀疑主义,自然的信念不管多么用力,也不能沟通经验的此岸与客观实在的彼岸的鸿沟。

具体到外部事物存在的问题上,休谟认为我们对外部事物的存在有着不可抗拒的自然信念,这个信念本身的证明就是外物存在的证明。我们对这一信念的怀疑不能改变这一信念,因为具有这一信念正是能够对该信念进行怀疑的前提,怀疑只能是对产生该信念的原因的怀疑。我觉得休谟的态度是恰当的。人的直接认识对象是印象,至于印象是从外物产生的还是主观自生的问题,只能通过信念的产生过程来说明,而不能用经验以外的客观实在来说明。

我很同意你对休谟的信念理论所作的概括和诠释。你所讲的,至少有两点对我们的讨论有帮助。

第一点,虽然休谟在讨论印象和观念关系和在讨论因果关系时,似乎使用了两种不同的语言,实际上都与他的信念理论有关。休谟认为我们对观念与观念之间的关系的认识或者是幻想,或者是信念。两者的差别在于,幻想没有从印象转移来的那种强烈的生动活泼性,比如"美人鱼""人头马"等(它们既是观念的复合,也是观念的关系),而信念则有那种强烈的生动活泼性。因果关系属于信念,因为我们过去伴随出现的印象的生动活泼性被转移到现在以及关于将来的观念。休谟之所以否认因果关系的必然性,不是像一些同学所理解的那样,而是因为我们没有关于因果关系的印象;根据休谟的观点,任何印象都是关于个别对象的印象,关系不是个别对象,而是两个对象之间的媒介;对任何关系(不独是因果关系),都不会有印象,只能有信念或幻想。

第二点，在对关系的信念中又分两种：必然的或或然的。前者是对"观念"的关系的信念，后者是对"事实"的信念。这种提法很容易造成误解，好像"事实"就不是观念之间的关系。休谟的意思是说，有些观念之间的关系，不需要印象的介入，就可以形成信念，比如"3＋4＝7""三角形的三个内角之和等于 180 度"等。休谟肯定这些信念具有必然性，因为这种关系不涉及时间，数学命题在过去、现在和将来都有效。但是对因果关系的信念是建立在过去印象的基础之上的，而在过去伴随出现的印象是关于原因对象和结果对象的"事实"（matter of fact）。事实涉及过去、现在和将来，而不仅仅是两个非时间性的观念之间的关系（relation of ideas）。休谟怀疑因果关系必然性的主要理由是，将来的对象与过去的对象不一定相似，对因果关系的信念是依据过去的经验，不一定适应未来可能的变化。到现在为止，休谟的这些说法可以自圆其说。

但是，我要提出一个问题：观念模仿印象的关系是事实还是观念关系呢？显然是事实。如果是事实，是不是也有一个过去、现在和将来（对象）之间的连续和相似呢？休谟为什么不怀疑对这种事实的信念的必然性呢？他不加任何怀疑地把对观念模仿印象这一事实的必然信念作为自己学说的出发点和基石，而又怀疑对因果关系这一事实的必然信念，这就不能自圆其说了。

生问：如果不加限定地、笼统地用"生动活泼性"去衡量印象和观念，可能会产生混乱。对于特定的印象和相关的观念，为何后者的强度与生动性就弱，休谟的说法不够严密。他说："一个正在发怒的人所受的激动，与一个仅仅想到那种愤怒情绪的人所说到的激动，在态度上是大不相同的。"[1]但生活中也有"越想越气"的例子。休谟出于对经验起源加以说明的需要而论述了印象引发观念的作用，但没有重视观念的传承。但这是可以推导出来的，模仿关系与时间有关，印象发生在前，是摹本；观念发生在后，是模仿。两者处在一维、单向、连续的时间之中。赵老师指出，在印象与观念关系中，"时间起到关键作用"，并将这种关系称为"第一原则"。休谟也曾称之为"第一原则"。[2]

1　休谟：《人性论》上册，关文运译，商务印书馆 1980 年版，第 11 页。
2　参见上书，第 18 页。

赵老师强调图一和图二是同构的,这一观点值得商榷。赵老师说,只有观念 1 与观念 2 相似,休谟才能说观念 2 比印象 2 微弱模糊,是印象 1 的模仿。但这种观点是本末倒置的。因为印象 1 和 2 引发了观念 1 和 2,不需要用观念 1 和 2 来保证印象 1 和 2 的原初地位。

在图一中,观念 2 必然是印象 2 的模仿(这是由"第一原则"决定的)。只要印象 2 与印象 1 相似,观念 2 就必然与观念 1 相似。而在图二中,即使原因 2 与原因 1 相似,结果 2 也并不必然与结果 1 相似。其根源就在于因果关系与模仿关系是不同的。在休谟看来,模仿关系实际上是一种严格的因果关系(《人性论》强调了印象和观念的先后性、恒常性和相似性),但经验的因果关系却不是,因为原因和结果的联系并非必然的,它们总有可能分离。

借用赵老师的图示,在图二中,结果 2 只是由于习惯的作用才具有一定的生动活泼性,虽然大于纯粹幻想的生动活泼性,却达不到图一中观念 2 的生动活泼性。虽然我们的心灵确实会"莫名其妙"地产生联想,但在图一的模仿关系作期待时,我们知道模仿印象 2 的观念 2 是必然会实现的(变为当下)。而在图二的因果关系中,我们虽然可以产生结果 2 的观念,并没有这个期待着的观念会如期而至的把握。就是说,在模仿关系中,期待的观念必然会兑现;在因果关系中,期待的观念则未必兑现。

你承认在模仿关系中,时间起到关键作用,但又说模仿关系和因果关系有不同的时间结构,是"不同构的"。我现在就来回应你提出的"不同构"的理由。

首先,你说,在图一中,印象 2 和 1 的相似,不需要用观念 1 和 2 的相似来保证,因为印象 2 与印象 1 有"原初地位"。但我们讨论的话题不是印象是否原初,而是如何证明印象 2 与印象 1 相似? 这不是一个不需要证明的前提。印象 1 是过去直接感觉的对象,而印象 2 是现在直接感觉的对象。如果这两个对象是"外在"的,比如我们现在看到的窗外的那棵树,人们会想当然地认为,我昨天看到的和今天看到的当然是同样的树了。但是休谟恰恰否认了"外在"对象和"内在"对象的区分,一切对象都在知觉之内,都是知觉的内容。区别只是:有些内容是强烈的、生动的,是印象的对象或内容;而另一些内容不那么强烈、生动,是观念的对象或内容。但是他又悄悄地利用了人们关于外物感觉同一性的常识观念，从来没有提出和回答不同时间的印象内容（对象）为什么相似或相同的问题。如果我们把印象的内容从外物变成身体感觉，例如"疼痛"，那么这个棘手的问题就出来了。

事实上，到了 20 世纪，维特根斯坦在反对私人语言的论证中，正是以疼痛为例子，提出了不同时间的感觉如何能够等同的问题。维特根斯坦设想，如果一个人写日记，在身体的某一部位疼痛时，用符号 S 来表示，第一次疼痛时写下 S_1，第二次疼痛时写下 S_2，如此下去。维特根斯坦问，这个人如何能够确定他记录的 S_1，S_2，……，S_n 是同一个疼痛呢？没有证明。这个人会说："我看起来似乎是正确的，就是正确的。"维特根斯坦说："这样说的意思只能是，我们无法谈论'正确'。"[1]维特根斯坦反对私人语言的核心是，不能说在不同时间发生的私人感觉是等同的。但休谟却认为，不同时间的印象的内容是可以等同的，他就好像是维特根斯坦所说的那个记日记的人，符号 S 好像是复制印象的观念。当他要说印象 2 和 1 相似时，他的证明只是他使用了相似的符号 S_1（记忆的观念）和 S_2（期待的观念）。所以我说，观念 1 和 2 的相似是休谟假定印象 2 和印象 1 相似的暗藏的前提，而这个前提是为了保证将来的疼痛和现在的、过去的疼痛的相似性。用维特根斯坦的话说，"'我在自身留下印象'的意思只能是：这个过程使我能在将来正确地记住这种联系"[2]。

你又说，在观念和印象的模仿关系中，期待的观念必然会兑现；而在因果关系中，期待的观念则未必兑现。我认为这并不能构成两者不同构的理由，因为记忆和期待这两种心理产生的关于对象存在的信念应该是相同的。有同学在发言中提到的一个重要的论点，那就是，"存在"对于休谟而言只不过一个信念，如果印象把它的强烈的生动性转移到一个观念上，那么对休谟而言，这个观念的对象就是存在的，或更确切地说，应被相信为存在的。

按照休谟的说法，我们可以有这样的分析。第一，在对过去的记忆中，过去发生的印象内容转移到了记忆中的观念，因此我们相信过去确实发生了如此如此的

1　维特根斯坦：《哲学研究》，258 节。
2　同上。

事实,存在如此如此的事物,而且这就是我们唯一能够知道、能够证明的关于过去存在的途径。第二,通过记忆,肯定单个的印象对象曾经存在,与肯定因果关系曾经存在,没有什么不同。

你没有否认那两点,但你提出了一个关键问题:通过期待,肯定与现在印象相似的观念将要出现,和肯定与现在结果相似的结果将要出现,是根本不同的。我觉得你的理由有一个预设,那就是,"观念"只是头脑里的东西,而"结果"是头脑以外的客观存在,关于未来的观念必然"兑现",未来的结果则不一定"不兑现"。但是,我们不要忘记,休谟谈存在,并无"内"和"外"、"主观"和"客观"之分。我们所能知道、所能确定的只是我们的知觉内容,强烈、清晰地感受到的对象就是存在,模糊、微弱的知觉对象就是虚构或幻想,如此而已。"转移原理"在记忆和期待中的功效应该是相同的。关于过去对象的印象能通过记忆把强烈的生动性转移给现在的观念,现在的印象也同样能通过期待把强烈的生动性转移给关于未来对象的观念。比如,在图一,记忆中的观念1强烈、清晰地复制了印象1,使我们肯定印象1的对象确实存在。在图二中,那些在过去重复多次的关于结果的强烈印象,为什么就不能通过期待,把强烈的生动性转移给关于未来结果的观念呢?只要关于未来结果的观念有足够强烈的生动性、清晰性,比如我想象明天太阳的生动性和清晰性,那我就有理由肯定这样的结果必然出现。

也许,在语言中,"记忆"好像比"期待"有更大的真实性。如果你说"我清清楚楚地记得某事",别人一般不会怀疑这件事的真实性,但如果你说"我非常非常希望某事发生",别人一般认为你只是在表达主观愿望,现在还不能确定这个愿望是否会兑现。但如果仔细考察一下日常语言的用法,就可以发现,一些表达希望、期待的语词,包含着对未来现实的确定性。比如,"我期待明天和你见面"(I am looking forward to seeing you),表达了一个明天一定会"兑现"的事件。外文中表示希望的词汇很多,其中一个是 foreseeing,是"提前看到"的意思。与此相应,在表示回忆的词汇中,有一个是 recall,是"再次呼喊"的意思。谁能说"再次"说出的东西就一定比"提前"看到的东西更加真实呢?更能说明问题的是《圣经》中"望"这个概念,它和"信""爱"一起,构成了三大"神学德性"。"信"是已经获得的,"爱"是始终如一的,而"望"是朝向未来的。"望"在英文中被译成 hope,但在原文中,"望"

是希腊文的 elpis,它有着与 hope 不同的意义,它没有任何可怀疑的成分,指向注定要来临的一个确定的事实。

刚才是从语言分析角度说的。从休谟最擅长的心理分析上说,期待的内容固然不全会发生,但记忆的内容就不会出错吗? 在这一点上,休谟讲得没错,只要是具有强烈生动性的观念,就足以使我们相信观念表示的对象确实存在。在我看来,期待和记忆都能够产生关于存在的确信不疑的信念。我说到休谟的矛盾,其中一个就是,他肯定了记忆中的观念能够表示存在(即必定复制印象),但否定了期待中的观念不能表示存在(即不能确定地预测未来)。

生问:我们小组对休谟的经验论有这样一些疑问和看法。休谟对"摹本说"作了两点论证。其一,当我们分析思想和观念时,不管它们如何复杂,常常会看到它们可被分解成简单的观念,而它们是由先前的一种感情或感觉来的。其二,一个人如果因为感官有了缺陷,以致不能有一些感觉,他也一样不会有相应的观念。第二个论证是无法反驳的,但第一个论证只能算是对"摹本说"的简单描述,而不能算是论证。如果一定要说是论证的话,也只是循环论证。"摹本说"其实就是说复合观念是简单印象的不同组合。问题是,简单印象是不是唯一的来源? 如果是的话,"价值"和数学的"极限"是哪一些简单印象组合而来的呢? 休谟没有看到理性的抽象能力,只是把它当作人的一种理所当然的自然能力。这样是无法区别人与动物之间的差别的。休谟说:"在我看来,最明显的一条真理就是:畜类也和人一样富有思想和理性。……动物行为和人类行为在这一方面是那样的完全类似。"[1]休谟为了证明因果关系无非是习惯,把习惯与动物的本能进行类比,却把人类最重要的思维能力降低到动物本能的水平,这是没有说服力的。

我们讨论的另一个问题是如何看待"习惯是人生的伟大指南"。我们认为,休谟的重要不在于他解决了问题,而在于他提出了问题。休谟的怀疑论对西方近代哲学认识论的理性主义传统进行了根本性的颠覆。最终摆在他面前的只有两条路:一是走向极端的怀疑主义,做一个彻底的不可知论者;另

1　休谟:《人性论》上册,关文运译,商务印书馆 1980 年版,第 201—202 页。

一条是返回哲学的出发点——现实生活。可以说,休谟把因果关系的本原归结于心理习惯,是一种理论向现实的回归,为哲学的发展找到一个新的生长点。因此可以说,休谟的自然主义和怀疑主义之间不是矛盾和冲突,而是寻求一种思维上的新解释和突破。这对后来的哲学家产生了重大的影响。

我同意你们对"摹本说"的批判,并且补充两点。第一点,"摹本说"无非是说简单观念是印象的模仿。如果我们推敲这句话,就要对这种说法作很多限制。当我们讲到印象(impression)的时候,一定要在后面加一个 of x,是关于什么的印象;当我们讲到观念的时候也是这样,是关于什么的观念。x 可以是性质、状态、事物。状态可以是事物的状态,或者是自己身体的状态,例如疼痛、快乐。性质是事物的性质,如颜色。我刚才已经借用维特根斯坦的反私人语言论证说明,疼痛的状态是不可模仿、不可复制的,回忆中的疼痛不是对过去的模仿和复制。刚才也谈到,关于事物的存在的信念是如何从印象和观念中产生的,这里也有不少问题。我现在要着重讲的是关于性质的印象和观念。休谟和其他经验论者一样,都认为事物是性质的结合,比如,窗外的树是颜色、形状、硬度等性质的结合。用休谟的话说,关于性质的真实观念是对简单性质的印象及其复合的模仿或复制,而模仿和复制品必定要比原型模糊、微弱。他的观点推敲起来有很多问题。现在我们以颜色这一性质为例,我们回忆中的有色形象("观念")可以是"栩栩如生"的,至少不比当时见到的印象微弱。一个评论者说,一个有色的形状有色调、饱和性和亮度等因素,即使只是比较亮度,颜色的复制品也不比它的原型"模糊"或"微弱",正如照片上的颜色往往比真相更加鲜亮。[1] 那么,对事物的性质,休谟也承认有例外,他以颜色为例。对于红色的系列,我们并没有感到在深红和浅红之间还有一种红色,我们对这种红色并没有印象,但是我们可以通过回忆前后的两个印象,想象两种红色之间还有一种红色,从而产生一种红色观念,但是这个观念并不是对印象的模仿或复制。总之,对于状态、性质和事物这三种对象,都不能说印象是观念的摹本,观念是比印象模糊的模仿。

---

1 参见 D. E. Flag, "Force and vivacity", in *David Hume*, *Critial Assessement*, ed. S. Tweyman, vol. I, Routlege, 1995, pp. 57 – 58。

至于你们对"习惯是人生的伟大指南"的评价，我认为是言过了，而且这一积极的评价与你们批评休谟把人的习惯下降到动物的水平的说法相矛盾。正如你们所理解的那样，"习惯"只是一种心理联想，动物也可以有这种联想。以这样的"习惯"作为人生的基础，绝不是什么"理论向现实的回归"，而是人类理性向动物感觉的回归。莱布尼茨早就看到经验论的这个缺点，他说："动物的联想和单纯的经验主义者的联想一样，他们以为凡是以前发生的事情，以后在他们觉得相似的场合也还会发生，而不能判断同样的理由是否依然存在。人之所以如此容易地捕获动物，单纯的经验主义者之所以如此容易地犯错误，只是这个缘故。"[1] 你们大概是把休谟所说的"习惯"与马克思的"实践"概念联系在一起考察，才对休谟的自然主义作出过高的评价。不过，"习惯"确实与"实践"有点关系。我讲一个真实的故事。某大学开运动会的时候总是下雨，头几年开运动会的时间是周末，结果下雨了；后来改在周三和周四开，结果还是下雨；后来又改周五和周六开，结果还是下雨。于是这个大学开运动会和下雨就发生了习惯性的联想关系。有一年这个大学的所在地发生了旱灾，当地农民说，这个大学怎么还不开运动会啊？按照休谟的说法，这个大学开运动会和下雨之间有因果关系，所以农民才有这样的预期。生活中的这个笑话可以用来反驳了休谟的自然主义的因果观。

　　生问：按照很多学者的理解，休谟的根本立场不是怀疑论，而是自然主义。他对怀疑论的使用是工具性的，是达到自然主义的一个阶段。休谟并不怀疑因果推理的有效性，也不怀疑物理世界存在因果必然性，他反对的是理性主义对因果关系的解释，他同时反对那种认为通过知觉就能直接获得因果知识的简单经验主义。对休谟哲学的理解，自然主义比"简单经验主义加怀疑论"的理解更为准确，更加符合休谟的本意。休谟试图证明，理性并不具有传统中设想的那种在人生中的巨大作用，按照这个思路他本该达到的结论是，有理性的人无法相信任何事情。但实际上休谟更进一步认为，人类一直就在通过因果推理相信着某种事情，我们也不能不这样相信，这就是自然的方式，自然决定我们必须做这样的判断。这也许就是休谟努力探讨的人性。

1　莱布尼茨：《人类理智新论》上册，陈修斋译，商务印书馆 1983 年版，第 5 页。

我现在就对休谟的自然主义作一个总清算。

首先,《休谟的经验论真的摆脱了矛盾吗?》这篇文章并没有涉及经验主义与自然主义是否相矛盾的问题。休谟先怀疑因果关系,然后用自然主义解困,这当然没有理论上的矛盾。不过,以此为理由说休谟的哲学没有矛盾,这与我的文章讲的休谟的经验论的矛盾不是一回事。我所说的矛盾是,如果休谟能怀疑因果关系,他为什么不以同样的怀疑方法质疑观念与印象之间的模仿关系呢? 因为这两种关系都有一个前提:将来必定与过去相似。为什么休谟通过怀疑这一前提去否定因果关系的必然性,却不通过怀疑这个同样的前提去否定简单观念必定模仿印象的原理呢? 有些同学说,休谟哲学的终极取向是自然主义。我们可以接受这一解释,但不能消除我所讲的矛盾。休谟确实最后把因果关系建立在人性的基础之上,他也说,观念是印象的模仿"似乎是一个真正的命题,似乎不容我们多加争论"。这显然是把模仿关系作为一个自然事实接受下来。我的问题是:为什么不像对待因果关系那样,先进行一番怀疑,再接受这一自然事实呢? 在这一点上,就连对休谟哲学作自然主义解释的康伯·史密斯也深感不满。他说,对于印象与观念的关系这样一个"明显具有终极的、决定性的学说",休谟"并没有给出复杂的论证"。[1] 如果休谟对他的哲学的出发点(我所说的"第一原则")给出复杂的论证,那么怀疑论很可能从一开始就动摇了他的经验论。因此,他一开始就接受了自然主义关于印象与观念关系的解释。但是他在对待因果关系(这也是一种特殊的印象与观念的关系)时,却没有先接受自然主义的解释,而用彻底的经验主义去怀疑它。这里就有一个矛盾:既然自然主义已经从一开始就被接受下来了,为什么还要怀疑它在因果关系上的应用呢? 固然,自然主义可以化解怀疑,但对于那些认真看待怀疑的人来说,怀疑论应该从印象和观念的关系开始。

其次,不能说休谟的怀疑论只是工具,说这一工具彻底摧毁了理性主义的认识论。对于理性主义者来说,这不是工具,而是一个新起点。从这个新起点开始,欧洲的哲学家们发展出新的理性主义的学说,以回应休谟的怀疑主义。当康德说休谟把他从独断论的睡梦中惊醒,他指的是休谟对因果关系的怀疑对他的启发。

---

1 N. K. Smith,*The Philosophy of David Hume*,Macmillan,1941,p. 218.

他没有按照自然主义的路线化解这一怀疑，而是发展出先验主义的因果观。不能说先验主义不如自然主义吧？胡塞尔也深受"休谟问题"的启发，发展出他的时间意识学说。值得注意的是，康德和胡塞尔都充分考虑到了休谟忽视或不承认的知觉的时间结构问题。康德的先验论和胡塞尔的现象学用不同的方式回答了我们讨论中涉及的"未来为什么必定与过去相似"的问题。这应该看作哲学的重大发展。

　　第三，休谟只是用自然主义的联想来回避知觉的时间问题，在我看来，这确实是哲学思维的退步。我在《西方哲学简史》中的评价是："休谟的自然主义解释是不能令人满意的，因为他最后诉诸的是常识，而不是哲学；把经验论置于常识的基础之上，而不是对常识作经验论的哲学思辨，这是思想上的退化。"[1] 这个自然主义的传统被当时的苏格兰常识学派所利用。他们说，既然可以把理性不能证明的因果关系当作必须接受的常识，为什么不能把理性不能证明的"上帝存在"和基督教信条也当作必须接受的常识？这在当时是很保守的哲学，毫无批判精神，因而遭到康德的激烈批判。在 20 世纪，自然主义在英国很有影响，如摩尔的常识哲学、日常语言分析学派，都可以放到自然主义的传统之中。斯特劳森（P. F. Strawson）最后出版的一本书《怀疑主义与自然主义》[2]，讨论了休谟开创的怀疑主义和自然主义相结合的传统。自然主义还有一个重要表现，那就是与达尔文的进化论相结合。进化论强调自然选择，在自然选择的作用下，人类从动物进化而来，人类保持了动物被自然选择所保留的那些特性，例如联想的能力。如果没有这样的能力和习惯，就要被自然选择所淘汰，所以人和动物一样，不得不相信因果关系。这似乎很科学地解释了休谟肯定的动物与人一样具有理性的"最明显的真理"。但人与动物的根本差异，如人类的道德特质、宗教信仰、精神追求、科学理性，都被还原为自然选择保留下来的动物本能。现在对进化论的自然主义的最大挑战就是它不能解释人的特有的意识结构和内容。我想这也是休谟和其他自然主义的变种解释不了的问题。

1　赵敦华：《西方哲学简史》，北京大学出版社 2005 年版，第 267 页。

2　P. F. Strawson, *Skepticism and Naturalism*：*Some Varieties*, London：Methuen, 1985.

第十二讲

康德《未来形而上学导言》选讲

对康德的体系,一般讲康德的三大批判:第一批判是讲知识论;第二批判是讲道德哲学;第三批判是讲判断力。判断力又分审美批判力和目的论判断力。第三批判是沟通前两个批判的桥梁。但是实际上并没有这么简单。康德在第一批判中也讲到了道德哲学的问题,第三个二律背反的"自由"概念涉及道德形而上学的问题。第三批判的宗旨也不能理解为要在前两个批判之间搭起一座桥梁,其中还包含着一些独立的思想,对理解前两个批判很重要。如果不读第三批判的导言部分,对第一批判和第二批判的很多问题就无法理解。要理解康德,需要把三个批判都读完。读完第二批判,会对第一批判有新的理解,读完第三批判,又会对第一、第二批判有新的理解。

要在整体上理解康德哲学,至少需要把三个批判读完,但这还不够。因为康德在这三个批判中并没有完成他所承诺的哲学体系,如果要全面理解康德的体系,还要参看三个批判以外的著作。例如,根据他死后留下的手稿整理出来的《自然科学的形而上学基础》,在这本书中,康德不仅把第一批判里的知识论当作未来的形而上学导言,而且想靠纯粹的认识形式来建立自然科学的基础理论体系。当然,这是一个野心勃勃的设想,他并没有成功。但看了这本书,对康德关于自然科学的看法会有新的理解。再比如,在《道德形而上学的基础》和《实践理性批判》之后,他还写了《道德形而上学》,想建立道德形而上学的体系。康德的目标是要建立一个自然形而上学的体系和一个道德形而上学的体系,这和他的三大批判的工作是连接在一起的。另外,要理解康德哲学,还需要读康德的前批判时期的著作,因为前批判时期的一系列论文谈到了他对当时自然科学的看法。

要对康德哲学有全面了解,不能只读某一本书或者某些段落,因为不管这些章节多么重要,都不能概括康德的全部思想。读康德哲学不要满足于对康德著作的某一章节或者某一本书的把握,而要不断地扩展自己对康德的阅读,才会对康德哲学的体系有新的理解。如果同学们要写关于康德哲学的论文,就要非常小心。虽然你只写某一个题目或某个问题,但是你要阅读康德的全部著作,才能就康德对这个问题的看法写出质量比较高的论文。如果只是就三大批判的某一本来讨论一个问题,别人马上就会提出批评,说康德在其他一些书里也谈到这个问题,也许在前批判时期对这个问题就有了初步的看法,或者后期著作又有了新的发展。

　　我们今天选读的部分来自《未来形而上学导言》,这是一个相对简单却十分重要的开端。我在"导读"里说,《未来形而上学导言》不仅仅是《纯粹理性批判》的节选本,和康德哲学的整体特点一样,这本书对第一批判有新的发展,有一些在《纯粹理性批判》里阐述得不大清楚的问题,在这本书里有新的说法,甚至有的连思路都不一样。

一、

分析和综合的不同意义

　　　　生问:康德为什么说他在《纯粹理性批判》中使用的是综合的方法,而在《未来形而上学导言》中使用的是分析的方法,两者之间有什么区别? 是否指《纯粹理性批判》是从纯粹理性的认识能力出发,通过概念演绎的方式说明理性如何通过一系列的范畴作用构建起人类知识,而《未来形而上学导论》是从承认先天综合判断的实在性和可靠性出发,用分析的方法去追溯这种可能性的根据?

　　我认为,在这两本书中,康德都认为光靠纯粹理性的能力,从范畴和纯概念中是推导不出人类知识的,纯概念一定要与感性直观结合在一起才能产生经验,而经验就是知识。康德始终强调经验知识是人类认识的综合能力的产物。这个总的看法没有变化,不受他所说的这两本书不同的写作方法的影响。

分析和综合有很多含义。我在讲笛卡尔的时候说过,分析和综合的区分是笛卡尔对哲学方法论的一个贡献,这个区分把近代哲学和中世纪哲学划分开来。可以说,分析和综合的区分是近代所有重要哲学家都关心的问题。这个区分后来还引出了两类命题的区分,即综合命题和分析命题的区分。康德从分析判断和综合判断入手,引出了"先天综合判断何以可能"的问题。

《未来形而上学导言》前言的第一句话就是,这本书"不是对已有的科学作系统的说明,而只是要发现科学自身"(教材,340)。他说,这本书是用"分析的方法建构起来的一个纲要,而《纯粹理性批判》是用综合的风格来进行的"(教材,346)。他还说,《纯粹理性批判》是"综合地处理问题,通过确定理性的元素和根据原则来纯粹使用的规律,探究纯粹理性和深入它的本源","从原初的胚胎开始来展开知识";而《未来形而上学导言》是准备性的工作,它"依靠某种我们已经知道的并且可信赖的东西出发,上升到我们还不知道的本源,这一发现不仅解释了我们已经知道的东西,而且展示了从那里发源出很多认识的领域"(教材,353)。

从这三个地方,我们可以看到,康德对分析和综合的区分是方法论上的。为什么康德说《纯粹理性批判》是综合的,而《未来形而上学导言》是分析的?因为《纯粹理性批判》是从认识的最原初的胚胎开始,胚胎是纯粹形式。康德先是从感性的纯粹形式即时间和空间开始,这些形式和感觉材料结合在一起变成了感性直观,这是从简单到复杂的过程。在"先验逻辑"的"分析论"中,感性直观形式这个质料的复合体又变成了知性的质料,和知性的纯粹形式结合在一起,就产生了经验,也就是知识。这样从感性到知性建构起我们的人类知识,也是从简单到复杂的过程。同样在理性部分,也就是"先验逻辑"的"辩证论",康德分析了理性的先验幻想或者纯概念,然后分析了这些纯概念、纯形式是如何相互结合,而不与感性直观结合,因而产生了种种形而上学的错误。这也就对过去的形而上学进行了批判,无论理性心理学、理性神学还是理性宇宙学,这些批判同样是从简单到复杂的过程。

那么,为什么说《未来形而上学导言》是分析的?康德说,要从我们已知的并且是可信赖的东西开始。这是指什么?是指我们现在的数学和自然科学。康德认为数学和牛顿力学是我们现在已知的、可以确定为真的知识。我们从这些确定为真的知识入手，但不是要说明这些知识的内容，而是要追问这些知识的可能性条件，也就是这些知识所包含的必要要素。如果我们用逻辑方式来表示，就是如下形式：

$$P$$
$$\backsim Q \rightarrow \backsim P$$
$$\therefore Q$$

P 表示我们已知的东西，如果没有 Q 就没有 P，那么就可以从 P 推出 Q。或者说，要使 P 成为可能，就要有 Q；我们现在知道确实有 P，那么 Q 就是必然的。在康德哲学中，Q 代表 P 的可能性条件（condition of possibility）。

在《纯粹理性批判》和《未来形而上学导言》里，康德都提出了同样的问题：纯粹数学何以可能，纯粹自然科学何以可能，形而上学何以可能？这是在分别询问数学、自然科学和形而上学的"可能性条件"。形而上学的可能性条件又分为两点来谈：第一点是形而上学作为人的一般的心理倾向何以可能；第二点是形而上学作为科学何以可能。关于第一点，康德认为如果我们把理性的纯概念当作指导性的原则，由于人不会满足于对部分的把握，因而一定会引向对整体的把握，整体就是灵魂、世界和上帝。理性的纯概念指导人们从具体的、分散的经验知识出发，上升到关于世界整体、人的心灵世界以及心灵世界和物质世界总和的看法，也就是达到我们现在所说的世界观。康德认为这些世界观就是形而上学。这些世界观是在纯粹理性概念的指导下，从具体的、分散的知识一步步上升所得到的，这是人的一种普遍心理倾向。但这种世界观或者形而上学不一定是科学的，因为在上升过程中往往会出错。当达到世界观高度时，得到的并不是客观知识，它的内容并不是关于物自体或者事物本身的知识，只是我们心灵的主观倾向。关于第二点，康德认为形而上学的科学性还不存在，他探讨的是未来形而上学作为科学何以可能。康德要用纯粹形式的东西来建立科学的体系，这就是我们前面提到的自然形而上学和道德形而上学。不管在哪本著作中，康德都是先提出何以可能的问题。即使在《纯粹理性批判》里面，他也用了分析的方法，从现有的知识出发，谈现有的知识何以可能,然后揭示出使这些知识得以可能的纯粹形式。但是在这本书里,无论感性论、知性论,还是理性论,康德都是从要素或简单形式开始,最后到达复杂的思想。所以说,总的说来,《纯粹理性批判》还是使用了综合的方法。

当康德区分《未来形而上学导言》的分析和第一批判的综合时,他的主要意思是说,分析的方法是科学发现的方法,综合的方法是系统地说明的方法。我们不要把这个区分与分析判断和综合判断的区分相混淆。就判断而言,综合判断能够扩展我们的知识,而分析判断不能;但就方法而言,恰恰相反,分析的方法使我们发现新知识,而综合的方法只不过是把已有的发现更加系统、更加清楚地表达出来。举例来说,教科书都是采用综合的方法写成的,教科书从简单的公理和定义开始,然后推广到复杂的道理;而科学家在做发现的时候,不是先有公理和定义,而是先碰到复杂的难题,一步步分析到最简单的部分,然后再对它下定义。公理如果说出来,大家都会承认是真的。但是人们一开始并不会想到为什么要把它当作公理。例如平行线公理,如果把它讲出来,人们都承认在平面几何范围内它是真的,但是为什么会把它当作公理呢?是因为想证明三角形的三个内角之和等于180度。这是从分析复杂的问题开始去发现公理的过程。为什么笛卡尔说要先分析后综合?因为分析可以使你发现新的东西。同样,康德也认为分析是科学发现的方法。分析和综合在方法上的区分与分析和综合在判断上的区分,都有一个相同的基本含义:综合是从简单到复杂,分析是从复杂到简单。

二、

康德的形而上学

生问:现象和物自体的区分是康德先验哲学的一个前提,这个区分也许是不可证明的,但在《未来形而上学导言》中,康德多次试图给予一定程度的说明,比如说我们的直观不是对物自体的表象,但只有物自体的刺激作用才能有直观的可能性。

　　我认为在一个更广阔的范围内,物自体与现象的区分不仅仅是一个未经证明的前提,而是康德一以贯之的思想,即使没有严格的证明,至少也有很多分析、说明。我已经讲过,要理解康德的思想必须理解他的思想的整体。康德前批判时期写了一本《宇宙发展史概论》,大家都认为这本书在自然科学史上有重要意义,似乎在哲学上不太重要。我发现这本书里面包含着他后来一再强调的“理性存在者”这个概念。在《纯粹理性批判》和《实践理性批判》里面康德不谈人,只谈理性存在者(rational being)。这与康德早期的宇宙图式有联系。康德说,太阳系的星云的形成,越是离太阳中心近的星球受到的引力或惯性越大,而惯性是物质的力量,所以该星球的物质比重就越大,这个星球上的存在者的精神自由就越小。地球处在太阳系的中间,因此人既有物质性又有精神性。他提出理性存在者阶梯的想法:离太阳中心越远的星球,理智的能力就越高,上帝是一个纯粹的理性存在者,人类则处在理性存在者阶梯的中间位置。这是他早期的思想。他在批判时期并没有放弃这一思想,经常把人类以外的理性存在者作为参照物。

　　在讲时间和空间的时候,他说也许其他的理性存在者并不需要时间和空间,它们的感性直观也许没有时间和空间的形式。[1] 康德以此来说明时间和空间为什么是主观的。当然主观是全人类都有的,全人类都要通过时间和空间来感觉事物。人类通过时空来观察事物的时候,就已经改变了观察对象。就像你戴了一副墨镜,你看到的所有事物都具有墨镜的颜色,是你的墨镜的颜色决定了你看到的东西的颜色,而不能说这种颜色是事物所具有的。同样,你看到事物具有时空的形式,这种形式并不是事物本身或物自体所具有的,而是全人类所具有。但是如果把事物本身或物自体限制在人类观察的范围之内,它就是客观的,是对所有人都同样有效的。

　　为什么范畴必须和感性直观结合才能使我们产生知识? 康德说,因为人没有理智直观,只有上帝才有理智直观。[2] 上帝想到什么,这个东西就存在。而人类的范畴只属于知性的范围,人类想到一个东西,它必须要和感性直观材料结合在

1　参见康德《纯粹理性批判》,A42/B59。
2　参见上书,A42/B72。

一起才能成为现实的东西。为什么知性的范畴只有 12 对？康德说，因为我们就是这样的理性存在者，也许其他的理性存在者有其他的范畴。[1] 我认为，康德不是在谈"外星人"那样的幻想，而是在作一种比较，通过对人和其他的理性存在者进行比较来说明人类为什么有 12 对范畴，为什么要有时空形式。这一比较所得到的一个结论就是现象和物自体的区分，即人类通过时空形式和 12 对范畴所认识的事物肯定不是物自体，因为其他理性存在者所认识的同一对象和我们是不一样的。这是康德从认识论角度提出的一个论证。

在《实践理性批判》里，康德也讲理性存在者，他采用了道德哲学论证人为什么有纯粹的道德？有人会问：康德讲纯粹的道德，忽略同情感，要剔除道德中任何经验的成分，这对我们的伦理生活到底有什么指导意义？我认为指导意义肯定是有的，至于指导意义是好是坏，那是另外一回事。我在讲奥古斯丁的时候举过一个例子，艾克曼这个杀人无数的纳粹军官自称是以康德的绝对命令为指导的。当然你可以说这个军官是在找借口，曲解了康德，但是你不能说这个例子没有意义。我们知道康德的伦理学是义务论，这种绝对义务论不需要任何情感作为道德基础。如果没有正常的、健康的情感，而只是非常机械、绝对地服从义务，这种服从的义务论当然会在一些情况下产生坏的结果。但这不是康德的义务论的初衷。康德的义务论强调纯粹理性的作用，而纯粹理性是不会出错、不会不道德的。从论证上来讲，康德也是从理性存在者出发的，但和知识领域的论证不一样。

为什么我们要有纯粹理性指导的道德？因为我们是人类，同时属于两个领域：我们的肉体属于物质领域，是受因果关系的自然规律的束缚的；而我们的精神是属于精神的领域，是完全自由的。这种自由是绝对的自由，也是道德的基础。自由不是假设，而是纯粹理性的事实。纯粹理性不可能认识自然科学的事实，但在道德领域，自由就是纯粹理性的事实。不管是生活在地球上的人类，还是生活在离太阳更远的行星上的更加高级的理性存在者，甚至上帝这种纯粹的理性存在者，在道德上都是一样的。康德在道德上所讲的普遍不仅适用于全人类，而且适用于所有理性存在者。所不同的是，人一半是物质，一半是精神，人在理性存在者

1　参见康德《纯粹理性批判》，A42/B139。

的阶梯上处于中间的位置,因此人类必须为实现道德的绝对命令克服更大的障碍,付出更大的代价,需要灵魂不朽、上帝存在的公设和理性来帮助人克服障碍和软弱,促进人的道德实践。

人在道德领域,精神或纯粹理性的那一半和物质没有什么关系;在知识的领域则相反,纯粹理性必须要和人的物质性有关系,否则就不会有知识。康德写的《纯粹理性批判》和《实践理性批判》这两本书里面都提到了批判。前者表示对纯粹理论理性的批判,也就是说理论理性如果是纯粹理性的话,那么就会引起先验幻想,造成一种不科学的形而上学,纯粹的理论理性必须和感性直观结合才会有知识。实践理性批判实际上是对不纯粹的实践理性的批判,在实践领域内理性如果是不纯粹的,受到感性的污染,那么就不会有道德。

在实践领域内康德是强调物自体的,自由作为一个事实,它就是物自体。我们不能用知识来把握它,但是我们可以用道德来实践或接近它。康德认为现象界中的因果性是决定论的概念,但是本体界中的因果关系完全是自由的。本体界也有因果关系,但是这种因果关系是自由的,不是决定与被决定的关系。本体界的因果性怎么理解呢? 实际上就是他后来讲的,在精神的领域由于自由是一个事实,道德也是一个事实,有了自由就必然会有纯粹道德、善良意志、绝对命令等。康德区分了这两种因果关系,从中可以看出他对物自体的看法不仅仅是一个假设,实际上和他的整个宇宙观是有联系的。

生问:康德到底是怎么理解形而上学的,和亚里士多德讲的形而上学有没有一致的地方?

我认为康德的形而上学和亚里士多德的形而上学很不一样。亚里士多德的形而上学研究的是 being as being;而康德没有特别指出形而上学的研究对象是什么,他不是从研究对象来定义形而上学的。

亚里士多德总是从研究对象来定义学科,比如,数学是研究形状和数字,它们是永恒的、不运动的;物理学是研究运动中的事物;伦理学是研究善的;政治学是研究公共的善,等等。亚里士多德认为形而上学是研究 being as being,而不是研究具体的事物,但是研究具体的事物都要以之为前提,物理学研究的对象是特殊的 being,数学研究的对象是另一种 being,形而上学不是研究某一种 being,而是研究 being 自身。亚里士多德的这种学科分类对后世影响很大。沃尔夫根据不同的研究对象,把形而上学分了很多具体分支,如本体论、宇宙论、灵魂学说、神学等,这遭到了康德的批判。康德的批判也是针对亚里士多德的。从亚里士多德到托马斯·阿奎那,再到沃尔夫,是形而上学的一个传统。

康德并不认为形而上学是研究普遍对象的,他把这种普遍对象称为"物自体",物自体就是形而上学的本体。康德不把"物自体"作为一个首要的概念,不管谈到哪一个问题他总是要作本体和现象的区分。可以看出,康德的"物自体"概念就相当于亚里士多德的 being as being,即事物本身。康德认为"物自体"概念虽然是必要的,但我们对它不会有确定的知识。

康德本人又是如何定义"形而上学"的呢? 第一,他认为形而上学是知识的体系,包括自然形而上学和道德形而上学。这和亚里士多德对形而上学的看法有相似之处,特别是,康德关于理论理性和实践理性、形式和质料的区分等,这些术语都来自亚里士多德。

第二,他认为形而上学和先验逻辑有关系。正如亚里士多德的形而上学和他的形式逻辑有关系,康德也认为形而上学和逻辑有关系,但是逻辑不是指形式逻辑,而是指先验逻辑。《纯粹理性批判》包括两部分:第一部分是先验感性论,这里没有逻辑问题;第二部分是先验逻辑,先验逻辑分知性和理性。先验逻辑和亚里士多德的形式逻辑不同,亚里士多德的形式逻辑只涉及判断形式,而不涉及判断的内容。康德做的第一步工作是从判断表引申出范畴表,康德认为亚里士多德讲的判断形式实际上蕴含着有实际内容的范畴。对康德而言,范畴和后来的先验幻象既是有内在规定性的,也是有内容的。先验逻辑不仅仅和亚里士多德的形式逻辑有关系,而且涉及形式逻辑的本质内容或者先验内容。黑格尔也认为形而上学体系是和逻辑有关的,这个逻辑就是辩证法。现在我们把"辩证法"和"形而上学"这两个概念对立起来,当然在黑格尔那里我们也可以找到类似的说法。但当黑格尔讲辩证法和形而上学对立的时候,他实际上是在说以前的形而上学所依据的静止的、孤立的形式逻辑和他的辩证逻辑之间的对立。他要建立一个新的形而上学,这个新的形而上学是一个知识体系,这个知识体系用了新的逻辑,即辩证法。

如果从知识体系和逻辑的关系来讲,形而上学和辩证法并不是相对立的。我们现在讲形而上学的时候都要加一个注,指出我们这里讲的形而上学不是指和辩证法相对立的形而上学,而是形而上学的另一个传统。

第三,形而上学是先验的。形而上学是知识体系,需要逻辑,但经验知识也是一个系统,也需要逻辑,如何区分两者呢?康德的形而上学不同于经验知识的地方是,它是先验的,和它相联系的逻辑是先验逻辑。康德说,形而上学判断是综合判断,也就是说,形而上学是可以扩展我们的知识的。他又说,我们必须在形而上学里面区分出分析判断,分析判断可以作为形而上学的工具来使用。比如给"实体"下定义就是分析判断。如果一个概念能告诉我们一些先验的知识,例如"事物当中的实体都是不变的",那么这个判断是综合判断,同时是形而上学的判断。因为"实体"概念其实并不包含"永恒不变"的意思,如果把"永恒"和"实体"结合在一起就是综合,并且是先验综合。在《纯粹理性批判》里,康德也提出两个判断:"所有的物体都有广延"是分析判断;而"所有的物体都有重量"是综合判断。因为"物体"这个概念里就包含有"广延"的意思,但是"重量"的概念并不包含在"物体"概念之中,物体受到地球的吸引力才会有重量。同样,如果要对"实体"下定义,不能像亚里士多德那样,说实体是 being 的中心意义。当亚里士多德用 ousia(substance)来说明 on(being)的意义时,只是给出了一个分析的定义,因为 ousia 本来就是"是"(einai)的名词的阴性形式,而 on 是中性形式,这个定义只是说明了两个意义相同的概念之间的必然联系,并没有告诉我们新的知识。如果要说实体有什么必然属性,比如说实体是永恒的,那就是作综合判断。当然,这样的综合判断是需要论证的,而这样的论证又不是通过经验。康德在"图式论"中用人的时间结构来证明"实体"概念为什么包含着永恒性。当康德在《未来形而上学导言》前言里面讲形而上学判断时,他是说形而上学不仅是综合判断和知识体系,而且是先验的知识体系,由此与经验的知识体系相区分。另外,康德还说,先验的概念构成了形而上学大厦的材料和砖石。这些先验的概念就是纯范畴,另外还包括《批判纯粹理性》中提到的"灵魂""世界""上帝"等更高的纯概念。纯范畴在自然形而上学中起建构作用,而"自由""灵魂""上帝"等概念在道德形而上学中起建构作用。

总之,虽然从研究对象上来说,康德对形而上学的看法和亚里士多德的传统不一样,但是至少在前面提到的三点上,康德的形而上学和我们一般说的形而上学是相似的:第一,形而上学是知识体系;第二,形而上学建立在逻辑的基础之上;第三,形而上学是先验的。

三、

"休谟问题"的提出

我在《未来形而上学导言》中选了这些章节,是为了在之前讨论休谟哲学的基础上继续讨论休谟问题,看看因果关系的问题是如何在哲学史上成为一个重要的、亟待解决的问题,并被提升到形而上学的高度,康德是如何试图用先验主义的方式来解决这个问题的。在上一讲中,有同学受自然主义的影响,认为休谟已经很好地解决了他自己提出的因果关系的问题,理性主义在这个问题上已经没有市场了,好像自然主义宣布了理性主义的死刑。但是,从康德开始,理性主义者接过了休谟问题,不但回应了经验主义的怀疑论提出的挑战,而且提出了与自然主义不同的解决方案。

休谟对因果关系的怀疑为什么会成为一个问题?这本身就是一个问题。我们知道,一个哲学问题的提出比这个问题的解决更有价值,更有意义。休谟本人认为,他已经解决了自己提出的问题,这就是自然主义的"习惯"说的解释。但是在康德看来,这样的解释与其说是解决了问题,不如说是取消了这个重要问题。于是,康德在哲学史上首先给出了"休谟问题"的提法,从此之后,"休谟问题"成为真正的哲学问题。在休谟本人的著作中,那只是一个话题、一个观点,但不成其为问题。康德用"休谟问题"这样的提法,把这个话题给"主题化"了。在康德《未来形而上学导言》的"前言"中,"休谟问题"在哲学史上被"主题化"了。

休谟在当时并不是哲学上很有名气的一个人物,不像现在这么大名鼎鼎。休谟当时的名气主要来自他对宗教的批判,他的《自然宗教史》这本小书可能要比《人性论》更加出名。但是康德非常看重休谟的哲学,不仅在《纯粹理性批判》里提到休谟,而且在《未来形而上学导言》里面把休谟抬到一个很高的位置,使"休谟问题"成为一个形而上学问题。休谟本人并没有把因果关系问题当作形而上学问题，是康德把"休谟问题"抬到第一哲学的高度，道出了问题的重要性。他说："自从洛克和莱布尼茨的论著之后，或更甚者，自我们已知的形而上学起源以来的历史上，没有一件事情像休谟对形而上学的批评那样，改变了形而上学的命运。"这不只是指休谟对实体的观念提出的怀疑，更重要的是指他对因果关系基础的怀疑。康德认为休谟思想的出发点是因果关系问题："休谟从形而上学的一个，却是一个重要的概念出发，这就是因果概念（包括它引起的能力和活动等）。"（教材，341—342）康德明确地把休谟对因果关系的基础问题称作"休谟问题"。他指出："这就是休谟问题，它所质疑的是因果概念的起源，而不是它的不可或缺的需要。"（教材，343）所谓起源，不是指时间上的起源，而是在思想中的起源，也就是我们在前面所说的"可能性条件"；而"不可或缺的需要"指因果关系在经验中的实际作用。康德理解的"休谟问题"是：作为经验知识的基础的因果关系何以可能？休谟说，因果关系没有任何理性的基础。这个回答对康德来说不啻一个晴天霹雳。他说，这使人们对"在纯粹理性的名目下提供给我们的一切知识都产生了怀疑，以致只剩下一个批判的问题可问了"，那就是，"形而上学到底是不是可能的"？（教材，353）康德宣布："我公开承认，正是由于休谟的这一启示，在多年之前第一次把我从教条主义的梦中唤醒，使我对思辨哲学的研究获得新的方向。"（教材，343）

　　由于康德的高度评价，"休谟问题"成为哲学中的一个重要话题，人们至今还在不断地讨论这一问题。但是英语世界的哲学家受经验主义、自然主义的影响，至今没有认识到康德对"休谟问题"的提出和解决所作的贡献。奎恩（M. Kuehn）愤愤不平地说："在康德之后近二个世纪的时间里，人们仍为'康德对休谟问题的回答是什么'的问题而争论不休，这真是哲学学术中的一大丑闻。但一个可能是更大的丑闻是，康德所说的'休谟问题'的范围从来没有得到令人满意的研究，康德关于休谟问题的概念从来没有得到完全的解定。"[1]为什么会有这样的丑闻呢？首先是因为英美哲学家错误地理解了康德提出的"休谟问题"。他们或者按照自

1　M. Kuehn, "Kant's conception of 'Hume's problem'", in *David Hume*, *Critical Assessements*, ed. S. Tweyman, vol. Ⅲ, Routledge, 1995, p. 532.

然主义的解释,继续把"休谟问题"理解为一个心理联想的问题;或者是按照逻辑经验主义,把这个问题理解为关于归纳法的可靠性的问题,他们在知识论、心灵哲学、科学哲学和归纳逻辑等领域,提出了一个又一个的解决方案。这些方案都没有考虑到康德原初对"休谟问题"所作的规定,表现了英国哲学传统与欧洲大陆哲学传统的分歧。

康德赞成休谟对过去的理性主义的批判,他说:"他无可反驳地证明了理性的先天性思想以及通过概念的必然结合是完全不可能的。"这正是宣告了莱布尼茨等理性主义者把经验的必然性归结为逻辑规则的不可能性。另一方面,康德也说,休谟的结论"下得仓促,不正确"。康德说,休谟"得不到任何人的理解"(教材,342)。这是针对苏格兰学派说的,以里德、奥斯瓦尔德、毕提等人为代表的苏格兰学派找到了一种更方便的方法,即诉诸常识,他们认为是上天的或者上帝的礼物使我们有这样一种常识。当然休谟并没有诉诸上天或者上帝。康德对休谟有一个评价:休谟和常识学派一样强调常识,但是休谟除了常识之外还加了批判的理性,而批判的理性恰恰是常识学派所不具有的。可以看到,康德对因果关系的解释完全和自然主义相反。按照自然主义的解释,休谟对因果关系的怀疑导致了自然主义;康德则指出,休谟不满足于常识,而要用批判的理性来提出常识看不到的问题,怀疑论体现的批判精神比自然主义体现的常识更重要。康德用了一个例子,锯子和锤子对劈木材是足够的,但是要钻一个孔就需要更加尖锐的探针。常识就好像锯子和锤子,只能做一些粗糙的工作,要做更深入和更细致的工作,就要像探针一样地敏锐。常识只能被限于直接的经验范围之内,对于先验的形而上学的领域,常识没有任何判断的权利。

然后,康德就说出了那句著名的话,说休谟在很多年以前第一次把他从教条主义的迷梦中惊醒了。这是指休谟对因果关系的怀疑把他惊醒了,使他发现以前的形而上学解决不了休谟的问题,他要用休谟的批判理性来解决形而上学的问题。他很有信心地说,他已经成功地解决了休谟的问题,而且不仅仅解决了休谟问题,还通过休谟问题的解决办法成功地解决了形而上学的其他问题。康德说过,形而上学的要素就是概念,因此他必须从概念入手。休谟把他从迷梦中惊醒过来后,他关注的第一个概念就是因果性概念,他所解决的不仅仅是因果性概念,也解决了其他的概念乃至纯粹理性的全部功能。这是康德在《未来形而上学导言》的前言里对休谟问题所作的论述。

接着,康德说,既然他在《纯粹理性批判》里已经解决了问题,现在为什么还要写《未来形而上学导言》呢?他的回答是,《纯粹理性批判》这本书被严重误解了,他自己也有部分的责任,因为这本书写得很难读、很枯燥、很含糊,并且和一般的观念是相反的,又是长篇大论,很不容易普及。就像王国维所说,康德哲学是可信而不可爱,其实康德自己也有类似的话。然后,他又提到了两本书写法的不同。《纯粹理性批判》是用综合的方法写的,一开始就提出哲学中的"哥白尼革命",这是一个很大的概念,而且是全新的概念。《未来形而上学导言》则是用分析的方法写的。他一开始就找到一个较为具体的切入点,即,从休谟问题入手,谈如何把形而上学改造成为一门科学,这种写法让人比较好理解。

四、

康德在《未来形而上学导言》中解决"休谟问题"的方案

英美哲学界普遍把"休谟问题"当作心理的或逻辑的问题,前者是自然主义的解决方案,后者是归纳逻辑的解决方案。我们不能只了解英美哲学家的这些方案,而忽视从康德到胡塞尔对"休谟问题"的解决方案。从哲学史的角度,我认为,康德和胡塞尔等人抓住了"休谟问题"的核心,就是我们在上堂课讨论的知觉的时间结构问题。如果只是满足于自然主义或逻辑经验主义,就看不到隐蔽在休谟哲学中的这个问题,也看不到欧陆哲学家是如何从"休谟问题"中得到启示,明确地提出、发展了关于知觉时间结构的种种理论。

可以说,《未来形而上学导言》的中心问题就是"休谟问题"。在"导言"和第 4 节康德提出了这一问题,在第二编"纯粹自然科学何以可能"(14 至 39 节)他又以"休谟问题"为中心进行论证。用他的话说就是:"我们是把休谟问题的概念(他的形而上学的难关),也就是因果关系概念,拿来做一个实验。"(29 节)通过这个"实验",康德回答了"纯粹自然科学何以可能""自然界本身何以可能"这样的大问题。

在第 18 节,康德提出了《纯粹理性批判》中没有提到的一个概念"知觉判断"(judgement of perception)。在《纯粹理性批判》里,康德只讲到经验直观(empirical intuition),他把直观和判断截然分开,认为判断、逻辑是知性的事。但在《未来形而上学导言》中,康德提出"知觉判断"这个概念时,其中有这么一个含义:我们的经验直观是知觉判断,而知觉判断和感觉是不一样的,感觉是我个人的,是私人的。一个人感到红的时候,他并不能作出判断,甚至不能说"这是红的",因为这样说时,已经在下判断了。康德说,"在能思的主体中,进行逻辑的知觉联结",就是知觉判断。知觉判断就像是休谟所说的"观念的联结",但休谟所说的联结是心理的,而康德所说的联结是逻辑的。知觉判断中的逻辑只是初步的,是形式逻辑,只是"在主观上才有效的",即知觉判断的形式是"我觉得这是红的",而不是"所有人都觉得这是红的"。后者叫"经验判断",具有客观有效性,但不要误会,以为知觉判断不属于经验的判断。康德区别了"经验的判断"和"经验判断",他说:"一切经验判断都是经验的判断,但不能反过来说一切经验的判断都是经验判断。"这是什么意思呢? 经验的判断是来自直接的经验,即感性直观的判断,但经验判断是对经验对象的判断,而知觉判断只是对直观对象的判断,直观对象不等于经验对象,所以知觉判断不等于经验判断。

为了说明知觉判断和经验判断的区别,康德举了一个例子。"经过太阳的暴晒,石头变热了",这是一个知觉判断,其中"太阳""晒""石头""热"都是直观的对象,知觉判断用假言判断"如果……那么……"的形式把它们联结在一起。而"太阳晒热了石头"则是经验判断,它陈述了一个因果关系的事实:"太阳晒"是原因,"石头热"是结果。也就是说,经验判断是客观有效的,具有普遍必然性,而知觉判断只有主观有效性,只是对那些看到了、感觉到太阳晒热了石头的个人才是有效的。经验判断和知觉判断不但有区别,也有联系。两者的联系是,经验判断的因果关系和知觉判断的假言判断形式之间的联系。在著名的判断的形式表与范畴表的对应关系中,"假言判断"与"因果关系"是对应的。因此,任何关于因果的判断都具有普遍必然性,而不像休谟所说的那样,因果关系仅仅是知觉多次重复的产物,没有客观有效性。康德提醒读者:"由于长期习惯于把经验仅仅当作知觉的积累,人们想不到经验远远超过了知觉,经验判断被赋予普遍有效性……千万要注意经验与单纯是知觉的积累之间的差别。"(26 节)"单纯是知觉的积累"就是休谟所说的"重复"。"太阳晒热了石头"之类的经验判断显然不需要经过重复的观察,而是因为"因果性"这个先验范畴在知觉中起联结作用,我们一看到这个事实,马上就能作出客观有效的判断。

在《未来形而上学导言》中,康德用判断的性质,用"因果关系"范畴的普遍必然性来解决"休谟问题"。站在休谟的立场上,这一回答并没有真正解决问题。休谟会反驳说,为什么因果关系是范畴,为什么这样的范畴具有普遍必然性? 康德用逻辑的普遍必然性,用形式逻辑与范畴的对应关系来解释,这些都是抽象的道理。站在彻底的经验主义立场,判断的形式只是经验的分析或概括,判断形式和范畴的关系既不是分析的,也不是经验的,如何能证明它们的一一对应关系呢? 我们看到,休谟怀疑因果关系必然性的问题的实质是:为什么将来必定与过去相似? 这是一个知觉的时间结构问题,而不是一个逻辑问题。我们可以设想,如果休谟的支持者向康德提出这样的反驳,康德会怎样回答呢? 如果读更多的康德著作,我们就可以看到,康德并非没有意识到这些反驳,他在《纯粹理性批判》中,在说明了范畴的"先验逻辑"之后,也说明了范畴的时间结构。

五、

《纯粹理性批判》中的解决方案

康德没有直接提出知觉的时间结构问题。他首先面临的是这样一个问题:范畴是纯粹的知性形式,如何能被应用到感性直观上? 康德先是用"先验想象力"这样一个一般的概念回答了这个问题。他说在纯粹的知性形式和具体的感性材料之间,还有想象力把它们联系在一起。这种想象力也是先验的,因为它也是使得经验成为可能的人的综合能力。康德说,"想象力是知觉的一个必要成分",即使是人的印象,也需要想象力,才能造成一个形象。[1] 先验的想象力不是对具体知

1　参见康德《纯粹理性批判》,A120 注 1。译文引自邓晓芒的中译本,人民出版社 2004 年版。

觉内容的想象,而是对知觉的纯形式,也就是时间和空间的想象。康德更注重对时间的想象,他说:"外感官的一切量的纯粹形象是空间,而一般感官的一切对象的纯粹形象是时间。"[1] 就是说,对时间的想象涉及一切感性对象。当属于知觉的想象力与知性的范畴结合在一起时,想象力赋予那些没有任何形象的纯范畴以时间的"纯形象",这些形象叫"图式"。所以康德说:"图式无非是按照规则的先天时间的规定而已。"[2] 概括地说,(1) 量的范畴是把时间想象为数的序列:单一性是只有一个数,多样性有很多数,全体性是所有数的总和。顺便说一下,亚里士多德就是如此想象时间的;(2) 质的范畴是想象时间中的存在:实在性是时间中的事物的存在,否定性是时间中空无一物,而限制性是时间中事物的逐渐增加或减少;(3) 关系的范畴是想象时间中的事物恒久存在(实体)、相继存在(因果关系)和同时并存(相互作用);(4) 模态的范畴是想象事物在任何时间里的表象(可能性),在某一时间中的存在(现实性)以及在一切时间中的存在(必然性)。[3]

康德的先验图式论对每种图式都有详细的论证和说明。我们最关心的是他对因果关系的图式的说明。他把关系的范畴的图式称为"经验的类比",其中的"第二类比"是"按照因果律的时间相继的原理"。史密斯说:"这节,正如康德很正确地感觉到,含有全部《批判》中最重要而最基本的论证之一。"他又说:"第二类比,虽然其叙述是晦涩的、散漫的,甚至是混乱的,但不失其为全部《批判》中最好的、影响最深远的论证之一。它有它的特别的历史重要性,因为它是康德对于休谟否定因果关系的有效性之答复。"[4] 除了引文中"有效性"应改成"必然性"之外,我完全同意这一说法。我还认为,康德在"第二类比"中对休谟的怀疑的答复,主要是回答了"为什么将来必定与过去相似"。从这个角度看,康德的论证其实并不复杂,它的要点是:(1) 我们只能把时间想象为前后相继的顺序,在其中,"在先的时间必然规定随后的时间(因为我只有通过先行的时间才能到达随后的时

---

1 康德:《纯粹理性批判》,A142/B182。
2 同上书,A145/B185。
3 参见上书,A142/B182—A145/B185。
4 康蒲·斯密(史密斯):《康德〈纯粹理性批判〉解义》,韦卓民译,华中师范大学出版社 2000 年版,第387—388 页。

间）"1；(2) 我们想象时间总是对时间中的事物的想象，用康德的话说，"只有在现象上我们才能经验地认识到时间关联中的这种连续性"，时间的前后相继的顺序也是前后发生的事物的顺序2；(3) 康德举例说，"我看见一艘船顺流而下。我对这艘船在这条河下游的位置的知觉是跟随着对它在河上游的位置的知觉之后，而不可能在领会这个现象时想要首先知觉到这艘船在下游，然后才知觉到它在上游。所以在这里，知觉在领会中相继而来的秩序是规定了的，而领会就受到这一秩序的约束"3；(4) 知觉到的先前的对象是原因，知觉到的跟随在后的对象是结果，而结果跟随原因是现象，对这一现象的认识是"领会"（apprehension）；(5) 作为原因的对象和作为结果的对象是在时间中不变的"实体"（康德在此称之为"客体""物"），它们在时间中前后相继的关系也不变，因此，未来的原因必定与过去的原因相似，未来的结果必定与过去的结果相似，未来的因果关系必定与过去的因果关系相似。

以上第(4)和(5)是我对康德论证的补充说明。康德在论证中经常混淆"现象""对象""顺序"等概念，因此他混淆了两种关系：一是前因与后果，二是前因与后因、前果与后果。证明前因与后果的必然连续性，不等于证明未来的原因必定如同过去那样发生，或者未来的结果必定如同过去那样发生。史密斯指出，康德的论证遭到一些批评。4 我想产生这些批评的一个重要原因是康德混淆了这两种关系。但是我们应该理解，康德在"第二类比"之前，已经在"第一类比"中证明了感性的杂多材料是如何在时间中被综合为一个客体，从而被想象为在时间中不变的"实体"。他在"第二类比"中的任务是说明在前发生的实体与在后发生的实体之间的因果关系，而不需要重复证明为什么原因或结果在时间中不变。

是不是说康德的解决方案就没有问题了呢？远非如此。康德实际上预设了休谟没有想到或不能同意的东西。康德的意思无非是，知觉有一个时间结构，这

1 康德：《纯粹理性批判》，A199/B244。
2 同上。
3 同上书，A192/B237。
4 参见康蒲·斯密《康德〈纯粹理性批判〉解义》，韦卓民译，第 400—404 页。

个时间结构决定了过去发生的必定在未来也会发生；只要这个时间结构不改变，人对因果关系的认识就是普遍必然的。休谟会承认知觉的时间结构，但他追问这个时间不会改变的理由何在。追问的结果是，理性不能提供任何理由，我们只能满足于过去形成的心理习惯。康德试图提供的理由是，我们只能按照前后相继的顺序来想象时间中的事物。但是想象力是非常自由的能力，我们为什么只能按照这种顺序来想象呢？对此，康德被逼到了理性不能解释的死角，只好说，想象力的图式"是在人类心灵深处隐藏的一种技艺，它的真实操作方式我们在任何时候都很难从大自然那里猜测到"[1]。这种解释并不比休谟最后的自然主义诉求更理性，更深刻，更有说服力。叔本华就说，正如我们的想象力可以按照从上到下或者从下到上的顺序想象一幢房屋，我们也可以从下游到上游或者从上游到下游来想象一艘船。康德认为想象房屋和想象船只是不同的，叔本华则认为没有什么不同，想象力并不必定要按照上下前后的顺序来想象。[2]

康德其实也不是没有意识到这样的困难。他在《判断力批判》导言中，用"合目的性"解释经验的规律性。他说，我们是通过"认识能力方面的某种合目的性去思维自然界"，"自然的合目的性这一超验概念既不是一个自然概念，也不是一个自由概念"[3]。或者说，当人想象时间中的事物及其关系时，想象力不是自由的，也不按照事物本身的规律（"不是自然"的），而是按照合目的性去想象，正如人的审美能力也是按照合目的性欣赏事物一样。这样解释想象力有什么后果呢？德勒兹评论说，康德想避免常识哲学，"求助于想象力的综合和图式论，想象力先验地适用于那些和概念相符的感性的形式，但是这个问题因此只是被转移了，因为想象力和知性本身在本性上有区别，所以这两种主动功能之间的一致仍然是'神秘的'"，"看来康德遇上了一个可怕的难题。……康德以和他的前辈相同的方式提出了一种目的论的和神学的最高原则。'如果我们想要判断这些功能的起源，这种研究完全超出了人类理性的界限，我们不能在我们的造物主之外指出另外的

1　康德：《纯粹理性批判》，A141/B180—181。

2　参见康蒲·斯密《康德〈纯粹理性批判〉解义》，韦卓民译，华中师范大学出版社 2000 年版，第 389—390 页。

3　康德：《判断力批判》，邓晓芒译，人民出版社 2002 年版，第 18—19 页。

基础'（引自康德致赫尔兹的信，1789 年 5 月 26 日）"。

　　经过层层分析，最后我们看到，康德虽然看到了要解决"休谟问题"，必须证明知觉有一个恒定的时间结构，但他却不能对这个恒定的时间结构作出彻底的理性解释，最后不得不诉诸合目的性。按德勒兹的说法，这种合目的性"不再有一种神学的原则，而是有一种神学，一种人性的'最终的'基础"。这是"理性的终结"。德勒兹是从非理性主义的立场批判康德的，但他确实看到了康德的批判哲学要为"未来形而上学"提供理性基础的努力并不成功。这一结论也适用于他对"休谟问题"的解决。但是不要以为康德在这方面的探索是没有价值的。和任何哲学问题一样，知觉的时间结构问题没有一劳永逸的最后答案，每一个哲学家在解决一个哲学问题时都会提出新的问题，而他们的问题和探索过程又会激发和启迪以后的哲学家作新的探索。康德明确提出了"休谟问题"，并且试图通过阐明知觉的时间结构解决这个问题，他提出问题的方式和解决问题的思路本身就是对哲学发展的一大贡献，更不必说他的想象力、图式理论和判断力的合目的性理论中蕴含的丰富内容了。如果我们再往后延伸到胡塞尔，那么哲学史上从休谟开始的知觉时间结构问题的发展线索就更加明显和丰满了。

六、

胡塞尔对"休谟问题"的把握

　　无论是早期还是后期，胡塞尔都非常重视休谟。墨菲专门写了一本题为《休谟和胡塞尔》的书来探讨休谟对胡塞尔的影响。他的结论是，从早期的《逻辑研究》到最后的《欧洲科学危机》，胡塞尔虽然经常批评休谟的自然主义，但"在一些关键问题上对休谟持有非常的好感"[1]。在我看来，最重要的一个"关键问题"是知觉的时间结构问题。

　　在《逻辑研究》中，胡塞尔提出意向理论，提出现象是人所意向的对象，我们所

1　R. T. Murphy, "Hume and Husserl", in *Phaenomenologica 79*, Nijhoff, 1980, p. 1.

能知道的只是现象,正如休谟所说,印象是我们知识的标准。但是胡塞尔批评休
谟只是把印象看成是单纯被给予的表象,如此产生了这样的理论后果:"既无有色
事物的颜色,也无有型事物的型相,而只有相似性的循环,使得对象具有一定的位
置和习惯。"[1] 第一句话是批评印象的简单性(颜色只是很多简单印象的复合),第
二句话是批评印象没有意向结构,第三句话是批评"相似性的循环"是一个无限循
环,因为一个印象与另一个相似必然要有第三个东西作为它们相似的标准(如亚
里士多德的"第三者")。胡塞尔批判休谟把感觉印象当作经验的最原初要素所依
赖的感觉主义的前提,他认为,前概念的知觉是类型化(typification)的意向活动,
即把感觉印象按照意向组织为一个类型,但类型不是过去理性主义所说的"理念"
或"天赋观念",而是知觉的意向生成,从现在向未来延伸,构造出意义,不断充实
原初的感觉。在《逻辑研究》和以后的论述中,意识的意向结构也就是知觉的时间
结构,是以"现在"为"边缘"(fringe),在这一点上,既是向未来的预持(Proten-
tion),又是对"过去"的保持(Retention),由此而收缩、聚焦成一个境域,而一个意
向对象就处在该境域的最明显的聚焦点。[2] "预持"和"保持"可以说是分别代替
休谟的"记忆"和"期待"两个概念。我们看到,休谟把"当下"的印象当作原型,而
在记忆和期待中印象被复制为观念,这里有许多混乱和困难。而胡塞尔用知觉的
意向结构把现在和过去、将来贯通一气,并在时间的流动中构成了意识的境域,显
示了现象作为意向对象的过程。可以说,正是知觉的时间结构使得胡塞尔的现象
学既摆脱了休谟式的经验主义和自然主义,又与传统的理性主义和康德的先验主
义划清了界限。

　　在《第一哲学》这本笔记中,胡塞尔高度评价休谟"第一次系统地从事关于意
识纯粹给予的科学努力",赞扬"休谟的《人性论》是纯粹现象学的第一个草图"[3]。
在这本书中,胡塞尔对他所理解的休谟问题有这样一个表述:"从对象在知觉到的
或记忆中所显示或已显示的时空中的定在,我们如何能够推导知觉中尚未给予的

1　Husserl, *Logical Investigations*, Ⅱ, sect. 36.

2　参见胡塞尔《观念 1》第 35 节;以及 *On the Phenomenology of the Consciousness of Internal Time*
　　(*1893—1917*), trans. J. B. Brough, Kluwer, 1990。

3　转引自 R. T. Murphy, "Hume and Husserl", in *Phaenomenologica 79*, Nijhoff, 1980, pp. 1-2。

东西(这是休谟关于事实的结论的问题)。"[1] 这个问题,用我们的话来说,就是"为什么未来(没有出现的东西)必定与过去或现在(已经出现的东西)相似"? 为了回答这个问题,胡塞尔发展了先前提出的时间意识理论。他把意识中的当下滞留点作为"原初印象"(Urimpression),带有"预持"和"保持"的境域。在这样的时间结构中,"保持和预持是过去和未来的原始的、最先的成型的形式"[2]。而原因和结果不过是"保持"和"预持"这一原初持续(Urfolge)的经验的沉淀罢了。当因果关系被归结为"保持"和"预持"的结构关系,过去的意识必定要朝向未来,未来的意识也必定带有过去的滞留,在这样的结构中,"未来必定与过去相似"根本不成问题。胡塞尔与其说是回答了休谟问题,不如说用他的时间意识理论消解了这个问题。同样,他也是用与时间意识理论有关的意向性理论取消了休谟的"印象"的原初、首要地位。到了胡塞尔这里,我们才能真正体会到,休谟哲学的矛盾,即关于印象和观念的模仿关系的原则和关于因果关系的怀疑论的矛盾,其实是对知觉的时间结构的模糊认识而产生的矛盾。如果像胡塞尔那样有一个前后一致的时间意识的理论,那么休谟的矛盾,连同康德提出的"休谟问题"也就消失了。当然,我也不是肯定地说胡塞尔彻底解决了"休谟问题",而是说,他从产生这一问题的根源入手,取消了这一问题。对于那些不愿承认休谟哲学有矛盾的人来说,他们可以不顾知觉的时间结构问题,沿着其他哲学的发展思路,如经验主义、自然主义的路线,继续寻求"休谟问题"的解决方案,那也是对哲学的另一种发展。

1　*Erste Philosophie* (1923/24), vol. I, ed. R. Boehm, Husserliana VII, Nijhoff, 1959, pp. 214 – 215.
2　同上书,第 1 卷,第 326 页。

黑格尔《精神现象学》的"导言"和"序言"

一、

如何读黑格尔

我上大学时,没有多少学术著作可读。当时李泽厚的《批判哲学的批判》风行一时,我也读了这本书。现在已经记不得书里讲了些什么,但还记得书中的一句话,大意是说,读康德的书,一句一句还是很明白的,但他整段整章要说什么,就不好理解了;黑格尔正好相反,一句一句的话不好理解,但从大处来把握他要说些什么,还是比较容易弄懂的。我之所以现在还记得这句话,是因为这种读书方法不符合我自己的读书心得。我后来读康德和黑格尔时,发现康德的写作和用词很严谨,当他用一个词的时候,对于这个词是什么意义,他或者在上下文里有交待,或者对这个词有明确的定义。黑格尔的风格是汪洋恣肆,不拘于词义和定义,有时大段大段地议论同一个思想;即使不了解其中某一句或者某一段,也不影响你理解这个思想。虽然两者的风格确实有这样的差异,但绝不是说,黑格尔的书在整体上、在大处不难懂。

康德和黑格尔一样,都是建构体系的哲学家。我在上一讲说过,要在康德的体系中理解康德的某一个思想,不能只读他的某一本书,而要读他在不同时期写的著作。我们以康德解决"休谟问题"的方案为例,说明了如何这样来读康德。我现在要说,读黑格尔同样如此。黑格尔的书比康德更难懂,不但字句段落难懂,大处也难懂。我们很多人觉得从大处把握黑格尔比较容易,那是因为中国读者在中学和大学的马克思主义哲学课上,已经接受了对黑格尔的一种简单化的理解,以为黑格尔哲学无非就是辩证法,诸如肯定—否定—否定之否定的三段式、螺旋式上升的发展,矛盾的对立统一,辩证法和历史的统一,等等。带着这样的框框读黑格尔,看不懂的字句段落就跳过去,看到有几处符合那个框框的句子、段落,或者被马克思、恩格斯、列宁(他专门写过《逻辑学》的笔记)引用、摘录过的条文(现在更时髦的是发现被西方马克思主义者引用的条文),就以为是发现了黑格尔哲学的精髓,对这些条文解释一番(通常是按照马克思主义或西方马克思主义的观点解释),就成了对黑格尔哲学的研究。其实,这种寻章摘句的读法不过是用"条条"来填充"框框",得到的结论是:黑格尔的体系其实很简单,不必纠缠于黑格尔复杂的(最常用的形容词是"晦涩难懂的")表达方式。

认为黑格尔体系不难懂,其实不过是一个前提,一个根本态度。国内外都有"康德与黑格尔之争",这是关于康德与黑格尔何者更重要的争论。那些认为康德比黑格尔更重要的人,从一开始就是大而化之地读黑格尔,字斟句酌地读康德。他们最后得到的是把黑格尔简单化的结论,因为他们一开始就有一个关于黑格尔的简单化的框框。这种对待黑格尔著作的态度和结论,在国际学术界早已过时,在国内却还颇有影响。我们要读黑格尔的书,真正理解黑格尔,首先就要抛弃这种读书的方法和这种对待黑格尔哲学的态度。

这一讲我选了《精神现象学》"序言""前言",这些都是需要精读的篇章,要一句一句地读,或一段一段地读,像读康德的《纯粹理性批判》的第一、第二版序言,读《未来形而上学导言》的序言那样,不能满足于理解"总的意思"或其中的个别语句。当然,《精神现象学》全书都很重要,限于篇幅,我只能讲开始的部分。

二、

"导言":黑格尔哲学的"独立宣言"

在《精神现象学》的中外文版本中,"序言"(Introduction)都放在"导言"(Preface)的前面。但时间上是"导言"写在前,"序言"后写的。1805 年,黑格尔计划要为自己的哲学体系写一本导论式的著作,题目叫《意识经验的科学》,后面跟着逻辑学。1806 年 10 月份,当他写了 150 多页,即写到"理性"一章的开始时,他改变了主意,把正在写的这本书改名为《精神现象学》,而《逻辑学》将是另一部独立的著作。他写完《精神现象学》之后，又写了一个比较长的"序言"，放在最早写的"导言"之前。

"导言"是《精神现象学》最早完成的文字，它表达了黑格尔对他以前的哲学的批判，以此阐述黑格尔哲学与前人不同的特点。这些思想已经酝酿了很久，在1799年到1806年的耶拿时期的论述和手稿中，黑格尔全面地清理了康德、费希特和谢林等人的思想，"导言"反映了黑格尔这一时期的思想成果，但他没有指名道姓地批评谁。这为我们理解黑格尔造成了很多困难，因为不了解耶拿时期的思想背景，不知道黑格尔批评的针对性，在很多地方就会不知所云。在这一点上，康德的批评对象就明确得多。康德明确提出"休谟问题"，而且点名批评洛克、贝克莱和莱布尼茨等人，清楚地说明了他的批判哲学既不同于经验论也不同于唯理论的特点，所以人们可以很清楚地确定康德在哲学史上的地位。虽然没有明说，但黑格尔也是从批判前人开始建立他的哲学体系的。"导言"可以看作是对近代哲学的一个批判性总结，通过这样的总结，它阐明了黑格尔哲学要研究的对象，以及他的哲学的性质、特点和方法。读黑格尔和读康德一样，不能只读一本书，要联系前后著作，把这本书的思想融会贯通。

"导言"不长，写得很简练。仔细分析，这篇短小精悍的"导言"说了下面三层意思：

（一）对哲学"认识论转向"的批判

"导言"的第一句话是："如果有人觉得在哲学里在开始研究事物本身之前，即在研究关于绝对真理的具体知识之前，有必要先对认识自身加以了解，即是说，先对人们借以把握绝对的那个工具，或者说，先对人们赖以观察绝对的那个手段，加以考察，这乃是一件很自然的想法。"[1]黑格尔似乎是在赞成这一"很自然的想法"，其实不然，再读下去，我们看到的是对实施这一想法的哲学的一连串批判。这种想法导致的哲学信念是："既然认识是一种属于一定种类具有一定范围的能力，那么对于它的性质和界限如果不加以确切的规定，则通过它而掌握到的，就可能是些错误的乌云而不是真理的青天。"这是指从笛卡尔、培根开始，一直到康德、

---

1 黑格尔：《精神现象学》上卷，贺麟、王玖兴译，商务印书馆1979年版，第51页。本讲以后引文括号内的页码都是该书的页码。

费希特的传统。我们现在把近代哲学称为"认识论转向",就是因为这些哲学家都有这样一个"很自然的想法"或"信念",那就是,在对客观对象进行认识之前,首先应该对人自身的认识能力加以考察,以便限定认识的性质和界限。近代哲学家指责以前的哲学在没有考察认识的能力、性质和界限之前,就对认识的对象下了武断的结论。对认识能力和界限的考察是为了不受"错误的乌云"遮蔽,而见不到"真理的青天"。

康德的批判哲学首先是对人的理性能力的批判,把近代哲学的"认识论转向"推向极致。康德的批判表明,在认识与事物本身(Ding an sich,康德称之为"物自体",黑格尔有时也称之为"绝对")之间存在着一条不可跨越的界线,人所认识的对象不是"物自体"或"绝对"。康德谈到不能认识"物自体"的两点理由:一是我们只能认识本体显现出来的现象,二是我们只能通过主观的"纯形式"(如时空、范畴)看待事物。用黑格尔的话来说,第一点理由好像是说:"使用工具于一个事物,不是让这个事物保持它原来的样子,而是要使这个事物发生形象上变化的。"(51)第二点理由则是在说,认识形式是"真理之光赖以传达到我们面前来的一种消极的媒介物",我们看到的事物"不是像它自在地存在的那个样子,而只是它在媒介物里的那个样子"。黑格尔把康德的语言转化为"工具"和"目的"的关系,为的是指出这样一个吊诡:批判哲学本来只是为了研究事物本身而作的先行的、准备的工作,或者说,只是为认识"绝对"这个目的服务的手段,而结果却是,"我们使用的手段都产生与它本来目的相反的东西",这"根本是件与理不合的事情"(51)。通过分析"工具"和"目的"的关系,黑格尔批评认识论哲学或批判哲学反客为主,放弃了对"绝对"的认识,而把认识本身作为哲学的对象,这是把工具或手段当作目的本身。

费希特和谢林等哲学家并没有接受康德的"物自体"概念,他们试图挽救这个概念,在黑格尔看来,这些"补救"无济于事,因为他们仍然颠倒了认识与"绝对"的关系。他们的第一点"补救"是说,认识并没有改变"绝对",而只是接近了关于绝对的真理。黑格尔反驳道,就好像是说,"绝对并不因工具而改变,只是被吸引得靠近我们一些,就像小鸟被胶竿吸引过来那样",但"绝对"不是孑然无依的"小鸟",它"本来就在并且就愿意在我们近旁"(52)。关于这一点,黑格尔在"序言"中论述"实体就是主体"时有更充分的说明。第二点"补救"是,媒介(如光的折射)虽然可改变事物本身,但可以通过认识媒介产生错误的根源(如认识折射原理),通过消除这一根源而达到正确的认识。黑格尔说,这一想法是"完全无用的,因为认识不是光线的折射作用,认识就是光线自身"。

无论康德之前的认识论、康德的批判,还是康德之后的"补救",他们都有一个共同的信念,那就是,"假定着将认识视为一种工具和媒介物的观念,它也假定着我们自身与这种认识之间有一种差别,而它尤其假定着:绝对站在一边,而认识站在另外一边,认识是自为的,与绝对不相关,却是一种真实的东西"。原来,假定认识是一种工具和媒介物,并不是为了认识"绝对",而是为了避免认识"绝对"时犯错误;假定绝对站在认识的另一边,也是害怕与"绝对"沾边而犯错误,最保险的办法就是把认识当作是"自为的""真实的"。黑格尔因此揭露出近代哲学的"认识论转向"的根源是:"害怕错误"。这种态度也就是他在另一个地方批判康德"在学会游泳之前,切勿下水",害怕下水就永远也不会游泳。他说:"害怕错误,实即害怕真理。"真理只能是关于"绝对"的真理,如果认识害怕与"绝对"接触,就只能永远站在真理的彼岸而"望洋兴叹"。

黑格尔尖锐地批判这种"将认识视为一种工具和媒介物的观念"是"无用的观念和说法",把"绝对"和真理区别开来是"模模糊糊的区分",是"没有能力从事科学的人找到的借口",他们使用的"绝对、认识、主观与客观"等字眼是"一种欺骗","一种计谋,想逃避其主要任务"(53)。这里所说的"主要任务"就是认识"绝对","从事科学"就是对"绝对"进行研究,科学(Wissenschaft,这个德文词汇有比英文的 science 更丰富的精神含义)就是关于"绝对"的具体的真理。通过对以前哲学的批判,黑格尔宣告自己的哲学是关于"绝对"的科学,但这门科学不是在所谓有错误的现象之外,而是在现象之中认识真理。"精神现象学"的含义是:在精神的现象中解释出绝对精神的科学。

（二）对"害怕错误"的精神分析

黑格尔接着对"害怕错误"的根源和后果作了详细的精神分析,说明了"害怕错误实即害怕真理"的道理,同时说明害怕真理如何超出自身而追求真理。黑格尔说,从事科学的人之所以害怕错误,是因为这样一个事实:"正在出现过程中的科学,本身也还是一种现象(erscheinung)",而"现象的科学"(das erscheinende Wissen)是"不真实的知识",科学为了摆脱不真实,不得不面对现象,认识到以现象为对象的科学"不是那种在其独有的形态里发展运动着的自由的科学"(54)。"其独有的形态"指概念,"自由的科学"指黑格尔后来的概念发展运动的逻辑学体系,关于现象的科学则是以感觉和常识为对象和标准的科学。黑格尔把从感觉和健康的常识开始的科学称为"自然的意识",但"自然的意识"总是意识到与之对立的概念,它不能不依赖概念而走出自身。科学的这种状况一方面产生了对概念知识的怀疑,另一方面也因为它不能不依赖概念而感到绝望。黑格尔说:"这条道路可以视为是怀疑的道路,或者说得更确切些,是绝望的道路。"(55)

"怀疑"和"绝望"既是从事现象科学的人的心理,也是反映现象科学怀疑论的特点。黑格尔首先指出,彻底的怀疑论不是因为不相信别人的意见,"决心亲自审查一切而只遵从自己的确信"。笛卡尔的怀疑论,正如黑格尔所说,不是真正的怀疑论,因为用对自己的确信代替别人的意见作为权威,仍然是出于错误和真理截然对立立场;而真正的怀疑论却是要"对显示为现象的意识的全部领域都加以怀疑,只有通过这样的怀疑主义,精神才能善于识别真理"(55)。以皮罗为代表的古代怀疑论和以休谟为代表的现代怀疑论就代表这两种怀疑论。在耶拿时期,黑格尔已经看到了这两种怀疑论的不同。他在《小逻辑》中引用那个时期的观点说,休谟的怀疑论,"与希腊的怀疑论大有区别。休谟根本上假定经验、感觉、直观为真,进而怀疑普遍的原则和规律,是由于他在感觉方面找不到证据。而古代的怀疑论却远没有把感觉直观作为判断真理的准则,反而首先对感官事物的真实性加以怀疑"[1]。

在"导言"中,黑格尔也是以这两种怀疑论为讨论主题的。皮罗主义怀疑一切,悬搁肯定的判断,"见到的结果永远是纯粹的虚无",但在这种抽象的否定的掩盖下其实是对感性确定性的"特定的否定"。它使科学离开了单纯的感性现象,过渡到新的阶段,黑格尔称科学的更高阶段为"新的形式"。"穿过意识形态的整个系列的发展进程",这是指概念知识,包括《精神现象学》中理性(第五章)

1　黑格尔:《小逻辑》,39 节,贺麟译,商务印书馆 1981 年版,第 116 页。

和精神(第六章)。在"序言"中,黑格尔更积极地评价了古代怀疑论,他说:"有些古代哲学家曾把空虚理解为推动者",他们"已经知道推动者是否定的东西"。(24)

现代怀疑论却走上了"绝望"的道路,休谟的怀疑论最后导致了自然主义。黑格尔说:"凡只局限于度过着自然的生活的东西,就不能由它自己来超越它的直接的实际存在。"(56—57)但是,这种自然主义是违反意识本性的:"意识本身就是它自己的概念,因此它就是对它自身的超越;有了个别的存在,也就同时在意识里有了彼岸。"(57)黑格尔看到,休谟的自然主义在经过理性的怀疑之后,用概念表达的自然意识,包含着像"因果性"等被休谟称为"观念的联结"的概念,而概念不会停留于个别的感觉对象而要超出自然意识,这是一往无前、不可遏止的力量,黑格尔形象地称之为自然意识内的"暴力","迫使它超出它自己,而这个被迫超出自己的就是它的死亡"。面对暴力和死亡的威胁,"恐惧的意识很可能因害怕真理而退缩回来,竭力去保全它那陷于消灭危险中的东西"。"但是,"黑格尔接着写道,"恐惧的意识不可能宁静下来。"这是因为:第一,意识不会处于"无思无虑"的"懒惰"(这是在说自然主义的自我解释)中;第二,即使它会巩固为"一种心情",仍然会感到"从理性方面来的暴力"(这是在说来自理性主义的批判)。如果对来自内部和外部的压力抱着"听其任之,不去管它"的态度,那就会"陶醉""满足"于"虚浮的意识"之中,这就是黑格尔所说的"绝望"。我们可以看到,黑格尔通篇都在使用心理的词汇,描述现代怀疑论躲藏在其中的自然主义,它的命运不是因超越带来的"死亡",就是因"恐惧"带来的"绝望"。这些词汇使得一些存在主义者以黑格尔为先驱和同道。但是,黑格尔可能不是在描述怀疑论者的心态,而是把"自然的意识"当作一种个人的心理状态,它或者超出自身而成为普遍的科学,或者以"自我"为中心画地为牢而自绝于科学。这种现在看来似乎是精神分析的语言,如黑格尔自己所说,是对意识"进程的方式和必然性"的"一般"论述。

（三）认识是"绝对"的自我运动

接下来,黑格尔话锋一转:"我们再来谈谈关于系统陈述的方法。"我们可以把这句话与康德的话作一个比较。康德说,他的《纯粹理性批判》"是一本关于方法的书,而不是一个科学体系本身"[1]。康德把"方法"当作建立体系之前必须首先掌握的"工具"。黑格尔在前面已经批判了"工具"与"目的"对立起来的做法,这也是"方法"和"体系"的对立。在黑格尔看来,"方法"和"体系"是一致的,"体系"即关于绝对的真理,它是"绝对"在自我运动过程中显示出来的内容(现象的全体),而"方法"就是对"绝对"运动全过程的"系统陈述"。

但是,要对"绝对"进行系统的陈述,会遇到这样一个矛盾:为了认识"绝对"显示的现象,我们需要先设定一个标准,衡量、选择、排列各种各样的思想材料;但在全面认识"绝对"之前,任何标准都有片面性和任意性。"科学才刚出现,所以无论是科学自身,或是任何其他的标准(中译本为'尺度'——作者注),都还没证明其自己是本质或自在的东西;而没有这样的一种东西,审查就显然不可能进行。这是一个矛盾。"

如何解决这个矛盾?黑格尔说:"意识自身给它自己提供标准,因此,考察研究就成了意识与它自身的一种比较。""意识"指概念,而"意识自身"指"绝对"显示的内容,被当作"存在物或对象";"意识与它自身的一种比较"就是"看概念是否符合于对象"。康德把概念与对象的关系当作"主观"与"客观"的关系,他提出"哥白尼革命"的目的是为了"让对象适合于概念,而不是让概念适合于对象"。在黑格尔看来,"概念和对象、衡量的标准和被衡量的东西都已现成地存在于意识自身之内"(59),不存在"主观"和"客观"的分离,也就没有"客观"是否适合于"主观"的问题。但即使是"意识在自己考查自己",对意识的科学陈述也不是"单纯的袖手旁观",仍然有考查"概念是否符合于对象"的任务。这是因为,"绝对"在运动之中,它显示的意识内容也在变化,所以经常要用概念与变化了的对象相比较,"如果在这个比较中双方不符合,那么意识就必须改变它的知识,以便使之符合于对象;但在知识的改变过程中,对象自身事实上也与之相应地发生变化……跟着知识的改变,对象也就变成了另一个对象"(60)。我们看到了黑格尔和康德的差别。第一,康德的"概念"和"对象"都是静止不变的,对象一劳永逸地适合于概念;黑格尔的"概念"与"对象"的适合是在不断的"比较"中达到的动态平衡,从适合到不适合,

---

1　康德:《纯粹理性批判》,B. XXII.

再到适合,如此不断比较,直至最后达到"概念"和"对象"完全符合的"绝对观念"。第二,康德强调对象适合于概念,而不是相反;黑格尔则认为适合是双向的,对象的改变引起概念的改变,概念的改变又引起对象的改变。

黑格尔关于概念与对象都属于意识的思想解决了近代哲学中关于对象意识和自我意识的区分和含糊。我们在讲笛卡尔时说,"我思"既是对象意识,又是自我意识;经验论者倾向于否认"自我意识";康德用"先验演绎"的方式,从自我意识的综合功能出发,建立了其与对象意识的统一。黑格尔说,这两者都是意识的对象:"一种对象是第一个自在,另一个是这个自在的为意识的存在。"(61)在我们上面所讲的对象与概念的不断"比较"中,"自在"的对象是符合于对象的概念,而"自在的为意识的存在"是被概念所改变了的对象。概念和对象在意识中的比较或运动变化被黑格尔称为"经验":"意识对它自身——既对它的知识又对它的对象——所实行的这种辩证的运动,就其替意识产生出新的真实对象这一点而言,恰恰就是人们称之为经验的那种东西。"(60)也正是在此意义上,黑格尔在全书中陈述的"绝对"的显示过程被称为"关于意识的经验的科学",又被称为"精神现象学"。前者是对我们意识的描述,后者研究精神显现给我们的内容,两者都是意识"经历的它那一系列的形态,可以说是意识自身向科学发展的一篇详细的形成史"(55)。

三、

"序言"与"导言"的关系问题

如果说"导言"是对认识论哲学和批判哲学进行的批判,通过哲学的批判,阐明了黑格尔哲学研究的对象和方法,那么"序言"更多的是对黑格尔所处的时代的文化的批判,其中的"精神""意识"更多的是社会历史意识,黑格尔对哲学的时代精神和历史使命有了更多的认识。为什么会有这样的差异? 这与黑格尔写作时的思想发展有关。

在开始写作时,黑格尔把他正在写的书当作自己哲学体系的导论。这个想法以后也没有变。1807 年这本书出版时，题目是《科学的体系，第一部，精神现象学》。他在《小逻辑》中说："当那本书(指《精神现象学》)出版的时候，我把它认作科学体系的第一部分。"[1] 作为科学体系的第一部分，它的内容应该与《逻辑学》相衔接，然后是《自然哲学》《精神哲学》。第一部分只要从个人的主观意识写到客观的"范畴"的产生就可以了，不必包括社会意识。社会意识是体系的最后一部分《精神哲学》的第二阶段"客观精神"所要展示的内容。但是当黑格尔写完《精神现象学》的第一篇"意识"(前三章)而进入第四章"自我意识"时，他认识到，个人的自我意识不能离开被他人承认的欲望，而正是这种欲望，造成了社会冲突，产生了"主奴关系"。从此之后，意识不再是"我的""你的"个人的意识，而是"我们的"或"他们的"集体的意识，是社会的意识形态，表现为社会历史的事件，如奴隶制、基督教、中世纪、法国大革命等。在写完了从意识到自我意识，再到理性、精神、宗教和绝对精神的历程之后，黑格尔实际上已经完成了《精神哲学》所涉及的内容。科学体系的第一部分实际上成为最后的部分。这恐怕是黑格尔始料未及的。如果说"导言"表达了他最初的计划，主要是对认识论哲学的批判，批判的后果是他对个人认识从感性到知性的发展，写在"感性确定性""知觉"和"知性"最初的三章之中，这些都还是对个人的、主观的意识的考察，在写完这本书之后所写的"序言"，补充了"导言"没有涉及的社会历史的意识经验或精神现象，因此对哲学的文化的背景、时代精神和世界历史有了更多的阐述，而不只是把"绝对"作为认识的对象。

"导言"和"序言"之间的差异与《精神现象学》的两种不同读法有关。早在1857 年，海谋在《黑格尔和他的时代》(*Hegel und Seine Zeit*)一书中说，《精神现象学》没有统一的结构，黑格尔原来要写的内容属于"心理学"，是对人的意识、自我意识和理性进行考察，但后来黑格尔思想发生变化，对人类历史加以理性的建构；这两部分没有内在的关联。他说："一言以蔽之，《精神现象学》是历史中走向混乱的、无序的心理学，是心理学中走向毁灭的历史。"[2] 正因为这两部分的分离，导致了"历史"的读法和"心理学"的读法的差异。显然，"心理学"的读法适合于理

1　黑格尔：《小逻辑》，贺麟译，商务印书馆 1981 年版，第 103 页。

2　转引自 *The Cambridge Comanion to Hegel*，ed. F. C. Beiser，生活·读书·新知三联书店 2006 年版，p. 55.

解前三章,而"历史"的读法适合于理解第四章及以后的内容。

马克思首先发现了《精神现象学》的重要性,称它是"黑格尔哲学的真正起源和秘密",是"黑格尔的圣经"。[1] 马克思和恩格斯在这本书中看到的是意识形态的历史发展过程,是劳动及其异化的思想。科耶夫在《黑格尔导论》中认为"主奴关系"是黑格尔哲学最为精彩的篇章,《精神现象学》是一部精神化了的人类社会斗争史。卢卡奇、布鲁赫、萨特等人都是根据马克思主义的观点解释这本书的社会历史思想。

另外一些人按照黑格尔自己的意图,把这本书读作是《逻辑学》的导言。黑格尔的逻辑学体系开始于绝对精神,但他首先必须回答:"我"是如何认识到绝对精神的存在的? 换言之,关于绝对精神的知识是如何发生的?《精神现象学》回答了这个问题。

我同意威斯特夫所说:"序言不但能够被正确地理解为导言的补充,而且是从导言中直接发展出来的。"[2] 我以为,对待上述两种读法,没有必要采取非此即彼的态度。《精神现象学》确实是黑格尔体系的起源和萌芽,其意义是从人类知识发生的角度来论证绝对知识的可能性和现实性,使绝对精神的范畴不至于成为无源之水、无本之木。但黑格尔的角度又不是认识论。他的基本立场是:只是因为我们在历史中创造了、改造了和理解了我们所生活的世界,我们才有可能认识绝对,获得绝对知识。他在这里已经突破了近代认识论只研究个人意识的局限性,把劳动、实践、历史、人与人的社会关系和社会意识形态、世界历史引入知识发生过程。如果说"导言"突出的是知识发生学的意义,"序言"突出的则是知识的社会历史意义。这两层意义的知识相互促进,最后导致绝对知识。

四、

"序言"的四部分内容

"序言"比较长,篇幅是"导言"的四倍多,铺张、重复的话比较多,不像"导言"

---

1 马克思:《黑格尔辩证法和哲学一般的批判》,人民出版社 1956 年版,第 10 页。
2 M. Westphal, *History & Truth in Hegel's Phenomenology*, 3rd. ed., Indiana University Press, 1998, p. 1.

那样精炼。我们不需要一句一句地读,但一段一段地读还是有必要的。我从四个部分来讲解。

（一） 文化批判和时代精神

"序言"的第一节"真理之为科学的体系"阐明黑格尔心目中的哲学的性质:哲学是科学的体系,这个体系是真理的全部,不是与错误对立的。因此,他像"导言"开始的那样讨论真理与错误的关系。除此以外,他还特别说明了这个科学体系应该有"文化的开端",赋有"文化教养"的社会功能。黑格尔理解的"文化"(Bildung)是指通过普遍的思想(Gedanke)超越人的基本的、现实生活的途径。思辨哲学家都认为现实生活和社会历史是与超越的思想无关的外在事实。黑格尔说:"现实生活的严肃……使人直接经验到事物自身","外在的必然性,如果我们抛开了个人的和个别情况的偶然性,而以一种一般的形式来理解,那么它和内在的必然性就是同一个东西。"他还针对西方哲学的"爱智慧"的传统说,哲学应"不再叫作对知识的爱,而就是真实的知识"(3)。

在"当代的文化"这一节,黑格尔考察了西方文化从神圣到世俗的变迁。他说:"从前有一个时期,人们的上天是充满了思想和图景的无穷财富的",真理被看作上帝之光,"光线把万物与上天联结起来,在光线里,人们的目光……瞥向神圣的东西……那时候精神的目光必须以强制力量才能指向世俗的东西而停留于此尘世",这是在说中世纪。到了近代,"费了很长时间才使人相信被称之为经验的那种对现世事物的注意研究是有益和有效的",这是在说近代科学的产生。到了黑格尔的时代,近代科学造成了社会和文化的普遍的世俗化。黑格尔区分了世俗化的两个后果。直接的后果是:"人类沉溺于感性的、庸俗的、个别的事物","像蠕虫一样以泥土和水来自足自娱"。但是精神的极端贫乏引起了人们对神圣的渴望,"就如同沙漠旅行者渴望获得一口水那样在急切盼望能对一般的神圣事物获得一点点感受"(5)。这种饥不择食的渴望产生了第二个后果,那就是,对神圣的非理性的、浪漫或狂热的态度。黑格尔对此的形容是:"真理只存在于有时称之为直观有时称之为关于绝对、宗教、存在(不是居于神圣的爱的中心的存在,而就是这爱的中心自身的存在)的直接知识的那种东西中,或者甚至于说真理就是作为直观或直接知识这样的东西而存在着的"(4),"据说哲学不必那么着重于提供洞见而主要在于给予启发或启示","据说不是概念而是喜悦,不是事实自身冷静地循序前进的必然性而是我们对待它的那种激扬狂放的热情。"(5)黑格尔在这里揭露的明显是同时代的德国浪漫主义和谢林的"天启哲学"(黑格尔把两者形容为"不是居于神圣的爱的中心的存在,而就是这爱的中心自身的存在")(4)。谢林、施莱尔马赫等人明确地说,宗教的基础是情感和直觉,而不是概念知识。但如果我们追溯得更远一些,也包括康德和费希特,康德要限制理性以便为信仰留出地盘,把神圣领域置于理性之外。在耶拿的手稿里,黑格尔把康德的《纯粹理性批判》视为在路德的罪和恩典的宗教体验的"旧瓶"里灌装着先天综合判断的"新酒";"按照这一观点,康德的独特之处在接受了新教关于人类理性的坏消息,而又没有接受相应的关于启示和恩典的好消息" 1。这是德国虔诚派的新教徒的曲折表达,而它所继承的是路德的反理智主义的宗教热情。

黑格尔心目中的科学的研究对象是"绝对",它也是神圣的存在,是上帝的代名词。但他反对同时代的神学家和哲学家"不是用概念去把握绝对,而是用感受和直观"(4)。在经历并接受了启蒙运动的洗礼之后,他激烈地反对宗教狂热和神秘主义。他说,如果不把神圣文化建立在科学的基础之上,那么,追求神圣就是"只寻求启示……只追求在模糊不清的神性上获得模糊不清的享受",是"放弃科学而自足自乐的态度",是"一种蒙昧的热情","这种先知式的言论,自认为居于正中心和最深处,蔑视规定和确切,故意回避概念和必然性"。他嘲笑说,这些人以为"上帝就在他们睡觉中给予他们智慧……事实上他们在睡眠中所接受和产生出来的,也不外乎是些梦而已"(6)。

黑格尔要用理性的精神对待神圣的事物,这种理性的精神不是与近代以来的科学相对立的,而是它的后续的发展。在"真理之为原则及其展开"一节,他说:"科学既然现在才刚开始,在内容上还不详尽,在形式上也还不完全,所以免不了因此而受谴责。"(8)黑格尔不是站在新科学的对立面求全责备,就像现在的"反科学主义"者那样,而是冷静地分析科学的发展历程。新科学的诞生和不足是时代

---

1 转引自 M. Westphal, *History & Truth in Hegel's Phenomenology*, 3rd. ed., Indiana University Press, 1998, p. 48.

精神的特征。黑格尔说:"我们这个时代是一个新时期的降生和过渡的时代,人的精神已经跟他旧日的生活和观念的世界相决裂。"(7)"旧日的生活和观念的世界"(der bisherigen Welt seines Daseins und Vorstellens),我们教材的英译本把 Daseins 译为"事物的旧秩序"(old order of things),把 Vorstellens 译作"旧的思维方式"(old ways of thinking)。我觉得这种译法更准确地表达了黑格尔的时代精神的概念。旧的时代精神"为日出所中断,升起的太阳就如同闪电般一下子建立起了新世界的形相",但它毕竟还只是婴儿,只能"一块块地拆除旧世界的结构"。"这个新世界也如一个初生儿那样还不是一个完全的现实",还不是"一棵身干粗壮枝叶茂密的橡树",而只是"一粒橡实"。但正如种子孕育着大树,"这个开端乃是在继承了过去并扩展了自身以后重返自身的全体"(7)。

黑格尔像康德那样,把近代科学看作知性的规定性,但与康德不同的是,他不只是把科学的精神限制在人的认知范围内,是文化世界的时代精神,这个"新精神的开端乃是各种文化形式的一个彻底变革的产物"(7),而且,科学的精神也不会局限在知性的范围内,"通过知性以求达取理性知识乃是向科学的意识的正当要求"(8)。但是,康德认为理性不可能给予人们知识,只能提供科学体系的一个合理的框架,黑格尔称之为"形式主义"。为了填补这种"单调的形式主义"在内容上的空洞,有两种做法。一是用"大量的材料""奇特的和新奇的东西",塞进静止的形式之中,"夸耀其材料的丰富和可理解性"。这大概是指当时庸俗的哲学体系用种种先验的概念来包装杂乱无章的"科学"材料。黑格尔对先验主义保持了敬意,称之为"优秀的东西",但他认为庸俗的体系是"毫无生命的、空疏虚幻的知识",它夺去了"优秀的东西"的生命和精神,把它的皮"剥下来蒙盖在自己的表面上"(35)。形式主义的另一种做法是把空洞的形式称为"绝对的一""吹嘘直接的合理性和神圣性"。这是谢林的做法。然后黑格尔说了那句著名的话:这样的"绝对"就像是"一切牛在黑夜里都是黑的那个黑夜一样"(10)。

黑格尔继承了近代科学知性,并继续向理性知识推进。在他看来,理性知识的对象不是抽象的形式,而是"绝对",不是"绝对"的抽象原则,而是关于"绝对"的具体真理和现实知识,包括社会的、历史的、文化的知识。在以后的部分,他深入地说明什么是"绝对"以及如何获得关于"绝对"的具体知识的问题。

（二）精神王国的建造

在对当代文化，包括世俗文化、神圣文化和近代科学考察之后，黑格尔接过了把时代精神"高举于尘世之上"的任务。在第二部分的第一节中，他说明了这一任务的神圣性，第二节说明如何继续近代科学的道路以推进这一任务，第三节说明如何在世界历史中实现这一任务，通篇都体现了神圣与世俗相结合的精神。

1. 第一节"绝对即主体的概念"

这一节包含经常被引用的黑格尔命题，如"实体就是主体""真理是全体"。但很少有人注意到，黑格尔是在"上帝是唯一的实体"以及"真理是上帝的自我展开"的神学背景中阐释他的思想的。

上帝这个唯一的实体首先是活动的主体、生活的主体。上帝的活动和生活不是"自己爱自己的游戏"，而是充满着"否定物的严肃、痛苦、容忍和劳作"。上帝在原则上是神圣的、纯粹的、统一的，但"以为有了绝对原则或绝对直观就不需要使本质实现或使形式展开，乃是一个大大的误解"（12）。黑格尔利用了中世纪的"上帝的自我展开"的观念，论述了他关于概念辩证运动的一系列重要思想。上帝或"绝对"要展开自身，就需要"中介"，就要"否定"自身，"异化"为他物，并在"扬弃"中介的过程中克服异化，返回自身。这是"有目的的理性行动"（13），"预悬它的终点为目的并以它的终点为起点"的"一个圆圈"，真理存在于这个圆圈的全过程。"实体"是"自在"，当他把所有的"他在"都变成自身存在的环节，实体就成为"自为"的主体，绝对精神就成为自在自为的存在。

"主体"和"主词"是同一个词。上帝的实体既是运动的主体，也是判断中的主词，如说"上帝是永恒""上帝是世界的道德秩序""上帝是爱"等等（13）。黑格尔说，在这些命题中，"人们从上帝这个词开始。但这个词就其本身来说只是一个毫无意义的声音，一个空洞的名词。只有宾词说出上帝究竟是什么之后，这个声音或名词才有内容和意义；空洞的开端只在达到这个终点时，才是一个现实的知识"（14）。表述"上帝"名称的宾词是取代主词而又不断扬弃自身的概念系列，而不是在一个个孤立的判断之中与主词相对。黑格尔以"上帝是存在"为例说："在这个命题中，宾词'存在'，具有主词融化于其中的那种实体性的意义。在这里，存在不应该是宾词，而应该是本质"；"由于宾词本身被表述为一个主体，表述为存在，表述为穷尽主体的本性的本质,思维就发现主体直接也就在宾词里"(43)。这一段可以读作黑格尔对康德批判本体论证明的一个回应。康德说"存在"不是宾词,黑格尔则说,"存在"确实不是附属于主词的宾词,而是表示主体的本质的主词,但关于存在的所有陈述穷尽了上帝的本质,它也是包含"上帝"这一名称的宾词。在耶拿时期的一份手稿中,黑格尔写道:"在任何命题中,连词'是'(ist)都表示着主词与谓词的联合,亦即表示着一个存在(Sein)。存在只能被信仰,信仰却以存在为前提。"[1] 在《逻辑学》中,从最空洞的 Sein 开始,经过全部范畴的辩证运动,最后回到了内容最丰富的 Sein,这个与起点重合的 Sein 就是"绝对"或上帝。可以说,黑格尔用 Sein 的自身运动重写了关于上帝存在的本体论证明。

黑格尔在"实体就是主体"这句话中要表达的是关于上帝的真理。正如他所说,"说实体在本质上即是主体,这乃是绝对即精神这句话所要表达的概念。精神是最高贵的概念,这是新时代及其宗教的概念","科学是精神的现实,是精神在其自己的因素里为自己所建造的王国"(15)。"精神为自己建造的王国"的意思是"上帝自我展开而建立的王国"。可以说,"精神""宗教""科学"是黑格尔哲学的"三位一体"。

2. 第二节"知识的生成过程"

这一节说明了如何从近代科学开始达到精神科学。近代科学依赖个人的经验和个体的自我意识。黑格尔把个体化的经验、意识称为"以太"。"以太"好像是莱布尼茨式的"单子",它是精神性的、孤零零的存在。黑格尔说,"个体的自我意识要超越这种以太,以便能够与科学一起生活";另一方面,个体有权要求科学为他提供"立足点所用的梯子"(16)。黑格尔在这里谈论"个体"和"科学"的关系,实际上是在谈感性经验和精神科学(亦即他自己的哲学)之间的关系。他预告他的《精神现象学》从最初的个别的感性开始,"经历一段艰苦而漫长的道路",最后达到"绝对知识"(17)。他认为这是科学从不完善到最完善的形态的过渡,而不是与近代以来的科学发展背道而驰的。现在有人以黑格尔在《自然哲学》中对自然科学的发展作了一些错误的断言,就指责他的哲学是对近代科学精神的反动。这

1　黑格尔:《黑格尔早期神学著作》,贺麟译,商务印书馆 1988 年版,第 447—448 页。

种批评至少是片面的、不公允的。

3. 第三节"个体的教养"

这一节黑格尔把精神科学的历程类比于个人修养,用他的话来说,"在教育的过程里认识到世界文化史的粗略轮廓",人从儿童到成人的教育修养从幼稚到成熟,从特殊的精神上升到普遍的精神;同样,"从前曾为精神成熟的人所努力追求的知识现在已经降低为儿童的知识,儿童的练习,甚至成了儿童的游戏"。黑格尔绝不轻视古代知识,而是把它们当作"普遍精神的一批获得的财产"(18)。普遍精神是世界精神,要在世界史的形式"所能表现的范围内将它的整个内容体现出来"。这预告了《精神现象学》要把历史的重要事件,如奴隶制、基督教、中世纪、法国大革命等,作为世界精神的一个个发展阶段。在"序言"中,他谈到古代人和现代人的修养上的区别:"古代的研究者通过对他的生活的每一细节都作详尽的考察,对呈现于其前面的一切事物都作哲学的思考,才给自己创造了一种渗透于事物之中的普遍性。但现代人则不同,他能找到现成的抽象形式。"(21—22)这也是两种不同的时代精神。结尾处,黑格尔说,柏拉图和亚里士多德哲学的价值,不是"毫无科学价值的神话",不是狂热所产生的"幽暗",而是"纯粹概念"。他称赞柏拉图的《巴门尼德篇》是"古代辩证法的最伟大的作品",是"对神圣生活的真实揭露和积极表述"(49)。古代人在个别的、世俗的事物里看到了普遍的神圣精神,而现代人把普遍精神形式化,或者是彻底世俗化了的经验形式,或者是神的直接启示。在两种情况下,神圣和世俗截然分离。黑格尔认为,绝对精神的历史使命和时代精神将要把这两者最终结合在一起。

(三)哲学的方法论

第三、第四这两部分与前面的内容有不少重复之处,我们重点看不同之处。

黑格尔在这里重点讨论哲学的方法论。黑格尔反对把哲学等同为方法论,那种方法论只是把方法当作"工具"或"手段",最后歪曲或违背了哲学的正当的对象和目标。黑格尔在阐述哲学的内容、对象和目标的联系中说明研究和表示"绝对"以及它的意识内容的方法。哲学的方法与体系有什么联系?它的方法与其他知识的方法有什么不同?哲学思维方式对人的文化和生活有什么影响?这些是黑格尔的方法论要回答的问题。总的说来,黑格尔把哲学方法当作概念思维的方式,他在形式逻辑与数学知识以及诗意与常识的对比中,说明了哲学的方法论。

1. **概念思维的特点**

黑格尔把哲学定位在"概念知识"。他从"概念"和"知识"的联系上说明了概念思维的特点。首先,概念思维的出发点和归宿都是概念,但这不是说概念思维脱离现实。黑格尔强调,概念不是抽象,而是本质的、具体的内容。在前面谈到新的时代精神的诞生时,他曾说过:"这个新世界也正如一个初生儿那样还不是一个完全的现实……首先呈现出来的才仅只是它的直接性或者是它的概念。"(7)在那里,他把概念当作新世界的直接呈现,虽然是不完全的,但无损于概念的现实性。黑格尔既反对把概念仅仅作为形式的柏拉图式的传统理解,也反对把概念作为经验内容的抽象的经验论式的理解。在他看来,概念是意识的直接呈现,但不是主观的意识,因为现实不是意识的对立面,而是意识所建立的实体或对象。所以黑格尔说,哲学的"要素和内容(指概念)不是抽象的或非现实的东西,而是现实的东西,自己建立自己的东西,在自身中生活着的东西,在其概念中实际存在着的东西"(30)。

其次,概念思维是这样一种真理观:它认为概念的单一形态是不完全的,它的本质内容不是完全的真理,不可避免地包含着错误。黑格尔在"真理与虚假"这一节专门讨论了这一真理观。他认为哲学家们使用的概念只是处在"绝对"的特定的发展阶段,即使是最近表现了新的时代精神的"新世界"的概念也是不完全的。他说:"真理不是一种铸成了的硬币,可以现成地拿过来就用","过错和虚假也不是像魔鬼那样的坏",这是因为概念的本质内容是实体,而"实体自身本质上也是否定的东西"(25)。同样是根据"实体就是主体"的思想,黑格尔说:"真理不过是辩证运动,只不过是这个产生其自身的、发展其自身并返回其自身的进程。"(44)

第三,概念思维还是"用与以前不同的方式来把握命题"(44)的方式,这又是把概念组织成有机联系的整体以建立哲学体系的方式。黑格尔说:"科学只是通过概念自己的生命才可以成为有机的体系。"(35)"概念自己的生命"是指由概念扩展到哲学命题,再从哲学命题扩展到体系的运动。概念在命题中承担着主词和宾词的语法功能。在形式逻辑的命题中,主词是主词,宾词是宾词;而"由思辨命题所变成的同一命题,包含着对上述主词与宾词关系的反击"。这是说两者关系的相互转换,在一个命题中陈述一个主词的宾词,在另一个命题中成为主词,被另外的宾词所陈述,这是"概念的内在节奏"(46),构成了"命题自身的辩证运动"(44)。而这一系列命题环环相扣,首尾相贯,构成了哲学的体系。黑格尔说,精神"在这种知识因素里自己发展成为一个有机整体的那种运动过程,就是逻辑或思辨哲学"(24)。

2. 概念思维的方法与其他哲学方法的区别

黑格尔说:"概念思维与形式推理是相互对立的"(40),"概念的思维要求我们注意概念本身,注意单纯的规定,注意像自在的存在、自为的存在、自身的同一性等规定"(39)。黑格尔把在概念自身之中达到的必然性称为"逻辑必然性"。他说:"逻辑必然性就在于事物的存在即是它的概念这一性质里。"(38)黑格尔认为形式逻辑属于"表象思维",它只能借助于表象或经验把概念作为固定的主词和宾词,而不能用思辨把握概念之间的内在联系和辩证运动。经院哲学和近代的莱布尼茨等人的方法论把形式逻辑当作哲学方法,黑格尔在"序言"中对形式推理的批判,也是对这些哲学方法论的批判。

黑格尔又说:"概念的必然性排斥日常谈话里松散的推理过程和科学里学究式的严格推理过程。"(32)这句话涉及另外两种哲学方法论。"日常谈话里松散的推理"指直到现在还十分流行的一般的哲学写作方法,把哲学论文写成介于逻辑和修辞之间的散文。"科学里学究式的严格推理"指数学推理。近代以来,笛卡尔、斯宾诺莎等人认为数学是严格、精确科学的楷模,他们把数学方法作为哲学的方法论。黑格尔在"历史的认识和数学的认识"这一节里,对这两种哲学方法论进行了批评。

"历史的认识"指一般的哲学论文的要求,即从哲学的史料出发,对过去的哲学观点加以分析、概括。黑格尔说,这些论述是"纯粹的历史性东西",由此得到的结论"所涉及的是个别的客观存在,是一种带有偶然性和武断性的内容","为了认识这样的真理,就要与很多其他的真理进行比较,参考很多书籍,或不管采取什么方式来加以分析研究"。黑格尔在这里批评的是把哲学史与哲学理论隔离开来,把哲学变成历史材料的堆砌,通过对大量材料的比较和分析,所得到的也不过是从以前哲学家的著作中引申出来的个别观点;从过去的哲学到自己的观点的引申在没有充足证据的情况下是"武断性的",在没有必然理由的情况下是偶然的。黑格尔说,历史的真理不应该是这种"赤裸裸的真理",而应该是"自我意识的运动"(26)。他后来写的哲学史把全部的史料作为自己哲学体系的证据,把过去的哲学理论转化成辩证运动中的一个个环节,最后必然导致"绝对观念"的真理。他关于哲学与哲学史相统一的方法论对于我们今天认识"史"和"论"、"哲学家"和"哲学史家"、"思想"和"学问"的关系,仍然具有启发意义。

黑格尔对"数学的真理"评价甚低。他说,对数学至为重要的证明过程不过是"外在于对象的一种行动"(27)。意思是,结论在证明之前业已存在,证明"这个运动是受一种外在的目的支配着"。数学引以为自豪的"自明性完全建筑在它的目的之贫乏和材料之空疏上面的",数学缺乏概念的分析和概念的运动,数学命题是"固定的、僵死的命题"(28),"数量的原则,即无概念的差别的原则和同一性原则,即抽象的无生命的统一性原则"(30),等等。

我们现在应该如何看待黑格尔对数学的看法呢?首先,应该承认,黑格尔的看法是过时的,他对数学的理解仍然停留在初等代数和欧氏几何的水平。他接受了过去的英国经验论者对数学本质的解释,把数学命题当作建立在矛盾律或同一律基础之上的分析命题;也接受了康德把数学的对象限定为空间(图形)和时间(数量)的解释。这些都使他对同时代的数学的进展认识不足,对数学的本质作出错误的断言。其次,黑格尔之所以对数学进行如此严厉的批判,表达了他急于消除数学对哲学的影响,这种影响从毕达哥拉斯一直延续到当代。黑格尔认为,哲学根本不应该和数学的"非现实的真理"(28)打交道;又说:"我们必须意识到,就连与哲学方法有关的那些观念所构成的体系,也只是一种已成为过去的文化。"他说,使用这些严厉的措辞"有些危言耸听或带有革命语气",他之所以没有避免这样的语气,是因为"我们必须考虑到,数学遗赠给我们的科学体制……至少在流行意见自身看来也是过时了的"(31)。

3. 对伪哲学的言谈方式的批判

形式逻辑的方法、历史方法和数学方法虽然过时或不恰当,但都有或多或少的科学性,如果取代它们的是完全没有科学性的方法,那将是更糟糕的哲学。黑格尔用这样的话形容这样的哲学:"取得灵感和预感时的那样全不凭借方法","预言家说话时的那种任意武断,预言不仅蔑视上述的那种科学性,而且根本蔑视一切科学性"(32)。黑格尔在"天才的灵感与健康的常识"一节里,专门批判了哲学的非科学风气。

(1)"天才作风"的伪哲学

"天才作风"指这样一种学风:有些人"不进行推理而妄自以为占有了现成的真理"(45);他们没有经过哲学思维的训练和文化陶冶,以为不需要知识和研究,"每个人都能直接进行哲学思维并对哲学作出判断,因为他在他天生的理性里已经具有了哲学判断的标准";他们"根本不能思维一个抽象命题,更不能思维几个命题的相互关联,他们的那种无知无识的状态,他们的那种放肆空疏的作风,竟有时说成是思维的自由和开明"(46);"自认为不屑于使用概念,而由于缺乏概念,就自称是一种直观的和诗意的思维"。黑格尔揭露说,天才作风是诗意的"创作活动",不过,创作的结果是假冒哲学之名的赝品。黑格尔用这样一些语句揭露了伪哲学:"创作出来的并不是诗,而是淡而无味的散文,或者说不是散文,那就是一些狂言吃语。"又说:"给市场上带来的货色,可以说是一些由思维搅乱了的想象力所作出的任意拼凑——一些既不是鱼也不是肉,既不是诗又不是哲学的虚构。"(47)

我之所以要大段引用黑格尔的话,是觉得这些话虽是针对德国当年的伪哲学说的,对当今哲学状况也有现实针对性。现在的后现代主义者也在反对用概念的、推理的方式进行哲学研究,把哲学解构成创作("写作")的修辞方式("文字学"),哲学是泛文化的"言谈"和"游戏",而不需要严格的科学方法。恩格斯说,在当时的德国,"天体演化学、自然哲学、政治学、经济学等等体系,雨后春笋般地生长起来。最蹩脚的哲学博士,甚至大学生,不动则已,一动至少就要创造一个完整的'体系'"[1]。在中国,也有把哲学教条化、庸俗化的"学哲学"的群众运动,现在则有不断地在创造哲学"体系"的"民哲"("民间哲学家"的简称)。在学术界内部,有人鼓吹"诗化哲学""体悟哲学"等。他们把含糊不清的表达当作"综合",把恣意武断的结论当作"直观",并宣称这种意义上的"综合"高于概念分析,"直观"高于逻辑推理。在这种风气之中,哲学既不需要知识的积累和思维的训练,

---

[1] 《马克思恩格斯选集》第 3 卷,人民出版社 1995 年版,第 344 页。

也不需要严格的论证和概念思维,只要凭个人宣称自己具有的"直觉""体验""灵感"就可以了。凡此种种,说明伪哲学的泛滥是哲学发展初级阶段的普遍现象。

(2)"信赖常识"的庸俗哲学

如果说"天才作风"用含混不清的方式创作出伪哲学,那么"健康的常识"创造出用优美的辞令表达的庸俗哲学。用黑格尔的话说:"流驶于常识的平静河床上的这种自然的哲学思维,却最能就平凡的真理创造出一些优美的辞令。"黑格尔说,庸俗哲学的特点是用优美的辞藻包裹着肤浅的内容,"本来早就可以不必花费气力去表述,因为它们早就包含在答问式的宗教课本里以及民间流行的谚语里了"。庸俗哲学是简单地接受现成的结论,而对达到结论的论辩过程不感兴趣,"诡辩乃是常识反对有训练的理性所使用的口号,不懂哲学的人直截了当地认为哲学就是诡辩,就是想入非非"(47)。庸俗哲学不求甚解,缺乏思辨的理解力,不愿作艰苦的研究和细致的分析。黑格尔说:"如果有人想知道一条通往科学的康庄大道,那么最简便的捷径莫过于这样的一条道路了:信赖常识。"(48)这样的人只要读一点第二手的评论,或原著的序言和开头,就心满意足了。

黑格尔对"信赖常识"的批评还不是对常识哲学或自然主义的批评,而是对肤浅的、非学术的庸俗风格和风气的批评。非学术的哲学风气至今随时可见。人们由于不能理解一种哲学的精致内容而把它说成是"学院式哲学""书斋里的哲学""象牙塔中的哲学",鄙视之为"无用",为"诡辩"。另一方面,通俗读物和公共媒体上登载的哲学语录、故事,甚至漫画,却大受欢迎。这种风气诱使学者放弃严肃的学术道路而争当文化传媒的"明星"。在这样的形势下,重温黑格尔的话是有益的。

黑格尔说,哲学有不同的道路,一条是"普通的道路,在这条道路上,人们是穿着家常便服走过的;但在另一条道路上,充满了对永恒、神圣、无限的高尚情感的人们,则是穿着法座的道袍阔步而来的"。前一条道路是依赖常识的通俗哲学,后一条道路则是伪装神圣的启示、灵感和迷狂。黑格尔宣称,做哲学的科学道路完全不同,它是"真正的思想和科学的洞见,只有通过概念所作的劳动才能获得"(48)。可与之媲美的是马克思在《资本论》前言里说的那句话:"在科学的道路上没有平坦的大路可走，只有那些不畏艰险、沿着崎岖的山路攀登的人才有希望达到光辉的顶点。"黑格尔深知，这一条道路与世俗的流行观念不同，甚至相反；他也知道他的体系和陈述"不会受到读者欢迎"。但他满怀信心地说："不管别人的看法如何，事实上优秀的东西之所以被人承认为优秀的东西，完全由于科学性。"(49)历史见证了黑格尔的信心，与黑格尔同时代的伪哲学、庸俗哲学早已灰飞烟灭了，黑格尔的著作却因为他所说的科学性(理论性和学术性)而被人承认为"优秀的东西"，成为哲学的经典。黑格尔最后用《圣经》中两段意味深长的话结束了他的"序言"。第一段话是："任凭死人埋葬他们的死人，你跟随我吧！"[1] 第二句话是："埋葬你丈夫之人的脚已到了门口，他们也要把你抬出去。"[2] 他在《哲学史讲演录》的前言里对这两句话作了详细的解释。第一句话的意思是说明："全部哲学史就是这样一个战场，堆满着死人的骨头……充满着已经推翻了的和精神上死亡了的系统"，"跟着我走"的意思是"跟着自己走"，这就是说，坚持你自己的信念，不要改变你自己的意见。何必采纳别人的意见呢？第二句话的意思是，虽然每一个哲学出现时都自诩"正确的哲学最后被发现了"，但是"那要驳倒你并且代替你的哲学也不会很久不来"。[3] 黑格尔认为，哲学不害怕错误，也不害怕死亡；近代怀疑论就是因为害怕死亡而陷入绝望的。哲学要勇敢地直面死亡，因为死亡是哲学的命运。多么深刻！

---

1 《圣经·马太福音》，8：22。

2 《圣经·使徒行传》，5：9。

3 引自北京大学外国哲学教研室编译《西方哲学原著选读》下册，商务印书馆 1982 年版，第 382 页。

第十四讲

斯宾诺莎的《神学政治论》

一、

《神学政治论》属于《圣经》批判的思潮吗?

斯宾诺莎的《神学政治论》的全部内容几乎都是对希伯来圣经的考察,人们认为这是一本批判《圣经》的代表作。《神学政治论》1678 年被翻译成法文后,法国神父理查德·西蒙(Richard Simon,1638—1712)在 1682 年出版《旧约历史批判》(*Histoire critique du Vieux Testament*),被认为是普及斯宾诺莎的版本,作者被驱逐出教堂和法国。斯宾诺莎因为生活在宗教宽容的荷兰而未受迫害。到了现代,《神学政治论》被当作圣经历史批判的开创者而受到广泛赞扬。

无论攻击者还是赞扬者,都没有认识到斯宾诺莎的思想与圣经批判思潮大相径庭。圣经批判者否认《圣经》是神的启示,而是后人按照不同时代的“生活境况”改写和编定的,因此使人相信《圣经》是充满底本的错简、文字混乱和矛盾的,因而怀疑、否定《圣经》的权威性。而斯宾诺莎如同宗教改革第一代领袖路德、加尔文那样通过肯定《圣经》的权威来改革政治体制。

斯宾诺莎认为,错误学说的发明人用盲目、鲁莽的激情来解释圣书,“根据《圣经》的原文来附会他们自己的虚构和言语,用神的权威为自己之助”(106—107)。[1] 而使徒则完全不同,“他们是以教师的资格而不是以预言家的资格来传道和写作”(173),每个使徒的教导建立在“截然有别的基础之上”(diversis fundamentis,中译为“不同的基础”)(176)。比如,保罗主张因信称义,“事实上他讲道

---

[1] 斯宾诺莎:《神学政治论》,商务印书馆 1997 年版,括号中的数字是该书页码。

的主张完全是预定论的说法";反之,使徒雅各主张因靠行为,不仅靠信心,他反对"把宗教只限于很少数的几个因素",只引用《罗马书》说明使徒。还比如,斯宾诺莎说,"在使徒们中,做哲学的功夫莫过于保罗了",而其他使徒迁就犹太人"看不起哲学"的脾气,"所传的教与哲学的思辨完全无关"(177)。虽然存在这些不同,宣讲的"本质是道德,正像全部基督教义,可以很容易为所有人的天赋能力所了解"(175)。

列奥·斯特劳斯(Leo Strauss)在斯宾诺莎的圣经批判中看出了"神学—政治问题"(the theologico-political problem)。按照《斯坦福哲学百科》中的解释,"这主要是关于权威的问题:政治权威的基础是启示还是理性的要求,耶路撒冷还是雅典? 通过如此特别的提问方式,列奥·斯特劳斯从新近的问题深入到西方政治对政治权威的本性、范围和正当性进行反思的历史。君主制的权威来自神权吗? 上帝把发动战争以达到宗教目的的权威委托给国王和皇帝等世俗统治者吗? 世俗统治者有压制异端的权威吗? 违背上帝权威的国家如何保持其权威? 自然法的权威归根到底建立在神权的基础上吗? 诸如此类的问题激发着中世纪和现代哲学家的很多讨论"[1]。

从文本分析,斯宾诺莎的确把神学—政治问题当作亟待解决的神学和政治共同的问题,但不像列奥·斯特劳斯和其他现代学者以那样的方式提出和解决问题。斯宾诺莎所谓的神学问题指的是:宗教迷信如何使人不幸? 斯宾诺莎说:"我所谓的命运是指由外界不能预知的方法,以指导人生的上帝的天命而言"(53),而不幸的根源是"完全出于强烈情绪的变迁,而不是来自理智"的迷信,迷信出于恐惧和想象,"为希望、憎恨、愤怒与欺骗所维系"(10)。迷信的人对于"任何可惊可愕之事,都认为是神或上帝愤怒所致,以为迷信就是宗教的信仰,认为不用祷告或祭祀以避灾就不算虔诚。在他们的想象中总有这类的预兆或可以惊怪的事出现。好像自然也和他们一样的癫狂"(9)。教会的专横、腐败和解释《圣经》的错误学说增加了迷信和不幸。他尖锐地批判说:

---

1 Chris Eberle and Terence Cuneo, "Religion and Political Theory", in *The Stanford Encyclopedia of Philosophy* (Winter 2012 Edition), Edward N. Zalta (ed.).

每一教堂变成了戏院,雄辩家而不是传道师在里面高声演说,其意不在教诲公众,而在力图招人崇拜敬服,使与自己敌对者为公众所鄙弃。……这种情形当然会引起不少的争论、嫉妒与憎恨。任凭经过多久,也无法和解。无怪旧日的宗教只剩了外表的仪式(连这些仪式,在大众的嘴里,也好像是神的阿谀,而不是神的崇拜)。信仰已经变为轻信与偏见的混合。(12—13)

斯宾诺莎关心政治问题,缘由是迷信"总是为大众所深喜的"。于是,一方面,"自来轻躁没有定见可以招致可怕的战争与革命……对乱民最有左右力量的是迷信";另一方面,"专制政治的秘诀主要是欺骗人民,用宗教的美丽的外衣来套在用以压倒民众的畏惧的外面,这样人民既可英勇地为安全而战,也可英勇地为奴隶制度而战。为一个暴君的虚荣不惜牺牲性命,不但不以为耻,反倒引为无上的光"(11)。

神学—政治问题如何解决呢? 斯宾诺莎认为,普通民众的拯救不取决于理性,而取决于对圣经的服从:"只有启示告诉我们由于上帝的恩惠,顺从是得救的道路,上帝的恩惠是理智所达不到的。"(211)因此,《神学政治论》不是"秘传",没有故意制造矛盾让普通民众看不懂。斯宾诺莎既不对哲学家也不对普通民众说话,他为教士和神学家写作,为他们提供《圣经》宗教的新指南。因为他们对迷信的大众有影响力,可以制止大众对《圣经》的错误解释。

斯宾诺莎的圣经解释的目的是正确理解国家的本质。他说:

希伯来国之为上帝所选定不是由于这个国家的智慧和心的镇静,而是由于其社会组织和好运获得了优胜权,维持了很多年。这从《圣经》中可以看得十分清楚。(54)

这里蕴含正反两方面的教诲:第一,人们不必从《旧约》中学习关于智慧和心灵的道理;第二,应从中学习以色列人优越的社会组织。

由于人们通常理解《圣经》的方式与《圣经》教诲恰恰相反,斯宾诺莎用了大部分篇幅(前15章)破除人们对《圣经》记载的先知灵感和启示的迷信,只用五章的篇幅(第16—20章)通过《圣经》诠释来阐述他的社会契约论。篇幅的简约并不能表示内容的次要,这章组成了斯宾诺莎政治哲学的主体。

二、————————————————————————————————

《圣经》蕴含的社会契约论

斯宾诺莎的政治哲学以《圣经》为基础，但他不用哲学的方法解释《圣经》，因为"圣经只传授容易为一切人所理解的真理；不是从定义与演绎推理出它的结论，而是把主张很简单地加以陈述"（187）。其实，斯宾诺莎的"陈述"一点也不简单明了，甚至比他在《伦理学》中的"定义与演绎推理"更为复杂和难以理解。他对《圣经》的正面阐述预设了社会契约论的基本概念和问题，以及他本人对《圣经》进行批评考察所得到的政治后果。第16—20章陈述的政治哲学道理是，《旧约》记载的以色列人的政治是社会契约论的历史例证、样板和当代启示。

斯宾诺莎的社会契约论说明国家的基础和个人自然的和公民权利，"而不在意宗教"（ad religionem nondum attendentes）。斯宾诺莎的结论接近于霍布斯，但论证过程大相径庭。

斯宾诺莎认为自然法是"天然的权利与法令"，"自然之力就是上帝之力"，而"自然之力不过是自然中个别成分之力的集合，所以每个个体有最高之权为其所能为"（212）。就是说，"有极大之权行其欲望之所命，或依欲望的律法的规定以生活。这与保罗的教旨完全是一回事"（213）。保罗的原话是"没有律法，罪是死的。我以前没有律法，是活的；但是诫命来到，罪又活了，我就死了"（罗马书 7:8—9）。保罗所说的"律法"和"诫命"指摩西律法。斯宾诺莎把保罗的话解释为："在律法以前，那就是说，若是人生活于自然的统治之下，就无所谓罪恶。"（213）"无所谓罪恶"的意思是不被裁决的罪恶，而不是没有害处。相反，那是霍布斯所描述的"每一个人对每一个人的战争"，用斯宾诺莎的话说：

> 个人（就其受天性左右而言）凡认为于其身用的，无论其为理智所指引，或为情欲所驱动，他有绝大之权尽其可能以求之，以为己用，或用武力，或用狡黠，或用吁求，或用其他方法。因此之故，凡阻碍达到其目的者，他都可以视之为他的敌人。（213）

与霍布斯不同，斯宾诺莎不相信自然法可以阻碍人们相互伤害，促使他们谋求和平。他说："人类生来即有之权与受制于自然之律令(大多数人的生活为其所左右)，其所禁止者只是一些无人欲求和无人所能获得之物，并不禁绝争斗、怨恨、愤怒、欺骗，着实说来，凡欲望所指示的任何方法都不禁绝。"(213)

霍布斯认作第一自然法的"寻求和平"(98)，在斯宾诺莎看来是应用"人性的一条普遍规律"(214)，即"两力相权取其大，两害相权取其轻"(215)所产生的一个结果。但是利害的正确权衡是理智的抉择，而这是受自然权利和法则支配的人所不能做到的。斯宾诺莎说明了两点理由：

> 人人都是生而愚昧的，在学会了正当做人和养成了道德的习惯之前，他们大部分的生活，即使他们教养好，也已消磨掉了。(213)

> 契约之有效完全在于其实用，除却实用，契约就归无效。因此之故，要一个人永远对我们守信，那是很笨的，除非我们也竭力以使我们所订的契约之违反于违反者害多于利。(215—216)

斯宾诺莎看到霍布斯理论的两个缺点：第一，按照自然法行事需要运用理智，如果自然人具有运用理智的能力，他们一开始就生活在和平互助的状态中，那就不需要先设定一个自然状态了；第二，即使承认人有天赋理智，可以按照天赋能力订立社会契约，他们的目的是公民的自由。斯宾诺莎说："最自由的国家是其法律建筑在理智之上，这样国中每一个分子才能自由，如果他希求自由，就是说，完全听从理智的指导。"(218)而社会契约又要求每一个个人把自己全部的天赋自由转交给一个主权者，"除统治权所认许的权利以外，不承认任何其他权利"(218)。问题是，绝对统治权与每一个公民所期待的自由权是一对矛盾，在一些人或一些时候得不到预期回报的条件下，如何指望公民服从绝对统治权？面对这两个问题，我们才可理解斯宾诺莎基于旧约历史所要解决的"神学—政治问题"。

关于自然状态的存在，斯宾诺莎说："天然的状态，在性质与时间两方面，都先于宗教。……我们必须把天然的状态看成是既无宗教也无律法的。"(222—223)斯宾诺莎得出结论：

> 我们必须完全承认，神的律法与权利是人用明白的契约同意无论什么事

情都听从上帝的时候发生的。并且，用比喻来说，人把天赋的自由让出来，把他们的权利转付给上帝。(223)

最早的政治是神权政治，最高的主权者是上帝，而不是任何世俗君主。第16章结尾引用了《旧约》的两段记载说明：

> 如果统治者是异教徒，我们或是不应该与之订立契约，宁可把我们的生命交出来，也不把我们的权利转交于他；或是，如果订立了契约，把权利转交了，我们应该有遵守不失信的义务。(225)

信徒"不把权利交出来"的例证是天主教圣经《马加比传上》5：14—31记载的以利亚撒拒绝服从希腊国王安提阿哥的命令而殉道的故事。信徒把权利交给异教徒统治者的例证是《但以理书》第3章记载，被掳到巴比伦的犹太人只有三个青年拒绝服从尼布甲尼撒的故事。斯宾诺莎解释说，只有这三个青年确知会有上帝的帮助，因而不服从，而其余的犹太人服从则是因为异教国王的统治是"由于上帝的意图"(225)。

三、

《旧约》中的民主政治

在第17章，斯宾诺莎明确地把旧约的先知作者记载的摩西律法解释为以色列人在走出自然状态后与上帝订立的契约。他依据《出埃及记》说，脱离了埃及人的奴役之后，以色列人不受任何契约的约束，"他们处于天然的状态，他们听从了摩西的劝告。他们所信赖的人主要是摩西。他们决定把权利不交给任何别人，只交给上帝"(231)。斯宾诺莎说，按照摩西律法：

> 只有上帝对希伯来人有统治之权。他们的国家是凭借名为上帝的王国这个契约的。上帝说是他们的国王……民政权与宗教权都是完全由服从上帝而成的，两者完全是一回事。(231—232)

但斯宾诺莎说,摩西律法只是"用比喻来说"的先知表达方式,以色列人名义上把所有统治权都交给上帝。他说:"事实上,希伯来人把统治之权完全操在他们自己之手。"(232)首先,上帝的统治是人人都必须无条件服从的威慑力量,"所有的人都是一样地受契约的拘束"。而且,人人在上帝面前平等,"大家都有均等的权利向神请示,接受与解释他的律法,所以大家对于政府都有一份,完全没有分别"(323)。

在斯宾诺莎看来,以色列人早期建立的神权政治实际上是民主制度,"因为希伯来人没有把他们的权利交付给任何别人,而是像在民主国家似的把他们的权利都均等地交出来"(323)。摩西是神权政治的最高统治者,"他们把请示上帝与解释他的命令之权绝对地交付于摩西"(233)。但摩西不是具有绝对权力的君主,相反,他的权力受他的哥哥亚伦及其子孙世袭的祭司们、十二支派各自推选的指挥官,以及支派成员平等的公民权的制约。而且,最高统治者在摩西死后是推选出来的。斯宾诺莎如此解释以色列人的神权政治:

> 对于他们的上帝和宗教来说,他们同是公民;但是,就一个人对另一个人所有权利而言,他们只是联合到一起的。事实上,他们很像荷兰合众国。(237)

斯宾诺莎指出以色列人神权政治和当时最民主的荷兰联邦的相似性,可以弥补上述霍布斯政治设计中的漏洞,即绝对统治权与每一个公民所期待的自由权之间的矛盾。斯宾诺莎在《书信集》第 50 封信中表示:

> 关于您问的,我的政治学说和霍布斯的政治学说有何差别,我可以回答如下:我永远要让自然权利不受侵犯,因而国家统治臣民的主权只有与它超出臣民权力的比例大小相适应的权利(中译本译作"与它超出臣民的力量相适应的权利"),此外对臣民没有更多的权利。这就是自然状态里常有的情况。[1]

斯宾诺莎认为,无论在自然状态还是在国家中,个人的自然权利都是不可剥

---

1 《斯宾诺莎书信集》,商务印书馆 2016 年版,第 227 页。

夺的,只是因为自然状态与不受约束的自然权利相互为害,人们才同意把或多或少的权利转让给国家行使。但国家由此获得的权力不是绝对的,如同上帝那样。国家的权力越大,意味着每个人交付国家的自然权利越多,那么受国家保护的公民权利也就越多。这就是斯宾诺莎所说的转让与拥有的"比例"。虽然斯宾诺莎和霍布斯一样,用摩西律法作为世俗主权的历史样板,但霍布斯把这个历史样板解释为绝对王权的前身或预兆,而斯宾诺莎则把以色列早期社会解释为各支派的联邦,如同荷兰共和国的榜样。两者的分歧蕴含着近代政治哲学中绝对主义和共和主义的不同取向。但两种取向当时不明显,霍布斯没有否认在不违反国家法律的情况下公民享有的自由权利,斯宾诺莎承认国家的绝对主权。斯宾诺莎比霍布斯更加强调公民对国家主权的参与。他认为公民仍然享有自然状态的那些权利,与他们积极地认识和主动参与他们所认可的国家主权所能分享的自由权,存在着几何学的比例关系。这个政治哲学原理,与《伦理学》中通过理智所证明的神是必然的整体,而个人心灵的自由是对必然的认识的原理,可谓殊途同归。

斯宾诺莎对以色列人王国教训所作的总结,可从反面表明他对神权政治和民主政治联系的正面评价。第18章说明,自从以色列人放弃神权政治而采用君主制之后,君主的世袭和集权企图取代了神权政治的权威,却造成最高统治权的分裂和内战。国王出于好大喜功的私欲而发动战争,祭司乘乱篡夺王位,自称先知的人肆意损害国王权威,人民习惯于君主制,即使在祭司和先知煽动下弑乱,也不过是改朝换代,用一个暴君代替另一个,"人民为国家的利益一事无成"(257)。一方面最高统治权丧失了神权的完整权威,分裂为国王的政治专制和祭司的思想专制;另一方面对神虔敬的人民堕落为专制下的愚民,他们原先享有的平等和自由的公民权也丧失殆尽,神权政治于是和民主政治同归于尽。

斯宾诺莎所作的概述基本符合圣经《列王纪》《历代志》中记载的以色列人两个王国的历史。他说:

> 我们可以断定,《圣经》所教的神律传到我们现在是没有讹误的。除此以外,有几件事实我们可以确信是忠实地传下来的。例如,希伯来史里主要的事情,这些事情是任何人都很熟悉的。

他还确定"凡是伪造或错误之处只能是与细目有关的"(186)。斯宾诺莎从旧约中确定的摩西开始的以色列人的政治制度和沿革是真实可靠的,而他在其中考证的"伪造或错误之处"只是"细目",不影响他依据"希伯来史里主要的事情"所总结出的道德政治学说。

斯宾诺莎肯定以色列早期政治制度的目的并不是为了复古改制,用他的话来说,"虽然我们心目中的希伯来人的联邦可以永久延续,现在却无法对此联邦加以模仿,而且如此去做也是不合适的"(250)。但他认为学习这个制度的优点及其瓦解失败的教训是有益处的。第19章根据神权政治的优点和失败教训提出执掌统治权的人有裁决宗教问题之权,并说"有些人要把世俗之权与宗教权分开"的主张"毫无价值,不值一驳"(264)。第20章根据以色列人自由"联邦"的优点和失败教训,提出每个人的宗教自由和思想言论自由是"不能割让的天赋之权"(270)。就是说,在当时的历史条件下,斯宾诺莎只是把公民积极参与国家权力的自由权归结为宗教和思想言论的自由。在此意义上,路易斯·弗尔把斯宾诺莎的社会契约论定性为自由主义的一个来源,但他也承认,斯宾诺莎的政治哲学和现代自由主义不同。他说,斯宾诺莎在当时条件下没有选择,只能"否定政教分离的学说,使国家有驾驭宗教一切事务的主权。今天的自由主义使政教分离成为关键原则。但在斯宾诺莎时代,在社会组织处于暴力冲突之中时,多元妥协的观念是不可想象的"[1]。我们在文本诠释中已经证明,斯宾诺莎和霍布斯一样,他们的思想虽然标志近代政治哲学的开端,但思想基础不是后来才出现的民主政治和自由主义,而是经过批判吸收的圣经神权政治。具有民主政治的哲学直到宗教改革后期的洛克那里才见端倪。

---

1 Lewis Feuer,*Spinoza and the Rise of Liberalism*,Boston,Beacon Press 1958,p. 98.

第十五讲

洛克的《政府论》

对洛克的政治哲学,现在研究者众说纷纭,但大家都不能否认的事实是,洛克政治哲学是 1688 年"光荣革命"的理论总结。正如《政府论》"序言"开始便说,这本论著的"命运"(fate)是,全书

> 本该填补的中间环节(should have filled up the middle),但现在已经不必告知读者了。这是因为:"这些完成的部分,我希望充分表明我们伟大复兴者威廉国王王位所作的人民一致赞同的承诺,即在所有合法政府中,只有他才是更完全明显的基督教王国的君主;并向世界证明,英国人民在奴隶制的毁灭即将来临的时刻,用决断保存了他们热爱的正义和自然权利,拯救了国家。"[1]

这一段阐明了《政府论》的历史意义在于,它向世界表明,在宗教改革中产生的所有合法的基督教王国中,只有英国政府充分代表人民的"正义和自然权利"。在此意义上,我们把"光荣革命"当作从 1517 年路德发动的宗教改革运动的"终结"(Ausgang),或者说"出路"。不难看出,宗教改革运动的"出路"是 18 世纪的启蒙运动。

如果把洛克的政治哲学看作从宗教改革向启蒙运动过渡的一条道路,那么可

---

1 中译本没有这段"序言",现根据英文原文翻译。英文:"These, which remain, I hope are sufficient to establish the throne of our great restorer, our present King William; to make good his title, in the consent of the people, which being the only one of all lawful governments, he has more fully and clearly, than any prince in Christendom; and to justify to the world the people of England, whose love of their just and natural rights, with their resolution to preserve them, saved the nation when it was on the very brink of slavery and ruin."

以理解当代研究者分歧的关键所在。从启蒙思想的角度看,洛克现在被视为西方民主制度和自由主义的开创者,但他的自由主义与当代自由主义不可同日而语,因此,即使在自由主义阵营内部也没有一个相一致的说法。从新教神学的角度看,洛克政治哲学的意涵与神学家没有直接联系,或者说,没有"神学—政治"问题的导向;而他的圣经诠释比霍布斯和斯宾诺莎更加趋于基督教自身的"合理性",而不是政治哲学的立论基础。这两个角度相互交叉,以及各个角度看法的不同,造成洛克哲学研究错综复杂的格局。

一、

谁应当拥有权力?

罗伯特·弗尔克纳(Robert Faulkner)在《自由主义的序言:洛克〈政府论〉上篇和圣经》一文中说,《政府论》上篇被研究者普遍低估了。他说:"上篇对洛克的自由主义比通常相信的要重要很多,它不但是他论宽容和基督教著作的前提条件,那些著作提倡服从公民政府原则和公民利益的自由宗教;而且是下篇的前提条件。"[1]我们赞同这个见识。但他在详尽考察上篇的意义后得出结论说,在上篇中,"菲尔麦的'基础'被'发觉'和'颠覆',如同副标题所说;圣经的上帝是基础,它要求的是胜利,而不是批驳",但下篇"似乎是按照推理新的标准进行的社会政治研究",《政府论》这篇"论文似乎致力于一个人为的体系,满足人的必需,削弱人对一个神圣护理者的热望"[2]。这个结论与作者开始宣称的上篇是下篇"前提条件"的结论不符合:如果洛克认为"神圣护理者是圣经的上帝"是前提,那么文章作者认为《政府论》全篇似乎削弱了上帝的结论如何能成立呢?

的确,《政府论》的上篇和下篇不能简单地被当作反驳和论证两个部分,全书旨在解决同一个问题,这就是:

1　Robert Faulkner,"Preface to Liberalism:Locke's 'First Treatise' and the Bible",in *The Review of Politics*,2005,67(3),p. 451.

2　同上书,第472页。

　　　　从古到今，为患于人类、给人类带来城市破坏、国家人口绝灭以及世界和
　　平被破坏等绝大部分灾祸的重大问题，不在于世界上有没有权力存在，也不
　　在于权力是从什么地方来的，而是谁应当具有权力的问题。

　　　　如果这一点还有争论的余地，其余一切便没有什么意义了。（上89）[1]

　　我们看到，霍布斯和斯宾诺莎都在上帝是最高主权者的圣经前提下论证国家
主权者负责保护人的权利，为此也要管辖教会的权利。但是，洛克虽然也诉诸圣
经权威，却不能沿用霍布斯和斯宾诺莎的圣经解释。洛克面临和要解决的"谁应
当具有权力"的问题，已不是教权还是王权的问题，而是王权自身的合法性问题。

　　霍布斯和斯宾诺莎把上帝当作最高主权者，主张王权按照自然法来自上帝的
主权，洛克也接受这样的主张。按照英国宗教改革通过的"至尊法案"，英国国王
是教会首脑或"管理者"，洛克在早期《自然法论文集》中写道：

　　　　因为关乎神圣启示的确定的知识仍未为大多数人所把握，除了自然法，
　　他们没有其他既神圣且本身兼有约束力的法则。因此，如果废除自然法，也
　　就同时将整个国家、一切权威、规则和友谊从人类当中根除了。因为我们不
　　应当只是出于恐惧而效忠君主……而应出于良心去服从君主，因为他拥有对
　　我们发号施令的正当权利。[2]

　　但是，时局变了。英王詹姆士二世积极复辟天主教统治，一切坚持宗教改革
的派别和力量希望詹姆士二世死后的合法王位继承人是他的女婿——新教徒荷
兰王子威廉。但1687年詹姆士二世的儿子出生，英国宗教改革斗争的焦点转向
国王的儿子是否有权统治的问题。洛克的对手菲尔麦爵士是国教"高教会"和国
会保皇党，为了剥夺安立甘宗和加尔文宗反对派的抗议权利，他别出心裁地从《创
世记》中引申出亚当及其子孙的父权是神授统治权，因此可证在当时条件下英王
合法继承人是儿子而不是女婿。

　　霍布斯和斯宾诺莎的圣经解释都把摩西律法作为自然法的样板，洛克为了反
驳菲尔麦，也将圣经解释的起点放在《创世记》。洛克和菲尔麦争论的焦点是《创

1　本讲洛克引文后括号中的数字系《政府论》上下篇（商务出版社1997年版）的页码。
2　洛克：《自然法论文集》，商务印书馆2014年版，第53—54页。

始记》中上帝造人时的一段话："神就赐福给他们，又对他们说：'要生养众多，遍满地面，治理这地；也要管理海里的鱼、空中的鸟，和地上各样行动的活物。'"（1：28）菲尔麦解释说，"因此亚当就成为全世界的所有者"（上 21）。洛克用严谨的逻辑和周密的分析说明圣经中这句话和其他话语都没有世界和国家的统治权起源于亚当父权的意思，针对"亚当父权制"进行层层递进的四个反驳，正如他在下卷开始总结的那样：

> 第一，亚当并不是基于父亲身份的自然权利或上帝的明白赐予，享有对于他的儿女的那种权威或对于新世界的统辖权，这正像有人所主张的一样。
>
> 第二，即使他享有这种权力，他的继承人并没有权利享有这种权力。
>
> 第三，他的继承人们即使享有这种权力，但是由于没有自然法，也没有上帝的成文法，来确定在任何场合谁是合法继承人，就无从确定继承权，因而也就无从确定统治权应该由谁来掌握。
>
> 第四，即使这也已被确定，但是谁是亚当的长房后嗣，早已绝对无从查考，这就使人类各种族和世界上各家族之中，不可能有哪一个家族比别的更能自称是最长的嫡裔，而享有继承的权利。（下 1）

洛克对圣经的解释在逻辑和结论上都无懈可击。现代读者可能会认为洛克不值得为反驳如此愚蠢的言论而花费笔墨；或以为洛克和菲尔麦的论战只局限于当时英王王位继承的问题，现在已无实际政治意义。我们应看到，《政府论》上篇的圣经诠释不只是针对菲尔麦的驳论，还有一些肯定性的结论，这些结论为下篇关于自然状态、财产权和社会契约等论述提供了必要的铺垫和前提。

洛克把上帝对亚当和挪亚（《创世记》，9：2）等人的祝福看作普及人类的恩惠。他说：

> 既然上帝吩咐人类生育繁衍，他自己就应该给予全体人类以一种利用食物、衣服和其它生活必需品的权利——这些东西的原料上帝已为他们作了那样丰富的供应——而不应该使他们的生存从属于一个人的意志。（上 35）

人不仅不受任何人的奴役，"人类确实具有一种'天赋的自由'。这是因为一切具有同样的共同天性、能力和力量的人从本性上说都是生而平等的,都应该享受共同的权利和特权"(上57)。上帝赐福人类的意义使得洛克得以把普遍恩惠作为人类生存、平等、和平的条件。他说:

> 既然人们都是全能和无限智慧的创世主的创造物,既然都是唯一的最高主宰的仆人,奉他的命令来到这个世界,从事于他的事务,他们就是他的财产,是他的创造物,他要他们存在多久就存在多久,而不由他们彼此之间作主;我们既赋有同样的能力,在同一自然社会内共享一切,就不能设想我们之间有任何从属关系,可使我们有权彼此毁灭。(下6)

按照洛克的解释,人类状态的丰裕、平等、生存、和平,都得益于上帝的赐福。或者说,"上帝是人类护理者"是人类生存的前提条件。这个解释可以说是"标准的基督教信仰",尤其是加尔文天命观的一部分。加尔文虽然强调人性败坏和堕落,以及拯救的预定,但同样援引圣经,肯定上帝护理世界和人类恩典。加尔文说:

> 属血气之人只相信神起初赐予万物的生机,足以支持它们后存。但有信心的人应当更深入地思想,神不但是万物的造物主,也是永恒的掌管者和护理者,他不但驱使宇宙及其各部分的运转,也扶持、滋润和保护他所创造的一切……每一个真正相信宇宙是神所造的人,同时也应该相信神护理他自己的造物。[1]

洛克对自然状况的解释与加尔文的普遍恩典论显然相一致,这也是洛克与霍布斯和斯宾诺莎不一样之处。

在《政府论》上篇中,洛克用圣经历史说明以色列社会实行父系世袭君主制,只不过并非菲尔麦所谓的"亚当后裔传承制"。洛克在上篇的结尾处说:

> 我们已经看到了当时建立的"父权政府的直系继承权"是什么。我现在只要考虑一下这种情况经历了多久,那就是到他们被因为止,大约有五百年;从那时起到六百多年之后被罗马人灭亡这个时期中,这个古老而首要的"父

---

[1] 加尔文:《基督教教义》上册,基督教文化出版社1991年版,1.16.1。

权政府的直系继承"再一次失去,此后在没有这种权力的情况下,他们仍旧是在上帝赐予的土地上的一个民族;可见,在他们作为上帝的特选民族的1750年之中,他们保有世袭君主政府的不到三分之一时间。然而在这一段时期里,没有一刻有"父权政府的痕迹,也没有重新建立这古老而首要的对父权政府的直系继承权"的迹象。(上137)

在《政府论》下篇中,在用社会契约说明了国家的起源之后,洛克回过头来解释了以色列人代表的人类早期社会为什么实行父权世袭君主制的自然原因。他说,第一种情况是由于父亲和子女、丈夫和妻子在家庭地位的不平等而沿袭了父权制:

> 父亲是管理家庭的权威,一个国家事实上是由一个家庭成长起来的,父亲的权威由长子承袭下去,在这个权威下长大的每个人默认地对他服从,而这种统治的顺利和平等并不妨害别人,每个人都老老实实地表示同意,以后它的确立事实上已经过了一段时间的考验,并以法律的形式确定了承继的权利。(下68—69)

另一种情况是,几个家族"因偶然的机缘"联合起来形成一个国家,为了抵御外敌,把权力交给"一位能干的将军"而生存下来。(下69)

由于自然原因,"国家的最初创始者们通常把统治权放在一个人的手里",但是,"无论是哪一种情况使当初统治权属于一人,可以肯定地说,它之所以交付给某一个人,只是为了大众的福利和安全";"假如没有这种保姆式的父亲关心和审慎安排公共福利,一切政府都会因为它们幼年时代的孱弱而消亡,而君主和人民很快就会同归于尽。"(下69)

在人类的这个"黄金时代","在统治者和人民之间不发生关于统治者或政府问题的斗争",而在此之后,"虚荣的野心、恶劣的占有欲和歪风邪念腐蚀人心,使权力和荣誉的真正意义被曲解";更为恶劣的是,

> 统治者想要保持和扩大其权力,不去做人们最初授权给他时要他办的事情,加之谄媚逢迎使君主认为具有与其人民截然不同的利益,于是人们发觉有必要更加审慎地考察政权的起源和权利,并找到一些办法来限制专横和防

止滥用权力。（下 69—70）

洛克通过历史回顾说明，《政府论》旨在解决的"谁应当具有权力"的问题，不是为了应付当前英王继承权的争论，而是要解决人类政治的根本问题。这个问题在《创世记》中已经提出，但是人类离原初状况越是久远，这个问题越是重大和迫切。

二、

自然法和自然权利

洛克与霍布斯、斯宾诺莎一样，认为《圣经》记载的历史是自然法的样板。但洛克对圣经记载的以色列人历史的考察，目的不是要证明君主主权来自上帝，而是说明一个社会的管理权来自社会成员，世袭君主制只是早期社会由一个权威者代行的管理权。为了回答"谁应当具有权力"的问题，洛克建构了与霍布斯和斯宾诺莎不同的社会契约论。

洛克与霍布斯的相同和不同，首先表现在"自然状态"这个理论建构的起点上。我们看到，霍布斯对自然状态的名言是"人对人是狼"的战争状态。斯宾诺莎虽然没有如此悲观，但也说自然状态是自然法尚不起作用的天然状态。洛克则认为，自然状态是亚当走出伊甸园，但他的后裔享受上帝赐予的丰裕、平等、生存、和平的护理的恩惠状态。洛克把上帝赐予的这些恩惠概括为每个人的自然权利。他说：

> 人们既然生来就享有完全自由的权利，并和世界上其他任何人或许多人相等，不受控制地享有自然法的一切权利和利益，那么他就自然享有一种权力，不但可以保有他的所有物——他的生命、自由与财产——不受其他任何人的损害和侵犯生命、自由和财产权。（下 52）

洛克认为，人在自然状态已经服从自然法而享有"生命、自由和财产权"，这是他立论的基础。

洛克和霍布斯都承认人的能力和欲望是平等的。从此前提出发,霍布斯推断,出于自保和恐惧的心理,人会先发制人地发动制服他人的战争。而洛克则推断:

> 在自然状态中,人人都有处死一个杀人犯的权力,从而以杀一儆百来制止他人造成同样无法补偿的损害行为,同时也是为了保障人们不再受罪犯的侵犯,这个罪犯既已绝灭理性——上帝赐给人类的共同准则——以他对另一个人所施加的不义暴力和残杀而向全人类宣战,因而可以当作狮子或老虎加以消灭,当作人类不能与之共处和不能有安全保障的一种野兽来加以毁灭。"谁使人流血的,人亦必使他流血",这一重要的自然法就是以上述的情况为根据的。(上5)

洛克的理由是人的自然状态的平等地位,"因为,根据自然在完全平等的状态中,没有人享有高于别人的权利或对于别人享有管辖权"(上5)。

> 因此,如果我要求与我具有共同本性的人们尽量爱我,我便会负有一种自然的义务对他们充分地具有相同的爱心。从我们和与我们相同的他们之间的平等关系上,自然理性引申出了若干人所共知的、指导生活的规则和教义。(上4)

自然状态是自由状态,但自由不等于任意,人人遵守自然法。虽然偶有企图发动战争的侵犯者,但人凭自身可以合法地将其制服和排除。洛克批评霍布斯把自然状态与战争状态混为一谈,他说两者的"明显区别","正像和平、善意、互助和安全的状态与敌对、恶意、暴力和互相残杀的状态之间的区别那样迥然不同"(上12—13)。

洛克认为人在自然状态中服从自然法,但"服从"的前提是"知道"。斯宾诺莎认为自然状态中的人有欲望而无理性,因此不能认识自然法。洛克凭什么认为他们能认识自然法呢?《政府论》没有正面回答这个问题,但这是洛克终生思考的问题,他的其他著作中有周全的答案。

洛克在《自然法文集》中提出了"自然法能依凭自然之光被认识吗"的问题,答案是肯定的。"自然之光"即"自然赋予的那些能力",它是"自然赐予的礼物和某种与生俱来的特殊恩典"[1]。洛克说,运用这个能力获得的知识可分为四类:天赋知识、传统和感觉经验,此外还有"超自然的、天启的知识"。洛克与斯宾诺莎不同,否认自然法的知识是天赋的知识或从传统习得的。洛克肯定人"通过本性来认识"自然法,而人的本性是感觉经验和理性。感觉经验是自然法知识的来源,"通过感官感知的这些事物,然后人类那特有的理性和演绎论证能力得出并确立起为自身认可的结论:所有这些事物的缔造者是神"[2]。神不仅是感知外物的创造者,也是"以正义的和无法抗拒的命令支配我们的上帝",我们可以反省内心兴高采烈或失魂落魄、悲伤或愉快、痛苦或快乐、幸福或悲惨的情感,"沿着感官认知所展现的路径,理性能引导我们发现某个立法者的知识或我们必须服从的更高权力的知识"[3]。《自然法文集》没有讨论自然法知识与超自然和天启知识的关系。在《人类理智论》中,洛克讨论了理性和信仰的相辅相成:

> 启示乃是自然的理性,理性在这里只是为上帝直接传来的一套新发现的扩大,不过这些新发现仍待理性来证实其为真实,就是要借各种证据来证明它们是由上帝来的。[4]

洛克用"眼睛"和"望远镜"比喻理性和启示关系:"人如果取消了理性,而为启示让路,他就要把两者的光亮都熄灭了。他的这种做法正好像一个人劝另一个人把眼睛拔了,以便用望远镜来观察不可见的天体的辽远光亮似的。"[5]

在《基督教的合理性》中,洛克谈到人类理性不足以认识自然法:

> 凭着毋庸置疑的原则和清晰的演绎推理,人类还没有构建出完整的自然法体系。若是把所有哲学家的道德法则收集起来,并和《新约》中的道德原则进行比较,就会发现前者大大逊色于由我们的救主所宣讲并由他的使徒所教导的道德,虽然这一门派的大多数学生都是目不识丁却得到神启的渔夫。[6]

1　洛克:《自然法论文集》,李季璇译,商务印书馆2014年版,第12、13页。
2　同上书,第19、18页。
3　同上书,第31—33页。
4　洛克:《人类理解论》(下册),关文运译,商务印书馆2017年版,第752页。
5　同上。
6　洛克:《基督教的合理性》,王爱菊译,武汉大学出版社2006年版,第134页。

可以说,认识自然法的理性是人人具有的"眼睛",但需要神启的"望远镜"才能知道自然法的普遍约束力。

洛克和霍布斯一样承认国家是自然状态中的人共同同意转让他们的自然权利的产物。但是转让给国家行使的权利有哪些?霍布斯说,转让除去生命权以外的全部权利;洛克却说,生命、自由和财产权这三项自然权利是不可剥夺的,也是不能转让的,转让的只是除了对财产权的判决和执行权。洛克说:"人们联合成为国家和置身于政府之下的重大的、主要的目的,是保护他们的财产"(下77);又说:"政治权力是每个人交给社会的他在自然状态中所有的权利,由社会交给它设置在自身上面的统治者,附以明确的或默许的委托,即规定这种权利应用来为他们谋福利和保护他们的财产。"(下109)

洛克对"自由"自然权利的定义是:"人的自然自由,就是不受人间任何上级权力的约束,不处在任何人的意志或立法权之下,只以自然法为准绳。"在国家中,"除了立法机关根据对它的委托所制定的法律以外,不受意志的管辖或任何法律的约束"(下15)。这句话从肯定和否定两个方面规定了人在国家的自由:肯定地说,"处在政府之下的人们的自由,应有长期有效的规则作为其生活的准绳,这种规则为社会一切成员所共同遵守,并为建立秩序的立法机关所制定";否定地说,这是"不受另一人的反复无常的、事前不知道的和武断的意志的支配"。肯定意义的自由是人的社会权利,洛克强调,否定意义的自由是人不可丧失的自然权利,"如同自由是除了自然法以外不受其他的约束那样"(下15)。

在自然状态中,每个人按照自然法可以处死企图剥夺他的生命或自由的人,洛克说:

> 这种不受绝对的、任意的权力约束的自由,对于每一个人的自我保卫是如此必要和有密切联系,必然导致他不能丧失它,除非连他的自卫手段和生命都一起丧失。(下15)

人在任何情况下都不能丧失自由,如果把自由的自然权利转让给他人,等于把自己的生命置于他人意志的任意支配之下。即使不失去生命,也是"最完全的奴役状况,它不外乎是合法征服者和被征服者之间的战争状态的继续"(下16),

即是为主人服劳役而随时有被主人剥夺生命的危险。

洛克争辩说,即使愿意,人也无权放弃自己的自由权利。他的论证实际上是一个推论:

> 大前提:"谁都不能以协定方式把自己所没有的东西交给另外一个人";
>
> 小前提:"一个人没有创造自己生命的权力";
>
> 结论:"不能用契约或通过同意把自己交由任何人奴役,或置身于别人的绝对的、任意的权力之下,而任其夺去生命"。(下15—16)

从历史上看,以色列人虽然可以出卖自己当奴仆,但按照神的律法,主人在任何时候没有剥夺仆人生命的权力。(下16)

洛克说:"在社会中享有财产权的人们,对于那些根据社会的法律是属于他们的财产,就享有这种权利,而他本人并未同意,任何人无权从他们那里拿去他们的财产或其中的任何一部分。"(下87)财产权之所以不能被国家和法律剥夺,因为这也是一项自然权利。洛克用劳动说明财产权的起源。他说,上帝把世界给予人类共有,"让他们为了生活和便利的最大好处而加以利用",这样就产生了两个后果:一方面,"土地上所有自然生产的果实和它所养活的兽类,既是自然自发地生产的,就都归人类所共有,而没有人对这种处在自然状态中的东西原来就具有排斥其余人类的私人所有权";另一方面,供人类使用的东西"必然要通过某种归拨私用的方式,然后才能对某一个人有用处或有好处"(下18—19)。他接着说明,"某种归拨私用的方式"就是劳动,"劳动在万物之母的自然所已完成的作业上面加上一些东西,这样它们就成为他的私有的权利了"(下19)。一个人加诸自然物的劳动,不管是否改变或在多大程度上改变了自然物的属性,都改变了它们的归属,通过劳动,那些原来人类共同使用的自然物成为归于劳动者的私人占有物,这就是财产权的起源。

洛克的财产权起源解释开创"劳动价值论"之先河。现在人们对它的很多批评,没有考虑到洛克学说的神学背景。首先,按照《圣经》中"不劳动者不得食"的原则,财产权是通过劳动获得的自然权利。其次,洛克认为上帝赐予人类的自然资源足够充沛,人们不至于为了同一劳动对象而起争端,如同"亚当或挪亚的子孙们起初在世界上居住时的情况"或"在美洲内地的空旷地方进行全新的种植",即使现在世界上人满为患,人仍有通过劳动占有自然物而不损及他人的同样广阔空间(下 23)。再次,"上帝厚赐百物给我们享受"(《提摩太前书》,6∶17)是"神的启示所证实的理性之声",据此,上帝赐予的自然物只是"以供我们享用为度。谁能在一件东西败坏之前尽量用它来供生活所需,谁就可以在那个限度内以他的劳动在这件东西上确定他的财产权;一旦超过这个限度就已经不是他的份所应得,就应归他人所有,上帝创造的东西不是供人们糟蹋或败坏的"(下 20)。

但是,货币的发明和使用改变了"每人能利用多少就可以占有多少"的所有权法则(下 23)。洛克说:

> 最初,人们的超过需要的占有欲改变了事物的真实价值,而这种价值便是以事物对人的生活的功用而定的;或者,人们已经同意让一小块不会耗损又不会败坏的黄色金属值一大块肉或一大堆粮食。(下 24)

这段话中的"价值"不等于"事物的真实价值",后者相对于马克思在《资本论》中的"使用价值",而前者是"交换价值"。价值或是以物易物的交换,或是使用贵金属货币的交易。洛克认为,价值主要是货币价值,货币是"一种人们可以保存而不至于损坏的能耐久的东西,他们基于相同意愿,用它来交换真正有用但易于败坏的生活必需品"(下 30)。货币流行使得原始公社共同使用的自然物逐渐变成个人占有的财产。洛克说:

> 通过默许和自愿的同意找到一种方法,使一个人完全可以占有其产量超过他个人消费量的更多的土地,那个方法就是把剩余产品去交换可以收藏而不致损害任何人的金银;这些金属在占有人手中不会损毁或者败坏。人们之所以能够超出社会的范围,不必通过社会契约,而这样把物品分成不平等的私有财产。(下 31)

洛克认为,劳动是财产权的起源,但财产权最初不一定是私有的、不平等的,只是货币的流行造成了私有的财产权。后来卢梭则把人类不平等的起源归结为"谁第一个把一块土地圈起来,硬说'这块土地是我的'并找到一些头脑十分简单的人相信了他所说的话,这个人就是文明社会的真正缔造者"[1]。两相比较,洛克的分析更合理,更接近历史事实。

三、

社会契约和国家制度

对于自然形成的不平等私有财产权,洛克不是要废除,而是承认它是受政府和法律保护的自然权利。为此,他讨论了自然状态向政治社会过渡的真实原因。在自然状态中,由于私有财产权不平等,两个人会声称对某一事物拥有财产权。当纠纷发生时,由于人人有平等的自由,每一个人同时是原告和法官,又是判决的执行人。这种状况会导致混乱和争夺,造成的严重的后果是:非但人们的财产权得不到保障,生命和自由也会受到威胁。

既然财产权纠纷是由于人们在自然状态享有自由和平等的自然权利,却没有公共权力对财产权的判决引起的,那么订立社会契约是避免这一冲突严重后果的唯一途径。既然生命权、财产权和自由权都是不可转让、不可剥夺的自然权利,人们同意转让的只是对有争执的财产权的自行裁决权。

权利的转让意味着权力的放弃。共同同意转让对财产的自行裁决权同时也是对自然状态下拥有的个人权力的放弃,每个人同意放弃两种权力:"第一种权力,即为了保护自己和其余人类而做他认为适当的任何事情的权力,他放弃给社会";此外,"一个人处在自然状态中所具有的另一种权力,是处罚违背自然法的罪行的权力",他也完全放弃了。(下 79)

大家都把这两种权力转让给公共代理人,这个公共代理人的人格就是"独立的社会"(commonwealth),相当于拉丁文 civitas(下 82)。但这个词有歧义。我们可以理解,洛克使用这个词是为了与"主权"相区别。人们(包括霍布斯和斯宾诺莎)都把国家当作主权者。而洛克的社会契约论实际上论证:只有所有同意转让

---

[1] 卢梭:《论人与人之间不平等的起因和基础》,李平沤译,商务印书馆 2015 年版,第 87 页。

权力的人民才是合法的主权者,即合乎自然法的主权者;国家只是执行社会契约的代理人,它行使人民授权它管理他们同意转让的那部分权力,它的权力的运作不是独立的,而始终受人民主权同意或不同意的制约。在此意义上,它不是一般意义上的国家和政府。洛克明确地说:"'Commonwealth'一字,我在本文中前后一贯的意思应被理解为并非指民主制或任何政府形式而言。"(下82)而书中的"国家"既可以是合法的也可以是不合法的 Commonwealth。总之,Commonwealth 这个概念的意义是对全书"谁应当具有权力"的问题的回答。"独立社会"相当于第七章论述的"政治的或公民的社会",它是由人民主权和国家合法拥有的权力共同组成的整体。洛克首先用社会契约论确立了"大多数人自然拥有属于共同体的全部权力",即人民主权,接着在此前提下,回答了国家或政府应当或不应当具有什么权力的问题。

国家的合法性首先指受人民委托制定国家法律。立法权是国家最高权力。按照"谁拥有立法权"的标准,英国是复合政体,即立法权同时属于三种人:

> 第一,一个世袭的享有经常的最高执行权的个人,以及在一定期间内兼有召集和解散其他两者的权力。第二,一个世袭贵族的会议。第三,假设政府的形式是一个由民选的、有一定任期的代表组成的会议。(下136)

一般来说,其他国家的立法权只属于这三者之一,它们分别是"纯粹的"君主制、贵族制和民主制。(下81)

无论立法者是谁,都要服从自然法,因为

> 自然法是所有的人、立法者以及其他人的永恒的规范。他们所制定的用来规范其他人的行动的行为法则,以及他们自己和其他人的行动,都必须符合于自然法,即上帝的意志,而自然法也就是上帝的意志的一种宣告,而且,既然基本的自然法是为了保护人类,凡是违背它的人类的制裁都不会是正确或者有效的。(下85)

按照自然法和成文法的关系,洛克主张立法权和司法权分开:

> 立法或最高权力机关不能揽有权力,以临时的专断命令来进行统治,而

是必须以颁布过的经常有效的法律并由有资格的著名法官来执行司法和判断臣民的权利。因为,既然自然法不成文,除在人们的意识中之外无处可找,假如没有专职的法官,人们由于情欲或利害关系,就会错误地加以引证或应用而不容易承认自己的错误,如果这样的话,自然法便失去了它应有的作用,不能用来决定那些生活在它之下的人们的权利,并保护他们的各种财产。(下 85)

除了立法权,国家还有执行权和对外权。执行权"显然受立法机关的统属并对立法机关负责的,并且立法机关可以随意加以调动和更换"(下 96)。执行权和对外权虽然是两种权力,但"它们很难分开和同时由不同的人所掌握……把国家的力量交给不同的和互不隶属的人们,几乎是不现实的",同时强调"执行权和对外权掌握在可以各自行动的人的手中"(下 93),两者都必须服从立法权。这些论述表明,洛克对国家权力的划分和界定,事实上提出立法权、执行权和司法权分立的主张。

洛克把执行权、对外权和立法权分开的理由主要是针对君主的。纯粹的君主制是君主独揽三种权力的绝对权力;在复合制度中,君主参与立法权,"享有经常的最高执行权",而又有权召集或解散立法机构。

对于纯粹的君主制来说,它是君主专制:

> 每一个专制君主就其统治下的人们来说,也是处在自然状态中。只要有人被认为独揽一切,握有全部立法与执行的权力,那就不存在裁判者;由君主或他的命令所造成的损失或不幸,就无法向公正无私和有权裁判的人提出申诉,通过他的裁决可以期望得到救济与解决。因此,这样一个人,不论是使用什么称号——沙皇、大君或叫什么都可以——与其统治下的一切人,如同和其他的人类一样,都是处在自然状态中。(下 55)

专制君主与人类"处在自然状态中",是在霍布斯的意义上说的,专制君主先发制人地剥夺了人民的自然权利,既不受自然法也不受成文法束缚。专制君主统治下,一方面是不受拘束的绝对权力,另一方面是"被剥夺了裁判或者保卫他的权利的自由"的奴隶,两者处于自然状态,实际上是霍布斯所说的战争状态,但不是

"人对人是狼",而是一个独裁者对人民是狼,"应该被认为是社会和人类的公敌"
(下56)。

针对专制君主有德性气质和纠正人的劣根性的辩护,洛克说:"只要读一下当代或其他任何时代的历史,就会相信适得其反。在美洲森林里横行不法的人,在王位上大概也不会好多少。"(下56)在专制君主统治下,一方面是被剥夺了"裁判或者保卫他的权利的自由","好像他已经从理性动物的共同状态中贬降下去似的","遭受各种灾难与不幸的危险"的人民,另一方面是"又因受人谄谀逢迎以致品德堕落并且掌握着权力的人"。君主对臣民的"慈善"充其量只是"爱他自己"和爱"做苦工的畜生"的好处。(下56—57)

至于以"保护臣民"理由为绝对权力辩护的"学说和宗教"同样荒谬。例如,霍布斯却以为社会契约产生的绝对权力国家是保护社会成员安全的"利维坦"。洛克讽刺霍布斯说,"那不啻说,人们愚蠢到如此地步:他们为了避免野猫或狐狸可能给他们带来的困扰,而甘愿被狮子所吞噬,甚至还把这看作安全"(下57—58)。

洛克说,应当追问的问题应该是如何防止和摆脱君主专制的祸害。在专制制度下,提出如何"可以防止这个专制统治者的暴行和压迫,这个问题本身很难容忍";寻求"怎样可以防御最强有力者之手势必会做出的暴行或者损害,这就立刻成为谋反与叛变的呼声"(下57)。洛克的回答是,以正义的合法的战争结束专制君主与人类的战争状态:

> 他既然抛弃了上帝给予人类作为人与人之间的原则的理性,脱离了使人类联结成为一个团体和社会的共同约束,放弃了理性所启示的和平之路,蛮横地妄图用战争的强力来达到他对另一个人的不义的目的,背离人类而沦为野兽,自己的权利准则就是用野兽的强力,这样他就使自己不免为受害人和会同受害人执行法律的其余人类所毁灭,仿佛其他任何野兽或毒虫一样,因为人类不能和它们共同生活,而且安全在一起时也不能得到保证。因而只有在正义和合法战争中捕获的俘虏才受制于专制权力,这种权力既非起源于契约,也不能签订任何契约,它只是战争状态的继续。(下109—110)

洛克遇到的真正难题是:如何对待篡夺了合法权力的暴君?"合法权力"只是

最初人民同意或默认的国家权力。在这个问题上,洛克与霍布斯不同,霍布斯认为主权者不是与人民订立契约的一方,人民如果反叛,那就是背约,理应受到叛国罪的惩罚。按照洛克的社会契约论,国家统治者是契约的一方,受人民委托获得国家权力,如果未经委托而获得的权力就是篡夺。外来者对一国的征服也是对被征服人民权力的篡夺,是否正义视征服战争及其后果是否正义而定。洛克说:"如果征服可以称为外来的篡夺,那么篡夺就可以说是一种国内的征服,它和前者不同的是,一个篡夺者在他这方面永远都不是正义的。"更有甚者,"就篡夺而言,它只是人事的变更,而不是政府的形式和规章的变更;因为,假如篡夺者扩张他的权力超出本应属于国家的合法君主或统治者的权力范围之外,那就是篡夺加上暴政"(下 126)。

"超出本应属于国家的合法君主或统治者的权力范围之外"的意义是:

> 统治者无论有怎样正当的资格,如果不以法律而以他的意志为准则,假如他的命令和行动不以保护他的人民的财产而以满足他自己的野心、私愤、贪欲和任何其他不正当的情欲为目的就是暴政。(下 127)

这就是说,无论获得权力的手段是篡夺还是合法,使用权力的目的和方式都可以是暴政。在此意义上,洛克说,暴政不是合法的君主制的特有缺点。

> 其他的政体也同君主制一样,会有这种缺点,因为权力之所以授予某些人是为了管理人民和保护他们的财产,一旦被应用于其他目的,以及被利用来使人民贫穷,扰乱他们或使他们屈服于握有权力的人的专横的和不正当的命令之下时,那么不管运用权力的人是一个人还是许多人,就立即成为暴政。(下 129)

洛克提出"君主的命令是可以反抗的吗?"这似乎不成其为问题,他不是已经在第 7、15 章等处明确地论述了推翻专制君主的自然权利吗? 第 18 章是在已经走出自然状态的国家的语境中提出和解决问题的。

问题的复杂性在于,对于最高权力而言,"合法"和"篡夺"没有明晰界限。洛克指出,统治者在合法立法权和执行权之外还有特权:"这种并无法律规定、有时甚至违反法律而按照自由裁处来为公众谋福利的行动的权力,就被称为特权。"

（下103）由于权力要处理大量偶然和突发的事件，特权没有明确界定，只要人民默认即合法。

问题在于，特权又是容易被滥用的。在合法的君主制中，"最贤明善良的君主享有的特权最大"，人民默认他为人民谋利益的一切行动。但是，如果把贤君看作"神一般的君主，根据专制君主制是最好的政体这一论点，应该享有专断的权力，正好像上帝也是用专断权力来统治宇宙一样"，那么"贤君的统治，对于他的人民的权利来说，常常会导致最大的危险"。洛克认为原因在于：

> 如果他们的后继者以不同的思想管理政府，这种先例便会援引贤君的行动，作为他们的特权的标准，好像从前只为人民谋福利而做的事情，在他们就成为他们随心所欲地为害人民的权利，这就会常常引起纷争，有时甚至扰乱公共秩序。（下105—106）

洛克看到的事实是，一切政治特权都倾向于被滥用，正如历史上父权把特权滥用为专制制度，英国历史上的政治特权也是如此。君主个人的德性不能成为扩大特权的理由，因为个别君主的贤良只是暂时的、不可持续的，而君主滥用特权满足自己的野心和贪欲则是一般的常态。洛克说，只有"人民能恢复他们原来的权利，并宣布这从来就不是真正的特权"（下106）。在合法的政治体制中，人民似乎可以诉诸最高立法机构限制和撤销他们先前赋予君主的特权。

问题的复杂性还在于，最高立法机关也不可靠，也可以滥用权力或被专制君主所控制。洛克说："假如执行机关或立法机关在掌握权力后，企图或实行奴役人民或摧残人民，在立法机关和人民之间也不可能有裁判者。在这种场合，就像在世界上没有裁判者的其他一切场合一样，人民没有别的补救办法，只有诉诸上天。"（下107）"上天"即自然法，"一种先于人类一切明文法而存在的并驾乎其上的法律"，按照自然法而不服从统治者的政治权力，是人民"为自己保留有属于一切人类的最后决定权，决定是否有正当理由可以诉诸上天。这种决定权他们是不会放弃的，因为屈身服从另一个人使其有毁灭自己的权利，是超越出人类的权力以外的，并且上帝和自然也从来不许可一个人自暴自弃，以至对自身的保护也忽视了"（下107）。这句话里有几个问题：第一，诉诸自然法的"正当理由"是什么？

第二,如何实施按照自然法作的最后决定呢?

推翻暴君的自然法的"正当理由"是什么? 这个问题可以在第 8 章中找到答案。洛克在那里谈到,社会契约组成的共同体是"大多数人的同意和决定"(下59),还说:"根据自然和理性的法则,大多数具有全体的权力,因此大多数的行为被认为是全体的行为,也当然有决定权了。"(下 60)

现在的研究者普遍反对"大多数人统治",汉娜·皮特金(Hanna Pitkin)质疑:"大多数人难道永远不犯错吗? 洛克为大多数人统治原则提出的证明是什么?"[1]首先需要说明,洛克所说的"大多数人的同意和决定"不是国家权力运转的原则,而是国家合法性的原则和防止国家毁灭的"最后决定权"。大多数人的意见当然可能有错。洛克在《人类理智论》中说,任何人的或然判断都可能有错,但是"说话的人数如果愈多,他们底信用如果愈大,而且他们说谎话亦与他们没有利益,则这回事情便会按着情形或多或少得到人的信仰"[2]。按照这个知识论标准,大多数人在事关他们自由和生命的事情上的意见,比少数统治者或精英的意见更接近于自然法的真理和对上帝的信仰。

面对"人民是愚昧无知的,经常心怀不满的,那么把政府的基础放在人民的不稳定的意见和不确定的情绪之上,将会使政府受到很大程度的破坏"(下 140)的指责,洛克说,大多数人不易改变"他们的旧有组织形式"(下 141),"对于统治者的失政、一些错误的和不适当的法律和人类弱点所造成的一切错误,人民会容忍的,不致反抗或口出怨言的"(下 142);但是,"立法机关只要触犯了社会的基本原则,并因野心、恐惧、愚蠢或腐败,力图使自己掌握或给予任何其他人以一种绝对的权力,来支配人民的生命、权利和产业时"(下 139),大多数人才不得不作出"最后的意见和决定"。

如何实施按照自然法作的最后决定? 洛克说人民在迫不得已时可以用革命推翻暴政,但他强调推翻暴政的革命不是叛乱和骚乱,而是人民"不但享有摆脱暴政的权利,还享有防止暴政的权利"(下 139)。"摆脱暴政"指人民无需服从统治

1　Hanna Pitkin,"Obligation and Consent", in *American Political Science Review*,1966(59),
　　p. 994.
2　洛克:《人类理解论》(下册),关文运译,商务印书馆 2017 年版,第 704 页。

者，"而只有寻找上帝给予人们抵抗强暴的共同庇护"；"防止暴政"指"权力属于人民，人民享有恢复他们本来的自由的权利，并通过建立他们认为合适的新立法机关以求得他们的安全和保障"（下 139）。虽然没有使用"民主制"字眼，洛克所说"防止暴政"建立的新制度，符合他规定的"纯粹的民主政制"的特征，即"大多数人自然拥有属于共同体的全部权力，他们就能随时运用全部权力来为社会制定法律，通过他们自己委派的官吏来执行那些法律"（下 81）。

洛克为人民反抗暴政权力的辩护，可以说认可了加尔文主义者在各国发动的革命行为，但又解决了加尔文的一个理论悖论。加尔文在《基督教要义》最后一章"论政府"中，一方面说，"《圣经》要我们服从邪恶的君王"，"也应当服从不公义的官员"，"既然纠正君王毫不节制的专制是在主的手中，那么我们千万不可以为神将这责任交付我们，因他给我们的唯一吩咐是要顺从和忍受"[1]；另一方面，加尔文又把"约束君主之专制"当作立法会议官员的义务，他说：

> 我不但没有禁止他们照自己的职分反抗君王暴力、放荡的行为，我反而说他们对这些残忍压迫穷困百姓的君主睁一只眼，闭一只眼，这种懦弱的行为简直是邪恶的背叛。[2]

但是，加尔文没有解决的问题是，在专制君主统治下，立法会成员和其他臣民一样，他们有什么权利反抗或限制君王暴力？为什么神交付给所有臣民的义务是无条件地服从君主，而单独把反抗的权利交付给立法会官员呢？

洛克解决了这一悖论，他把不服从暴君和建立新的立法机构的职分都交付给人民，人民"通过建立他们认为合适的新立法机关"来恢复他们失去的自由。反抗暴君是社会契约所保留的自然权利，这是无声的神意——自然法的命令。可以说，洛克的反抗权的学说为人民主权和革命作出的理论辩护，比加尔文本人更彻底、更充分，既是对 16—17 世纪各地加尔文主义者革命行动的理论反思，又是当时英国"光荣革命"和后来美国独立战争的具体体现。

1　加尔文：《基督教教义》，4.20.26，4.20.30，钱曜诚等译，生活·读书·新知三联书店 2010 年版，上册，第 1565 页。
2　同上书，4.20.31。

附录

学位论文写作的学术规范

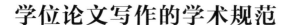

一、

前言

（一）学术规范的意义

学术规范是"学术共同体"约定俗成的常规。20 世纪 60—70 年代,美国科学哲学家库恩提出了"科学共同体"（Scientific Community）的概念。所谓科学共同体即是由有共同的科学信念的人组成的共同体。科学共同体决定了什么是科学的定义,他们的依据也就是科学规范。科学规范决定了什么是常规科学的问题、解决问题的方法和程序等内容。库恩关于"科学共同体"和"常规科学"的思想起先被运用在自然科学和技术领域,后来影响越来越大,被广泛地用于社会科学和人文学科各个领域。哲学也不例外,也有一个"共同体"和"常规"的问题。

（二）哲学与科学的关系

哲学是不是一门科学？从其内容与对象来看,它的确不是一门具体科学。但是就形式而言,哲学又是科学,哲学也必须遵守学术规范。所以,我们不能用科学的对象、内容、方法去约束哲学的创新;同时,我们要注意,哲学的创新必须在学术规范下进行,只有在这一规范下的哲学创新,才能为更多的人所接受,从而扩大它的创新成果的社会影响。

（三）在哲学界（尤其在中国哲学界）建立学术规范的困难

什么是哲学？我说:"哲学是一门在其中人人都可以称为'家'的学科。"这不是定义,也不是调侃,它说明了哲学这门学科缺少专业精神的历史和现状。在哲学界建立学术规范不容易,而在中国哲学界建立学术规范就更加困难了。

传统上,中国哲学思想的表达方式多种多样:格言、语录、杂谈、警句等。而且,在古代的生活社会中,文史哲不分家,没有职业的哲学家。中华人民共和国成立后,全国又掀起了全民性的学习哲学运动,工农兵学哲学、用哲学,好不热闹。当下,一种典型的现象就是文化人和学术人不分,不管学什么的,都敢谈哲学,似乎哲学是人人都懂、无师自通的东西;而学哲学的人也以谈非哲学的东西为荣,似乎越普及、文化市场上越红火的东西就越是哲学的。

（四）学术规范的一个具体要求

学术论文和随笔、杂谈、一般性的文章不同,一切学术性作品在形式上必须有引文、注释、参考文献。没有这些形式,我可以承认它们是一篇不错的文章,是有见解、有思想的作品,但不是学术论文或学术著作。学术论文和专著在质量上当然也是良莠不齐的,但它们在形式上的统一性使它们与其他性质的作品区别开来。

当然,也有不同意见。《中华读书报》前几年对此有过讨论。有人认为,思想在于它的创造性,在形式上花费时间不值得,浪费时间和精力,而且,内容重于形式,整体大于部分,所以,我们没有必要受什么规范的束缚。柏拉图、康德的著作有多少引文、注释,他们还不是伟大的哲学家？为什么我们现在人不可以同样如此呢？

我的意见是:

1. 直到 20 世纪上半期,学术界尤其是哲学界还都不大注重引文、注释、参考文献。可是 70 年代后,面临着"科学共同体"观念、知识大爆炸、知识产权等问题,学术界越来越重视学术规范的形式问题。

2. 古人之所以没有引文、注释上的规范,是由于当时文献少,哲学家都相互了解,没有注明出处的需要,也没有这个意识。也正是因为如此,才给我们今天的研究带来了很大的困难。中文古籍的考证问题很多都与缺少原始出处有关,西方文献的整理、解释,也要做这方面的考证工作。

3. 形式也很重要,与内容不可分。早在亚里士多德那里,他就阐发了形式(form)的重要性。同样,学术规范的形式对于其内容的表达也很重要。例如,一个人在论文中指责另一个学者把《四库全书》的编撰时间都搞错了,但没有交代他是在哪一篇文章或哪一本书中犯这一常识性错误的。当别人问出处时,他说这不重要。但这对那位被批评者来说是很重要的。没有出处,别人有什么理由相信你的批评呢？在这种场合,引文和注释就不仅是一个形式问题了,它直接影响到论文内容的可信度。

二、

学位论文的学术规范

一个"学术人"从一开始就要接受严格的、一丝不苟的学术训练。研究生都要写学位论文。学位论文的一个目的就是要进行学术规范方面的严格训练。学位论文在学术规范上的要求比在期刊上发表的学术论文更严格。本讲将说明关于学位论文的一些学术规范和写作之中应当注意的问题,希望对同学们有所帮助。

（一）选题

选题是论文写作的第一步,对论文题目选择的好坏,直接关系到论文研究的方向、角度,直接关系到论文的成败和质量。在选题时,要考虑到以下要素:

1. 语言。研究一个哲学家必须知道该哲学家原著使用的语言,不能依赖翻译。思想和语言之间的联系比我们想象的更为紧密,翻译往往会曲解原文的概念。因此,做博士论文,如不懂希腊文,就不要选希腊哲学方面的题目;如不懂拉丁文,就不要选中世纪哲学的题目;如不懂德文、法文,就不要做德国哲学和法国哲学方面的题目。硕士论文对语言的要求可以放宽一些,但至少要掌握一门外语。涉及外国资料时,关键的地方不能依赖翻译,再好的中译本也只能作参考,有疑问处要核对原著(至少要核对英文本)。

2. 精力。要考虑到自己的精力,不要在较短的时间内选择宽泛的题目,要小题大做,而非大题小做。诸如《论工作方法》《论人的素质》《论全球化的本质》等大题目,应当避免。

3. 相关知识。哲学涉及各种科学,一些题目要求对论文涉及的相关领域有所了解。如科学哲学的一些题目涉及对理论物理学的了解,社会哲学方面的题目涉及对社会科学的了解,商业伦理学涉及商业方面的专业知识。

4. 时间。我们往往很容易低估了论文写作的时间。不要对初始的写作计划太乐观,从思想到语言的转变过程中,我们的认识会有所改变,工作量会大大增加。比较科学的计算论文的写作时间是:按照最宽裕的打算,然后再加一倍。

5. 资料。在选择论文题目时,我们最好先检查、确认可以利用的图书资料。北大图书馆的查询系统有主题词检索,可用这一手段查询本校图书馆和可以馆际交流的资料,以确定所选题目是否有足够的资料保障。

同学们在选定一个题目后,应与老师讨论题目的弹性(feasibility)。如果写作时发现题目大了,或做下去有困难,可以把题目缩小到什么程度,可以改变到什么程度,事先要心中有数。

一般而言,论文就其选题范围来说可以有三种:(1) 科学批评,这是在对当前学术的反思和批判的基础上,提出自己的新思想;(2) 哲学史研究;(3) 做古典文本的注释性的翻译或新编一个批判版(critical edition)。

每一个领域内都有自己的立足点,也都有自己必须克服的困难。我们要做到以下几点:(1) 要具有丰富的背景知识,包括该学科的历史和现状,关键是提出充分论证的新观点。(2) 如果是对古代哲学的研究,需要保证所用的文献的权威性和完整性;如果是对近现代哲学的研究,要注意哲学家之间因思想相互影响而构成的日趋复杂的思想关系。(3) 要对所翻译或整理的古代文献作出详细的注释和合适的导言,以及批判性评价。

(二) 论文的研究

选题确定之后,我们要开始论文研究工作。在研究过程中,我们需要重视以下几个步骤:

1. 综述。一般说来,我们对论文所涉及的题目需要作一个综述。在综述中,我们要说明关于论文的题目、前人的研究状况(他们提出的问题以及他们论述的观点)。在综述的最后,作者要提出前人没有发现的问题,或没有解决的问题,从而说明自己现在所做工作的重要性。这样的写作方法有利于培养我们对背景知识的概括能力,以及有意识地提出新问题的创造能力。

写出一份好的综述,要求我们广泛地阅读。但在写作中,我们必须用精炼的语言,从不同的角度不同的方面进行综合的叙述,概括观点,提出问题。概括能力和问题意识是做好论文的两个关键,不但要在综述里体现出来,还要贯穿在论文研究的全过程中。

2. 文献的综述。观点的综述是概括出这一问题的研究历史和现状,而文献的综述是要介绍国内外在此问题上的文献资料。文献综述一要求全,二要求新。

3. 第一手资料和第二手资料。对于科学批判性的论文,第一手资料是与论文相关观点的经典性、奠基性的作品;对于历史研究性论文,第一手资料则是论文所要研究的哲学家的原著,而后人关于该哲学家的研究都是第二手资料。

第二手资料虽然不同于第一手资料的原创性,可是第二手资料对于初学者入门却有很大的帮助,在参阅第二手资料的基础上,我们可以更好地理解第一手资料。学驾驶飞机,身边不可以没有教练,第二手资料的作用就相当于"教练"。

现在面临的困难是"知识爆炸",第二手资料太多,良莠不齐。所以我们要选择权威性的和有价值的第二手资料。但是什么是权威,什么是有价值呢? 对此要保持开放的心态,在大量阅读的基础上,比较不同的观点之后,作出自己的判断,不能用先入为主的偏好来选取资料。

4. 大纲和笔记。在动笔写作之前,我们应该先有一个初步的大纲,并且以此为依据,进行资料的搜集工作。在搜集和阅读资料的时候,还要做好笔记。以前,老先生要求至少要做一万张卡片才能动笔写文章;现在敲计算机代替了做卡片,但计算机只是提供了更先进的技术,不能代替做笔记这一研究的基本功。要充分用数据库的技术搜集资料,做笔记。

5. 批判性评价。论文的导言包括观点综述和文献综述,论文的正文是针对问题所作的论述和论证,在论文结束之时,还需要有一个批判性评价,即对自己的问题的认识。评价又可分为内在和外在两种:

外在评价——对所使用的文本的真实性和可靠性的评价。

内在评价——比如,对所论述哲学家的时代特征的分析,这往往涉及他的时代局限性。再比如,可以评价所论述的哲学家的思想对解决这个问题的导向是否正确。这里需要说明的是,在哲学史上,无论是正确的导向还是错误的导向,同样都是有价值的。还比如,所论述哲学家的论述是否合理,他的前提是否可靠?

（三）论文的写作

1. 写作计划。论文的写作计划要求简明扼要，不能重复；条理清晰，有逻辑顺序；思考线索明确，或以时间为序，或以逻辑为序。

2. 写作过程。在具体的写作之中，我们每写完一章之后，都应该交给导师审查，这样做可以给论文的下一步写作带来保障，一旦出现了问题，返工不会太大；在修改论文时，我们要大胆地修改，不必囿于已有的成见，不能吝惜已经写作的字数；在提交论文之前，必须再进行校对，因为错别字的出现会降低他人对论文的评价。学校对学位论文的要求非常严格，每 10000 字的错别字必须少于 1 个，包括标点符号。

3. 内容。论文应有以下内容：(1) 标题。注意论文的题目的名称在论文任何地方都必须一致。(2) 前言。前言要简短，致谢一般可以放在前言之中，而致谢的内容不易过于冗长，不要廉价。(3) 目录。目录要详细一些，至少要有章节目录。(4) 导言。主要是综述，通过综述，提出论文要解决的问题、解决问题的思路、论文的结构。(5) 正文。内容的分段不要太多，也不要太少。最好每一部分都有一个小标题和小结，这样可以减轻读者的负担。(6) 参考文献。参考文献可以放在正文之前，也可以放在正文之后。如果注释方式采取文中注，则将参考文献放在正文之前比较方便。(7) 后记。在论文的结尾处，可以再一次简单说明自己的思考过程和观点，不要长。

（四）引文

论文的写作目的主要是对学术研究能力的训练以及对学术规范的训练，而不是对哲学问题的个人化思考（personal reflection）。所以学位论文一定要有引文。没有引文、注释的文章，那只是你自己的个人化思考，而不是学术论文，更不是学位论文。同时，论文不是引文的拼接，对引文要有自己的解释，并对引文在论文中的作用作出自己的评述。有引文而无解释和评述，是论文写作的大忌，要避免。

在论文写作的过程中，一定会有很多的引文和注释。引文的规则往往是大家最不了解，又最容易弄错的，需要特别小心。

对引文的要求分两部分——内容上的要求和形式上的要求。

1. 内容上的要求。在引用对象上，我们应该引用权威人物的作品或者典型的、有代表性的作品。但是,我们选择的引用对象必须和论文的论述内容有关系。比如,我们不能因为爱因斯坦是一位物理学上的权威,在写社会学论文的时候也引用他对社会学方面的阐述。或许他在社会学方面并没有什么论述,即使是有,对于社会学而言,爱因斯坦的话也不重要。

在引用内容上,我们的引文要引用那些最能说明问题的字句,引文最好不要过长。对于很长的引文,我们可以用自己的语言进行概括,或者在自己的概括中,插入引文的关键性字句。在引述之后,应该有自己对引文的解释和评论。

在引用位置上,引文可以在正文之中,也可以把引文放在脚注里或者附录中。放在正文中的引文是必要的、非引不可的证据。但是另一些枝节性的引文可以放在脚注里,或者在正文中将引文的意思用自己的语言表达出来。如果引文比较重要,而且特别长,我们就可以将引文作为附录附在正文之后,特别是对于那些没有经过翻译和整理的古籍,更值得采取这种方式。

2. 形式上的要求。对引文出处一定要有所交代,这是对引文形式上的要求。一般说来,引文的形式有三种:脚注、尾注和文中注。尾注由于计算机的功能,现在已经逐渐被淘汰。

(1) 文中注。对于中文古典文献,大部分用的是文中注的形式。比如,子曰:"默而识之,学而不厌,诲人不倦,何有于我哉?"(《论语·述而》)

对于同一文本,在论文中大量引用的话,我们可以在第一次引用时用脚注详细说明该书的资料,而后面的则可以用文中注标明页码。如:"——。"(34 页)

如果我们将参考文献放在正文之前,并且对参考文献的作者、书目有比较详细的介绍,那么在正文中我们就可以用文中注。例如,假设罗素有三本书都是出版于 1921 年,可以在参考文献中对罗素和与他相关的书目这样介绍:

Russell,B.,1921(1) *The Analysis of Mind*,George Allen and Unwin Press,London.

(2) ————————

(3) ————————

假设我们在正文中引用 *The Analysis of Mind* 中的内容,就可以在正文中直接用括号表示,即(Russell,1921(1),pp. 56 - 58)。目前这种文中注形式比较流行。

(2) 脚注。脚注的内容不仅仅介绍引文的出处,也可以包括自己的议论。如果自己的议论和正文的主题线索有所偏离,可以把这些议论放在脚注,作为正文的补充,这样不会影响行文的连贯。

在用脚注注释引文的出处时,脚注的内容要包括:(a)作者,如果是第一次引用,那么要写作者的全称;(b)书名,外文书名和期刊名要用斜体字,中文用书名号《 》;(c)文章名,外文文章打双引号" ",中文文章用书名号《 》;(d)如果想省略重复出现的书名,外文可以用 op. cit(同一本书)或者 ibid(同上),表示和上一次的引文出处是同一本书。例如我们可以这样写:Russell, op. cit, pp. 56 - 58。但是需要注意的是,这种形式的脚注不能和上一次引文脚注的间隔太大,而且如果两者之间已经引用了其他的书目,则不能用这种省略形式。(e)出版社,包括出版社的地点;(f)出版年份,以书的版权页为准;(g)版本;(h)引文所在页码,单页用 p. 的形式,而要表示引文从 16 到 20 页的时候,就用 pp. 16 - 20 的形式,而 pp. 157ff 则表示引文在 157 页之中和之后多次出现。

下面我就罗列出一些外文引文的脚注作为示范:

(A) 书

Andrew G. van Melsen, *Science and Technology* (duquesne studies, Philosophical Series, 13), Duquesne University Press, Pittsburgh, Pa. ,或(Pittsburgh, Pa. : Duquesne University Press,) 2nd ed. , 1961, Ch. III, Sect. 4, pp. 156 - 158.

这个示例不仅说明了书名和出版社、出版时间、版次等内容,也说明了这本书是一个系列出版物中的一本。

(B) 论文集中的文章

Helmuth Plessner, "On Human Expression", *Phenomenology*: *Pure and Applied*, ed. by Erwin W. Straus, Duquesne University Press, Pittsburgh, Pa. , 1964, pp. 63 - 64.

注意,该论文集的主编放在书名之后。

(C) 期刊中的文章

Mark Fisher, "Category-Absurdities", *Philosophy and Phenomenological*

Research，vol. 24（1963 - 1964），pp. 260 - 267.

注意，期刊年代放在总卷号后的括号里。

（3）需要注意的问题。我们要特别注意防止一些不规范的注释。

（A）外文书的引文注释不要翻译成中文，如写成"《存在与时间》（德文版）"之类的不规范注释。因为我们做注释的目的在于方便阅读者的查证，而将外文书的引文再翻译成中文的话，会给查证带来麻烦。

（B）在引用的时候，同一本书尽量用同一个文本，不要一会儿用中文版，一会儿用英文版或德文版。但是当我们对这个文本的翻译有疑问时，可以参考另一个版本。对文本的变更，需要说明理由。

（C）尽量不要采用转引。实在需要转引，但又找不到原书，除了在注释中交代原书的资料外，还必须在脚注里注明"转引自"，并且交待清楚被转引的文献。

（D）现在一些外文经典著作有标准页码，对这些书，应该用标准页码的形式。比如："《圣经·创世记》11：12"，表示引文在《圣经》"创世记"的第 11 章 12 节，同样，柏拉图、亚里士多德、康德和胡塞尔等人的著作也都有了标准页码。但如果我们采用的是这些著作的中译本，还是需要进一步注明中文本的资料，包括翻译者。对于古代和中世纪的没有标准页码的文献，它们的版本比较多，可注明卷章节。

（五）参考文献

参考文献和引文注释基本相同，但是在引文注释中，按照外国人习惯，作者的名字在姓氏的前面，而且作者的名字除第一次出现之外，可以用缩写，形式如"I. Kant，——."。但是在参考文献中，姓氏在名字的前面，用逗号与名字隔开，名字也可用缩写，形式如"Kant，I.，——."。

参考文献要适当分类，可以将中文参考文献和外文参考文献分开，并且按照一定的顺序排序，比如按照作者姓名字母的顺序进行排序。还要将第一手资料和第二手资料的参考文献分开。